Design your perspective

관점을
디자인하라 1

| 이영철 지음 |

쿰란출판사

관점을 디자인하라 1

1판 1쇄 인쇄 _ 2025년 3월 24일
1판 1쇄 발행 _ 2025년 3월 29일

지은이 _ 이영철
펴낸이 _ 이형규
펴낸곳 _ 쿰란출판사

주소 _ 서울특별시 종로구 이화장길 6
편집부 _ 745-1007, 745-1301~2, 743-1300
영업부 _ 747-1004, FAX 745-8490
본사평생전화번호 _ 0502-756-1004
홈페이지 _ http://www.qumran.co.kr
E-mail _ qrbooks@daum.net / qrbooks@gmail.com
한글인터넷주소 _ 쿰란, 쿰란출판사
페이스북 _ www.facebook.com/qumranpeople
인스타그램 _ www.instagram.com/qrbooks
등록 _ 제1-670호(1988.2.27)
책임교열 _ 이화정·최찬미

ⓒ 이영철 2025 ISBN 979-11-94464-32-7 93230

책값은 뒤표지에 있습니다.
이 출판물은 저작권법에 의해 보호를 받는 저작물이므로 무단 복제할 수 없습니다.
파본(破本)은 구입처에서 교환해 드립니다.

프롤로그

DESIGN YOUR PERSPECTIVE

    목회를 잘하시는 유명한 목사님들 가운데는 설교집을 자주 펴내시는 분들이 많다. 그분들의 메시지는 주옥같아서 나는 두고두고 그것을 읽으며 은혜를 받거나 귀한 교훈으로 삼곤 한다.
    더구나 깊은 영적 통찰이 담긴 책일 경우 나는 저자에게 존경과 감사의 마음까지 봉헌(?)하며 그 내용을 삶으로 실천하려는 노력 또한 게을리하지 않았던 사람이다.
    그런 내가 설교집을 내게 되었다. 몇 년 전에 우리 교회에서 선포했던 말씀이다. 사실상 여러모로 부족한 점이 많다. 그럼에도 용기를 낸 것은 "나의 나 된"(고전 15:10) 것은 100% 하나님의 은혜이기 때문이다. 복음은 약속이 아니다. 복음은 주님께서 이미 다 이루어 놓은 사실에 대한 진술이다. 예수 믿고 거듭나면 엄청난 존재가 된다. 거듭난 우리의 생명은 하나님과 DNA가 똑같은 생명(Zoe)이기 때문이다. 이 생명은 죽음이 없다. 저주가 없다. 거듭난 생명은 죽음마저도 이기는 승리자로 태어나기 때문이다. 이런 우리의 정체성이 그리스도 안에서 발견되면 꿈같은 일들이 일어난다.

프롤로그　　　DESIGN YOUR PERSPECTIVE

어느 날 주님께서 부족한 나를 지극히 높은 산에 세우셨다.
그리고 말씀하셨다.
"너는 이제부터 내가 보는 것처럼 세상을 바라보거라!"
갑자기 고린도후서 5장 17절 말씀이 생각이 났다.

"그런즉 누구든지 그리스도 안에 있으면 새로운 피조물이라 이전
것은 지나갔으니 보라 새것이 되었도다."

이때부터 세상을 보는 관점이 달라졌다.
만물을 바라보는 관점이 달라졌다.
사람을 바라보는 관점이 달라졌다.
그리스도 안에 내가 어떤 존재인가를 발견한 후 모든 것을 새롭게 바라보는 관점이 생겼다.
15년 정도 되는 것 같다. 목양실 간판을 떼어내고 "그분의 정원 (His Garden)"이라고 간판을 달았다. 이제 새롭게 변화된 관점으로 내

마음의 정원도 그분께서 왕이 되셔서 통치하실 수 있도록 새롭게 변화되고 싶은 열망에서다. 그런 마음으로 말씀을 선포했다.

   여전히 부끄럽고 부족함이 많은 글이다. 이 글을 통해서 조금이나마 관점이 변화된다면 그것으로 감사드린다.

2025년 1월의 어느 날
His Garden 이영철

차례

DESIGN YOUR PERSPECTIVE

머리말 … 3

01
생각의 관점을 디자인하라

DESIGN YOUR PERSPECTIVE

새로운 피조물(고후 5:14-19)	10
참된 친구가 되라(마 18:19-20)	20
하나님의 평가(고전 4:1-5)	33
황금 송아지(출 32:1-6)	44
사밧트(중단하라)(출 20:8-11)	55
안식일은 시간의 지성소(출 23:10-13)	66

02
고난의 관점을 디자인하라

DESIGN YOUR PERSPECTIVE

순종하는 것의 종이 된다(롬 6:12-23)	78
위로자가 되라(고후 1:1-7)	89
고난과 선물(고후 1:8-14)	99
십자가는 나의 것이다(사 53:1-6)	108
고난과 위로(욥 6:1-7)	119
고난과 두려움(욥 7:11-21)	130

관점을 디자인하라 1

03 DESIGN YOUR PERSPECTIVE

감사의 관점을 디자인하라

은혜로 살아라(시 116:1-14)	144
주어진 인생을 누리며 살라(전 9:7-10)	154
섬기는 자가 되라(마 20:20-28)	162
현실에 순응하라(렘 29:1-11)	172
스데바나처럼(고전 16:15-24)	184
감사를 훈련하라(살전 5:18)	193

04 DESIGN YOUR PERSPECTIVE

가정의 관점을 디자인하라

명절에는 기억하라(신 26:1-11)	206
네 부모를 공경하라(엡 6:1-4)	219
결혼의 목적(요일 4:7-11)	228
장막집이 무너지기 전에(고후 5:1-10)	241
참된 사랑은 인내한다(고후 12:11-21)	252
개척자가 되라(시 126:1-6)	264

05 DESIGN YOUR PERSPECTIVE

인생의 관점을 디자인하라

성도의 정체성(고전 1:1-9)	276
나를 찾는 자 하나님을 찾으리라(출 3:1-12)	287
포기하라(삼하 15:13-14)	299
권리 포기(출 3:1-12)	311
틀을 깨라(욥 8:1-10)	322
확실한 담보물(욥 17:3)	334

관점을 디자인하라 1　DESIGN YOUR PERSPECTIVE

1장

생각의 관점을 디자인하라

새로운 피조물(고후 5:14-19)

참된 친구가 되라(마 18:19-20)

하나님의 평가(고전 4:1-5)

황금 송아지(출 32:1-6)

사밧트(중단하라)(출 20:8-11)

안식일은 시간의 지성소(출 23:10-13)

새로운 피조물(고후 5:14-19)

Design your perspective

그리스도의 사랑

이 우리를 강권하시는도다 우리가 생각하건대 한 사람이 모든 사람을 대신하여 죽었은즉 모든 사람이 죽은 것이라 그가 모든 사람을 대신하여 죽으심은 살아 있는 자들로 하여금 다시는 그들 자신을 위하여 살지 않고 오직 그들을 대신하여 죽었다가 다시 살아나신 이를 위하여 살게 하려 함이라 그러므로 우리가 이제부터는 어떤 사람도 육신을 따라 알지 아니하노라 비록 우리가 그리스도도 육신을 따라 알았으나 이제부터는 그같이 알지 아니하노라 그런즉 누구든지 그리스도 안에 있으면 새로운 피조물이라 이전 것은 지나갔으니 보라 새것이 되었도다 모든 것이 하나님께로서 났으며 그가 그리스도로 말미암아 우리를 자기와 화목하게 하시고 또 우리에게 화목하게 하는 직분을 주셨으니 곧 하나님께서 그리스도 안에 계시사 세상을 자기와 화목하게 하시며 그들의 죄를 그들에게 돌리지 아니하시고 화목하게 하는 말씀을 우리에게 부탁하셨느니라

나는 새 피조물 새로운 사람
이전 것 지나고 거듭났네
정복자보다 나은 자
다스리는 자
나는 새 피조물 새로운 사람

골프에서 가장 중요한 샷은 이번 샷이라고 합니다. 인생을 골프에 비유한다면 우리 인생에 가장 중요한 이번 샷은 바로 내게 주어진 오늘일 수가 있습니다. 바로 우리에게 주어진 올해일 수 있습니다. 오늘이 나의 남은 인생의 첫날이 될 수 있습니다. 올해가 나의 남은 인생의 가장 젊은 날이 될 수도 있습니다. 그런가 하면 어떤 사람에게는 올 한 해가 그 사람에게는 인생의 마지막 남은 해가 될 수도 있습니다. 그러므로 우리에게 주어진 한 해 동안 가장 행복하게 사시길 축원합니다. 가장 재미있게 사시길 축원합니다. 가장 의미 있게 사시길 축원합니다.

올 한 해는 하나님께서 우리에게 주신 위대한 선물입니다. 그렇다면 사랑하는 성도 여러분, 우리에게 주어진 올 한 해를 어떻게 살아야 잘 살 수 있을까요? 우리는 늘 해가 바뀔 때마다 새롭게 살겠다고 다짐을 하고 계획을 세우지만 연초에 먹은 마음이 작심삼일이 되고 맙니다. 그러므로 우리가 새로워지려면 반드시 다음 세 가지 영역에서 새로움을 이해하셔야 합니다.

육신적으로 새로워지는 영역이 있습니다. 내가 새로운 차를 샀습니다. 내가 새 아파트를 샀습니다. 내가 새로운 사람을 만났습니다. 내가 새로운 직장에 취업을 했습니다. 내가 새 옷을 샀습니다. 이런 새로움은 물리적인 영역입니다. 내가 신년 연휴 때에 한 번도 가 보지 못한 멋진 곳을 여행했습니다. 이처럼 사람은 육신적으로 새롭게 느끼고 경험합니다. 그런데 이런 육신적인 새로움은 어떻습니까?

"그러므로 우리가 낙심하지 아니하노니 우리의 겉사람은 낡아지나 우리의 속사람은 날로 새로워지도다"(고후 4:16).

우리의 육신은 낡아집니다. 그런데 우리의 속사람은 날로 새로워집니다. 우리의 육신은 날로 쇠해지는데, 우리의 속사람은 날로 새로워집니다. 금줄이 풀어지고 은줄이 풀어지고 창문이 어두워지고 원욕이 그치고 머리에 살구꽃이 피어도 우리의 속사람은 날로 새로워질 줄 믿습니다.

그런가 하면 정신적인 영역입니다. 여러분, 세월이 가면 육체가 쇠해지는 것처럼 우리의 정신은 늙어갑니다. 멘탈이 약해집니다. 정신력이 떨어집니다. 그래서 기억력이 상실됩니다. 그런가 하면 나이가 들면 어떤 부분은 고집스러워집니다.

생각이 복잡해집니다. 멘탈이 교활해집니다. 그래서 새해가 되어도 아무런 계획도 없이 꿈도 비전도 없이 그냥 또 한 해를 보낼 수가 있습니다. '옛날에 나도 다 해 봤는데 안 되더라, 해 봤자 별수 없더라' 이렇게 생각하는 마음, 이것이 바로 정신적으로 늙어 가는 것입니다. 이렇게 약해지고 안일해지는 정신을 몰아내고 나도 새로워져야겠다고 결심하고 노력하는 것입니다.

1월 1일 '스친 송'이라는 프로그램에 어떤 가수가 나왔습니다. 그는 올해 64세입니다. 그런데 자신도 왕년에 스타였고 엄청난 인기를 누렸지만 지금 시대가 새롭게 변화되는데 과거의 그 추억만 생각하고 변화가 되지 않으면 안 되겠더라 해서 시대에 맞추어 뭔가 새롭게 변화되려고 몸부림치다가 요즘 팝 노래를 배우며 자신을 혁신시켜 나가고 있다고 합니다. 1월 1일 밤에 스친 송 스타의 친구와 함께 겨울왕국 2의 OST에 나오는 "미지의 세계로"(into the unknown)를 부르는데 너무 잘 부르는 것입니다. 이렇게 날마다 우리의 정신을 말씀으로 새롭게 변화시켜 나가시길 축원합니다.

그러나 사랑하는 성도 여러분, 정신적으로 새로워지는 것보다 더 중요한 새로움이 있습니다. 우리 인생을 통털어서 후회 없이 잘살 수 있는 가장 중요한 새로움이 있습니다. 올 한 해를 가장 잘살 수 있는 새로움이 있습니다. 그 비결이 무엇입니까? 그것은 바로 영적으로 새로워지는 것입니다. 나는 영입니다. 혼을 가지고 몸 안에 삽니다. 그렇다면 우리가 어떻게 새로워질 수 있습니까?

누구든지 예수께로 나오면 새로운 피조물이 됩니다(마 11:28). 여러분, 왜 하나님께로 돌아오는 것이 진정으로 새로워지는 비결일까요? 하나님만이 모든 새로움의 근원이기 때문입니다. 주의 인자하심은 끝이 없어 아침마다 새롭게 하십니다. 하나님께서 모든 만물을 창조하시고 날마다 그들을 새롭게 하십니다. 아버지와 수직적인 관계를 회복하는 것이 새롭게 되는 것입니다.

그러므로 사람이 새로워진다고 하는 것은 새해가 왔다고 되는 것이 아닙니다. 새로운 환경이 주어졌다고 새로워지는 것이 아닙니다. 그러므로 진정한 새로움이 어디에 있습니까? 오늘 성경은 말씀하고 있습니다(고후 5:17). 새로운 피조물이라고 말씀합니다. 우리의 정체성을 바로 인식하는 데서부터 시작이 됩니다. 성경은 이미 새로워졌다고 합니다. 이것이 우리의 정체성입니다. 새로운 피조물이라는 정체성을 갖고 올해를 시작하는 것은 엄청나게 중요합니다. 왜 그렇습니까?

여기에 산이 있습니다. 이 산을 오르기 위해 수많은 사람들이 노력합니다. 그런데 오늘 우리는 어떤 존재입니까? 주님이 우리를 산 정상에 올려 주셨습니다. 그런데 왜 우리가 모든 것을 누리면서 살지 못합니까? 세 가지가 바뀌어야 합니다.

첫째, 삶의 목적이 바뀌어야 합니다.

무슨 말씀입니까? 지금까지는 나 자신을 위해 살았습니다. 내가 주인이 되어서 살았습니다. 내 인생 내가 마음대로 살았습니다. 내 욕망이 주인이 되어 살았습니다. 그런데 새로운 피조물이 되면 내가 목적이 아닙니다. 예수님이 나의 목적이 됩니다. 왜 그렇습니까? 새로운 피조물이 되면 나의 옛사람은 십자가에 못 박혀 이미 죽었기 때문입니다(고후 5:15). 주님이 나에게 새로운 생명을 주셨기 때문에 이제는 주님을 위한 삶이 내 삶의 목적으로 바뀌는 것입니다.

이스라엘 백성들이 애굽에서 노예로 살 때는 자신들만을 위해 살았습니다. 그것을 당연하게 여기며 살았습니다. 그런데 그렇게 살면 어떤 모양으로 살든 소망이 없습니다. 모든 것이 바로를 위한 것이기 때문입니다. 이런 자들이 출애굽을 한다면 목적이 바뀌어야 합니다. 목적이 내가 아니라 주님입니다.

만일 여러분이 새로운 피조물이라면 목적이 바뀌어야 합니다. 올 한 해 잘살고 싶으신 분이 계십니까? 그러시면 인생의 목적을 주님으로 바꾸길 축원합니다. 정체성을 깊이 인식하지 못하면 여전히 나를 위해서 살 수도 있습니다. 여전히 하나님은 나만을 위한 하나님으로 여길 수가 있습니다. 부모도 여전히 나를 위한 부모입니다. 그러나 철이 들면 목적이 바뀝니다.

남녀가 결혼을 하면 섬기는 대상이 바뀝니다. 돈 버는 목적이 달라집니다. 철이 납니다. 여러분, 임신한 엄마를 보면 참 아름답습니다. 아기를 가지면 몸이 변합니다. 생명의 씨앗을 받으면 숨길 수가 없습니다. 엄마의 몸이 변하는 것입니다. 생각도 변합니다. 아기를 위해 몸이 아파도 약을 안 먹고 견딥니다. 예수님의 생명을 받아들이면 내 삶이 변하게 되어 있습니다. 삶의 목적이 예수님으로 바뀌게 됩니다.

여러분, 올 한 해에는 내 삶의 목적이 예수님이라고 그렇게 정하고 고백하고 결단하고 살길 축원합니다. 그러면 새로워지는 것입니다.

새로운 피조물이 되면 두 번째 어떤 변화가 옵니까? 올 한 해 잘 살기 위해서는 어떻게 해야 합니까?

둘째, 관점이 바뀌어야 합니다.

한 해를 행복하게 살려면 저와 여러분이 세상을 바라보는 관점이 바뀌어야 합니다(고후 5:16). 육체로 알지 않겠다는 말은 세상적인 관점으로 바라보지 않겠다는 것입니다. 무슨 말씀입니까?

그리스도인 예수님을 육체적인 관점으로 평가를 한다면 어떻습니까? 베들레헴에 마구간에 태어난 목수의 아들입니다. 예수님을 육신적으로 생각하면 아버지가 불분명합니다. 동정녀라는 것을 어떻게 이성적으로 육신적으로 믿을 수 있습니까? 의심스럽습니다. 누구의 씨인가도 모릅니다. 예수님은 배운 것도 없습니다. 스펙도 없습니다. 공부도 많이 하지 못했습니다. 33세 나이에 십자가에서 처형을 받은 대역죄인입니다. 그런데 그분을 믿음의 눈으로 바라보면 어떻게 됩니까?

그분은 엄청난 분이십니다. 천지를 만드신 분입니다. 하나님의 아들이 영광스런 천국을 버리고 이 땅에 나를 위하여 탄생하셨고 나를 위하여 십자가에 죽고 부활하셨습니다. 그리고 나를 하나님의 자녀로 만드신 분이십니다.

육체로 보는 것과 믿음으로 보는 것은 이렇게 엄청난 차이가 있습니다. 그러므로 나 자신을 바라보는 관점도 새로워지길 축원합니다. 나 자신을 보는 관점도 바뀌길 축원합니다. 육신적으로 보면 가진 것도 없고 배운 것도 없고 문벌이나 내세울 것도 아무것도 없는 보잘것없는 인생입니다. 소망도 없습니다. 그러나 믿음의 눈으로 보면 아닙니다.

나는 하나님의 자녀입니다. 왕 같은 제사장입니다. 죽음을 이긴 자입니다. 세상을 이긴 자입니다. 정복자보다 나은 자입니다. 하나님 아버지가 죽도록 사랑하시는 자입니다. 홀로 있는 것 같지만 주님이 나와 함께 있습니다. 나의 기도를 들으십니다. 나는 내 앞길을 알지 못하나 주님은 아시고 나를 이끌어 가십니다. 내 인생을 인도해 가십니다. 여러분, 자신을 바라보는 관점도 믿음으로 바라보시길 축원합니다.

여러분, 다른 사람을 바라보는 관점도 마찬가지입니다. 내가 물 한 그릇을 믿음으로 바라보며 소자에게 냉수 한 그릇 대접하는 것도 그 상을 결단코 잃지 않는다고 합니다. 제자의 이름으로 대접하면 제자의 상, 선지자의 이름으로 대접하면 선지자의 상을 받습니다. 믿음으로 바라보길 축원합니다.

교회를 바라보는 관점도 마찬가지입니다. 세상 사람들이 교회를 바라볼 때 코로나를 증폭시키는 발상지요, 무식한 사람들, 광신자들, 이기적인 집단이라고 비난하고 손가락질할 때 여러분은 어떻게 바라보아야 합니까?

주님의 생명을 잉태하고 낳고 키우는 곳은 교회밖에 없습니다. 교회가 인간적인 냄새가 날지라도 절대 교회에 대해서 부정적으로 말하지 마십시오. 교회를 비난하지 마십시오. 교회를 원망하지 마십시오. 교회는 이 땅에 유일하게 영혼을 구원하는 주님의 신부요 기관이기 때문입니다.

여러분, 내 자녀를 바라보는 관점도 변화되어야 합니다. 아직도 철이 없고 믿음도 부족하고 마음에 들지 않는 부분이 많습니다. 그러나 믿음의 눈으로 보십시오. 하나님께서 저와 여러분 가정에 주신 최고의 선물입니다. 여러분의 남편도, 아내도 마찬가지입니다. 최고의 선물입니다. 하나님이 내 자녀를 위하여 계획하신 것이 많고, 우리 가정을 빛나게 하고 하나님을 기쁘시게 하는 소중한 자녀입니다. 그러므로 올 한 해는 모든 것을 믿음의 눈으로 볼 수 있기를 축원합니다.

환경도, 고난도, 바람도 보는 관점이 바뀌길 축원합니다. 살다 보면 어려워지는 일도 있습니다. 고난도 있지만은 그러나 그 고난 위에 하나님이 계십니다. 고난은 힘들지만 하나님은 이 고난을 통하여 더 위대한 일을 이루어 가실 줄 믿습니다.

나라가 어렵습니다. 대한민국이라는 민족호가 코로나 때문에 휘청거리는 것 같지만 이런 과정을 통하여 백성들은 더 강해지고 더 큰 분별력을 갖게 될 줄 믿습니다. 더 강한 나라로 더 좋은 나라로 만들기 위한 과정인 줄 믿습니다. 세계 제일의 나라로 가기 위한 과정입니다. 올 한 해 잘 살기 위해서는 어떻게 살아야 합니까?

셋째, 화목게 하는 자가 됩시다.

무슨 일을 하시든 여러분의 직분과 직책은 이제 화목게 하는 자가 되어야 합니다. 십자가에서 주님이 먼저 우리를 화목게 하셨습니다(고후 5:18). 새로운 피조물이 된 우리에게 주님이 주신 직분이 뭡니까? 화목하게 하는 직분입니다. 누구를 만나든 화목게 하십시오.

하나님과 화목하십시오. 사람과 화목하십시오. 이 땅에 주님께서 화목게 하시려고 오셨습니다. 이제 이것이 우리의 사명입니다. 지금까지 내가 트러블메이커였는지 모릅니다. 그러나 올 한 해부터는 화목하게 하는 자로 살아가길 축원합니다. 그렇다면 화목하게 하는 자가 되려면 어떻게 해야 합니까? 세 가지가 되어야 합니다.

첫째로 17절에 이전 것은 지나갔다는 것입니다. 여러분, 과거를 자꾸 들추면 화목할 수 없습니다. '옛날에도 그랬지, 넌 항상 그래', '과거에 내가 너를 얼마나 참았는지 아냐?' 이래서는 화목할 수가 없다는 것입니다. '좋아, 과거는 어렵고 힘들었지만 이제는 지나간 일이야. 이제부터는 과거를 잊고 새롭게 시작하자' 그래야만 화목할 수 있습니다. 우리 주님이 우리의 모든 과거를 지워 주신 것처럼 말입니다.

두 번째로 19절에 그들의 죄를 그들에게 돌리지 아니하셨다고 합니다. 상대방에게 죄를 돌리지 말라는 것입니다. '다 너 때문이야!' 그러지 말라는 것입니다. 이래서는 화목할 수가 없다는 것입니다. 트러블의 원인이 상대에게만 있는 것 같지만 다 그렇지는 않습니다. '나에게도 있겠지' 하며 자기의 책임을 인정해야 화목할 수 있는 것입니다.

그리스도인이라면 이렇게 해 보세요. 남편이 늦게 들어오면 달려나가서 "여보, 못난 아내 데리고 사느라 힘들지요. 내가 더욱더 열심히 더 잘할게요" 하는 것입니다. 책임을 상대방에게 다 전가하면 절대 화목할 수가 없습니다.

세 번째로 사랑으로 행하라는 것입니다. 14절을 보겠습니다. "그리스도의 사랑이 우리를 강권하시는도다"라고 하는데, 우리가 받은 사랑이 어떤 사랑인가요? 그리스도의 사랑입니다. 하나님이 사람이 된 사랑입니다. 나를 위해 십자가에서 죽은 사랑, 사랑 중에 가장 큰 사랑, 아니 인간 세계에서는 경험할 수 없는 사랑, 너무도 감격스러운 사랑, 나는 그런 사랑을 받은 자요, 그런 사랑 가운데 태어난 자요, 그런 사랑을 가진 사랑 덩어리라는 것입니다. 그 사랑을 아는 것이 새로운 피조물이 되는 비결입니다.

많은 사람들이 내가 먼저 사랑할 때 방해되는 생각이 뭡니까? 밑진다는 생각입니다. 내가 손해 본다는 생각입니다. 내가 먼저 사랑하고 용서를 구하면 손해 보는 것이라고 생각합니다. 그러나 예수 믿는 사람에게는 이것이 통하지 않습니다. 왜 그렇습니까? 이미 그리스도의 사랑을 받았기 때문입니다.

내가 누군가를 사랑하고 헌신한다고 해 봤자 그것은 내가 받은 평생 갚지 못할 큰 사랑의 지극히 일부분이기 때문입니다. 내가 다른 사람을 아무리 많이 사랑한다 할지라도 나는 주님으로부터 더 큰 사랑을 받았기 때문입니다. 결코 밑지는 것이 아닙니다. 그래서 그 큰 사랑 받았음을 기억하면서 그 큰 사랑의 일부를 흘려보내는 사랑하는 사람이 되는 것, 이것이 새로운 피조물의 특징입니다. 그리고 이렇게 살 때에 진정 하나님의 축복이 퍼져 갑니다.

여러분, 어떻게 하시겠습니까? 올해 첫 주일, 저절로 새롭게 살 수 있는 것이 아닙니다. 내가 새로워져야만 진정한 새해가 옵니다. 내가 새로운 피조물이 되어 진정한 사랑을 하게 될 때 모든 것이 변하게 됩니다. 내 남편도, 자식도, 환경도 새로워집니다.

보라! 새것이 되었도다.
오, 너 완전히 새로워졌네.
그래, 그러라고 내가 한 해를 너에게 선물로 주는 것이다.

여러분, 하나님이 우리를 바라보실 때 이러한 칭찬이 있기를 축원합니다.

여러분은 새로운 피조물입니다. 새로운 환경을 만들어 가는 올해가 되기를 축원합니다.

생각의 관점을 디자인하라
Design your perspective

새로운 피조물이 되라

첫째, 삶의 목적이 바뀌어야 합니다.
둘째, 관점이 바뀌어야 합니다.
셋째, 화목게 하는 자가 됩시다.

참된 친구가 되라(마 18:19-20)
Design your perspective

**진실로
다시**

너희에게 이르노니 너희 중의 두 사람이 땅에서 합심하여 무엇이든지 구하면 하늘에 계신 내 아버지께서 그들을 위하여 이루게 하시리라 두세 사람이 내 이름으로 모인 곳에는 나도 그들 중에 있느니라

사람이 가지고 있는 자본은 여러 가지가 있습니다. 경제적인 자본이 있는가 하면 심리적인 자본도 있습니다. 예수 믿는 사람은 상황이 어떠하든지 심리적인 자본이 무너지면 안 됩니다. 왜 그렇습니까? 복음을 가진 자는 세상을 이긴 자입니다. 정복자보다 나은 자입니다. 문화적인 자본이 있는가 하면 신체 자본도 있습니다.

그런가 하면 사회적인 자본이라는 것도 있습니다. 여러분, 사회적인 자본이 뭡니까? 바로 당신이 어울리는 사람은 누구냐 하는 것입니다. 당신은 어떤 사람과 인간관계를 맺고 지내느냐는 것입니다. 당신의 친구가 누구냐입니다. 여러분! 우리는 친구라는 말만 들어도 훈훈한 봄기운처럼 마음이 따뜻해집니다. 친구라는 말만 들어도 함께했던 추억들이 떠오릅니다. 온전히 마음과 마음을 주고받는 사이를 친구라 합니다. 그래서 친구와 관련된 아름다운 말들이 많이 있습니다.

마치 물고기와 물의 관계처럼 떼려야 뗄 수 없는 친구 사이를 우리는 '수어지교'라고 합니다. 서로 거역하지 않는 사이를 우리는 막역한 사이라고 해서 '막역지우'라고 합니다. 관중과 포숙의 사이처럼 허물

없는 사이를 '관포지교'라고 합니다. 어릴 때부터 대나무 말을 같이 타고 놀던 친구를 '죽마고우'라고 합니다. 그리고 향기로운 풀인 지초와 난초 같은 사이를 '지란지교'라고 합니다. 이처럼 친구를 지칭하는 말들이 모두 아름답습니다.

사랑하는 성도 여러분, 여러분은 인생을 살아오면서 이런 친구들이 얼마나 됩니까? 친구는 하나님이 우리에게 주신 선물이라고 합니다. 그런데 많은 사람들이 하나님이 주신 선물들을 소홀하게 여깁니다. 어떤 사람은 무관심하게 여깁니다. 그래서 어떤 사람은 관계를 헌신짝 버리듯이 버려 버리고 인생을 정말 쓸쓸하게 보내기도 합니다.

사랑하는 성도 여러분, 오늘 여러분은 어떻습니까? 삶은 관계입니다. 인생을 40년, 50년 또는 60년, 70년 살아오시면서 여러분과 함께 웃고 여러분과 함께 울어 줄 진정한 사람이 얼마나 있으십니까?

"사람이 친구를 위하여 자기 목숨을 버리면 이보다 더 큰 사랑이 없나니"(요 15:13).

여러분, 여러분의 마음을 받아 줄 마음이 따뜻한 친구가 얼마나 있습니까? 어떤 분은 한 사람도 없을 수 있습니다. 그렇다면 왜 나에게는 그런 친구가 없을까요? 여러분은 왜 그렇다고 생각을 하십니까?

벌이 찾지 않는 꽃은 반드시 이유가 있습니다. 꿀이 적다든지 향기가 없다든지 꽃가루가 맛이 없으면 벌 나비가 찾지를 않습니다. 여러분, 친구 하나 없이 외롭게 사는 사람들도 어쩌면 그럴 만한 이유가 다 있습니다. 그러므로 잠언 18장 1절은 "무리에게서 스스로 나뉘는 자는 자기 소유를 따르는 자라 온갖 참 지혜를 배척하느니라"고 합니다.

그러나 사람은 재테크보다 사람과의 관계를 잘 맺는 사회적 자본인 인테크가 중요합니다. 왜 그렇습니까? 이것이 사회적인 자본이요 삶은 관계이기 때문입니다. 그러므로 친구는 무엇과도 바꿀 수 없는 가장 큰 자산입니다. 그렇다면 왜 신앙생활을 수삼 년씩 해도 내게는 따뜻한 친구가 없을까요? 여러분은 왜 그렇다고 생각을 하십니까? 친구 없는 사람들에게는 몇 가지 특징이 있습니다. 어떤 특징입니까?

첫째, 인색하며 자기중심적입니다. 예수 믿고 거듭났어도 가치관이 바뀌지 않으면 지극히 자기중심적입니다. 다른 사람들을 위해 섬기는 것에도 아주 인색합니다. 그러니까 이런 사람은 하나님께 축복을 받을 기회를 잃어버립니다. 하늘에 축복을 쌓을 기회도 잃어버립니다. 그런가 하면 이 땅에서도 진정한 친구와 관계도 잃어버리게 됩니다.

둘째, 교만합니다. 늘 남을 지적하고 판단하고 정죄합니다. 그리고 자기 의로 충만합니다. 그래서 혼자 의로운 척을 합니다. 이런 사람에게는 사람이 안 붙습니다.

셋째, 절대 먼저 연락하지 않습니다. 인생은 관계입니다. 삶은 관계입니다. 그래서 길을 가는데 갑자기 셀 리더가 생각이 나서 연락할 수 있습니다. 커피를 마시다가 생각이 나서 연락을 할 수 있습니다. 시장에서 찬거리를 사다가 생각나서 연락할 수도 있습니다. 그런데 이런 친구가 없는 사람은 특별한 일이 없는 한 절대 평소에 연락을 잘 하지 않는 사람입니다. 평소에 전화해서 안부도 물을 수 있는데 절대 그렇지 않습니다.

여러분, 사람은 사회적인 관계 속에서 삽니다. 처음 만남은 하나님께서 인도해 주시지만 이후에 만남과 관계는 내가 하는 것입니다. 그래서 소통이 잘 되는 것입니다. 어떤 사람은 문자를 보내도 답이 없습니다. 교회 안에서 셀 모임도 마찬가지입니다. 자치회에도 마찬가지입니다. 늘 한쪽에서만 연락하는 일방적인 관계가 되어서는 안 됩니다. 늘 자신에게 관심을 가져 주고 연락해 주는 사람이 있을 때, 서로 좋은 관계로 세워지길 바랍니다. 누군가 당신에게 카톡을 보내 주는 사람이 있다면 그 사람은 마음이 따뜻하고 고마운 사람입니다.

넷째, 생각이 부정적인 사람입니다. 이런 사람은 모든 사물이나 사람에 대해서 긍정적인 관심보다는 늘 부정적인 관점으로 바라봅니다. 삼성전자 회장을 역임하였던 권오현 씨가 《초격차》라는 책에서, 수많은 인재들을 교육하고 키울 때 부정적인 사람은 키우지 않는다고 합니다. 부정적인 사람은 공동체를 허무는 사람이라고 합니다. 그런 사람에게는 투자를 해 봤자 가성비가 나오지 않는다고 합니다.

그러므로 친구란 어떤 자입니까? 이 세상과 모든 사람들이 나를 버릴 때라도 나를 찾아 주는 사람입니다. 그러므로 오늘 저와 여러분, 한 분 한 분 모두가 누군가에게 소중한 친구로 여겨지는 따뜻한 믿음 생활이 되시기를 축원합니다.

지금 우리는 코로나19 속에 1년을 보내 왔습니다. 1년을 보내 오면서 우리에게 무슨 변화가 생겼습니까? 그동안 유지해 왔던 신앙생활의 엄청난 변화를 경험하게 되었습니다. 이런 환경 속에서 주님은 우리가 어떻게 신앙생활을 잘해 나가길 원하십니까?

오늘 본문을 같이 보겠습니다. 마태복음 18장 19-20절입니다. 무슨 말씀입니까? "두세 사람이 주님의 이름으로 모여라 그러면 나도 그 둘 중에 있느니라." 그렇다면 우리가 어떻게 신앙생활을 해야 잘사는 인생이 될까요?

첫째, 모이기에 힘써야 합니다.

우리나라 최근 통계에 의하면 혼자 사는 가구가 511만을 넘었다고 합니다. 대한민국 전체 가구수 중에 27%가 1인 가구 단독가구입니다.

그러니까 네 명 중에 한 명은 혼자 사는 것입니다. 무슨 뜻입니까? 어디가 아프면 혼자 아파하고 혼자 힘들어 한다는 것입니다. 밥을 먹을 때 혼자서 먹는다는 것입니다. 이제 혼자서 모든 것을 처리한다는 것입니다.

최근에는 독거노인들의 고독사가 늘어나고 있습니다. 이 시대가 이처럼 혼자서 그 모든 어려움을 고통을 당하고 있습니다. 이미 AI 시대인 4차 산업시대가 도래했습니다. 핵가족화도 점점 심화될 것입니다. 사회적인 환경과 여러 가지 이유 때문에 비혼주의가 많아지고 혼자 사는 사람들이 많아질 것입니다. 지금도 많이 진행되었지만 핵가족이 더 늘어날 것이라고 합니다.

그런가 하면 사람과의 대화보다는 핸드폰을 더 많이 보고, 사람보다는 문명의 기기들을 더 가까이 합니다. 그래서 생활이 편리할수록 사람들이 외로워합니다. 문명의 이기들이 발달하면 할수록 사람들은 더 공허감에 시달리며 방황을 합니다. 하나님을 떠난 인간은 본질적인 외로움과 공허함에 시달려서 많은 사람들이 중독에 노출이 됩니다.

어떤 사람은 술에, 육신적인 쾌락에, 사행성 게임에 중독이 될 수 있습니다. 그런가 하면 사람들은 자신이 누구인지 알고 싶고 확인하고 싶고 또 자신의 마음을 받아 주길 원하며 자기 표현을 하고 싶어 합니다. 그런데 마땅히 그럴 만한 대상이 없습니다. 요즘 사람들은 자기의 의견을 말하고 누군가가 자기 의견을 받아 주는, 상호 교통하는 자기 표현의 갈망이 점점 커지고 있습니다. 그러므로 현대인들에게 가장 필요한 욕구가 무엇일까요? 바로 진정한 돌봄입니다. 개인적이고, 영적인 돌봄을 많은 사람들이 갈망하고 있다는 것입니다.

사랑하는 성도 여러분, 오늘 여러분은 어떻습니까? 인생을 어떻게 살든 사람은 자신의 존재감을 인정받고 마음을 나누고 기쁨과 고통을 함께 나눌 진정한 친구가 누구나 필요합니다. 심리학자들은 이런 친구 한 사람만 있어도 우울증에 빠진 사람이 자살을 하지 않을 것이라고 합니다. 그렇다면 오늘 여러분은 어떻습니까? 그런 친구가 곁에 있으십니까?

이것은 이 나라 대통령이 해주시는 것이 아닙니다. 이것은 우리 부모님이 해주시는 것도 아닙니다. 이것은 우리가 스스로 만들어 가고 세워 가는 것입니다. 그러므로 오늘 성경은 말씀하고 있습니다.

> "모이기를 폐하는 어떤 사람들의 습관과 같이 하지 말고 오직 권하여 그날이 가까움을 볼수록 더욱 그리하자"(히 10:25).

모이기에 힘쓰라는 것입니다. 그렇다면 우리가 어떻게 모이기에 힘을 써야 할까요?

둘째, 셀 가족으로 모여야 합니다.

두세 사람이 내 이름으로 모인 곳에는 나도 그들 중에 있다고 하셨습니다. 교회 안에 작은 교회가 무엇입니까? 교회 안에 작은 교회가 바로 셀 가족으로 모이는 것입니다. 왜 셀 가족으로 모여야 합니까?

이 세상은 죄로 타락한 세상입니다. 때로는 악한 본성에 기인하여 학대와 비난과 고통과 고난이 찾아옵니다. 이런 것이 찾아오는 데는 논리가 없기 때문입니다. 이런 세상 속에서 유일한 안식처는 하나님밖에 없습니다. 그래서 결코 하나님과 개인적인 관계를 잃어버리면 안 됩니다. 코로나로 인하여 교회 예배에 참여할 수 없습니다. 이런 때에 시대적인 대안이 뭡니까?

바로 셀 가족으로 모이는 것입니다. 하나님과 함께하는 셀 가족으로 모이는 것입니다. 복음을 가진 자들이 셀 가족으로 모이는 것입니다. 셀이란 예수 믿는 사람들이 일주일에 한 번씩 믿음의 가족으로 만나는 것입니다. 우리가 왜 일주일에 한 번씩 모임을 가져야 합니까?

우리는 보통 사람이 아닙니다. 복음을 가진 우리는 죽음을 이긴 자들입니다. 정복자보다 나은 자들입니다. 그러므로 부활의 생명을 가진 사람들이 일주일에 한 번씩 셀 가족으로 만나는 것입니다. 셀 모임은 아무런 조건 없이 우리의 모습 그대로를 받아 주고, 있는 그대로인 내가 부끄럽지 않고, 사랑 안에서 들어 주고 세워 주는 영적인 가족입니다. 이렇게 셀 모임을 통해서 우리는 그리스도 안에서 성장해 갑니다.

그런가 하면 매주 쌓이는 감정의 찌꺼기들을 배설해 버리는 자기를 사랑하게 됩니다. 자기 감정이나 생각을 스스럼없이 얘기를 할 수 있는 모임이 셀 모임입니다. 그래서 셀 모임은 흉허물 없이 소통할 수 있는 진정한 만남의 장입니다. 그러므로 현대인들에게는 이런 소그룹들이 절실하게 필요합니다.

포스트 코로나 시대에 제일 많이 나오는 단어가 뭡니까? 바로 소그룹입니다. 왜 그렇습니까? 예배가 비대면입니다. 우리가 영혼은 구원받았지만 지난 1년 동안에 코로나로 인하여 상처와 마음고생에서 회복되지 못했습니다. 우리의 혼이 회복되지 않으면 성령님은 우리 혼에 남아 있는 상처로 제한을 받으십니다. 이런 심령들이 어디에서 회복되고 풀어집니까? 바로 셀 모임을 통해서 소생되고 회복됩니다. 그러므로 오늘 성경은 모이라고 말씀합니다(마 18:19-20).

그러므로 성도는 어려운 상황일수록 진리 안에서 진정한 만남을 통해서 영혼의 힘을 얻고 소생해야 합니다. 지금이 바로 그런 시대가 되었습니다. 사람들은 이런 소그룹을 필요로 하고 때로는 간절하게 원하는데도 잘 이루어지지 않습니다. 왜 그렇습니까? 남성들은 일로 바쁘고 시간이 없다고 합니다. 그래서 마음에 여유가 없다고 합니다. 그러니 셀 모임은 항상 우선순위에서 밀립니다. 그로 인해 많은 사람들이 인생을 그냥 살아갑니다. 하나님 앞에 섬길 수 있는 많은 기회가 우리에게 주어졌는데도 그냥 살아갑니다.

사랑하는 성도 여러분, 남자와 여자가 있는데 누가 더 외로울까요? 여자들은 금방 친구가 됩니다. 그런데 남자들은 그러지 못합니다. 감정의 정서를 숫자로 표현하면 남자들이 외로움을 더 많이 탄다고 합니다. 남자들은 사회적인 네트워크는 많은데 진정한 친구가 별로 없습니다. 아는 사람은 많은데 진정한 친구가 없습니다.

그러므로 남자들에게 필요한 것이 뭡니까? 공간입니다. 가정 말고, 회사 말고, 제3의 공간입니다. 마음을 내려놓을 수 있는 공간이 필요합니다. 그것이 무엇입니까? 바로 셀 모임입니다. 나 자신의 약함을 있는 그대로 드러낼 수 있는 소그룹 공간이 필요합니다. 그것이 바로 셀 모임입니다.

신분에 상관없이 교제하는 그룹이 있어야 합니다. 경쟁하지 않고 가족으로, 친구로 보듬어 주는 소그룹 공동체가 필요합니다. 그런 공동체가 바로 셀 모임입니다. 이런 공동체는 현대인에게 필수적인 것이지만 남성들에게는 더욱 절실합니다.

왜 그렇습니까? 직장은 경쟁해야 합니다. 성과를 내야 합니다. 생활이나 경제적인 부담이 있습니다. 전방위적인 고가 점수를 매깁니다. 여러 가지로 스트레스를 받습니다. 이런 남성들은 사실 쉼이 필요합니다. 바로 그 영혼과 마음이 쉴 수 있는 공간이 바로 소그룹인 셀 모임입니다.

그런데 많은 남성들이 셀 그룹의 소중함을 인식하지 못합니다. 그래서 신앙생활은 수삼 년이 되어도 남성들에게는 교회 안에 믿음의 친구가 없는 것입니다. 내가 신앙생활을 하는데 함께 신앙생활을 하는 진정한 친구가 없다는 것입니다. 내 마음을 열고 함께 마음을 나눌 따뜻한 친구가 없다는 것입니다. 또 나 자신의 신앙에 대해서 물어 보고 배우고 토론하고 자신의 감동을 함께 나눌 사람이 없다는 것입니다. 진정한 멘토도 없고, 진정한 친구도 없고, 내가 성숙하다 할지라도 다른 사람을 지도하며 섬길 기회도 없다는 것입니다. 교회 안에 이러한 여러 가지 남성들의 고민들이 있습니다.

그래서 10년, 20년, 30년을 함께 신앙생활을 해도 믿음의 친구가 없습니다. 왜 그렇습니까? 수년을 함께 신앙생활을 해도 만남 자체가 피상적입니다. 예수 그리스도의 생명으로 거듭난 형제요 자매라는 것도 말뿐입니다. 세상 사람들처럼 여전히 너는 너고 나는 나입니다. 그러니까 그리스도 안에서 진정한 만남을 갖지 못한 채 신앙생활을 합니다. 진정으로 함께 울고, 함께 웃고, 기쁨을 함께 나누고, 함께 기도 제목을 나누고, 하나님 나라의 꿈과 비전을 세워 가는 친구가 없다는 것입니다.

사랑하는 성도 여러분, 오늘 여러분은 어떠십니까? 예수 안에서 우리의 만남은 영원한 형제요 자매인 것을 간과했기 때문입니다. 그러나 오늘 주님이 말씀하십니다.

"누구든지 하늘에 계신 내 아버지의 뜻대로 하는 자가 내 형제요 자매요 어머니이니라 하시더라"(마 12:50).

사랑하는 성도 여러분, 오늘 여러분은 어떻습니까? 여러분은 예수 안에서 진정한 형제와 자매가 있습니까? 정말 믿고 신뢰할 만한 마음이 따뜻한 믿음의 친구가 있습니까? 신앙생활을 수삼 년 해오셨는데, 여러분은 그리스도 안에서 정말 참된 친구가 있으십니까?

생명을 함께 나누는 따뜻한 셀 가족들이 있으십니까? 여러분이 인생을 어떻게 살았든지 그런 친구가 없다면 사실 그 사람의 인생은 허무한 인생이요 실패한 인생이라고 합니다. 왜 그렇습니까? 하나님을 사랑한다는 것은 보이는 형제를 사랑하는 것으로 나타납니다. 하나님을 잘 섬긴다는 것은 보이는 형제를 잘 섬긴다는 것입니다. 하나님과 관계가 좋다는 것은 보이는 형제와 화목하게 지낸다는 것입니다.

그렇다면 오늘 저와 여러분은 어떻습니까? 여러분은 믿음의 셀 그룹이 있으십니까?

여러분의 마음과 기도와 비전을 함께 나눌 믿음의 형제요 자매인 셀 그룹 모임이 있으십니까? 현대인들은 바쁘다는 관계로 신앙생활에 있어서 자신의 신앙에 대해서 물어 보고 토론하고 자신의 감동에 대해 함께 나눌 친구가 없습니다. 내가 성숙하다 할지라도 다른 사람을 지도할 기회도 없다는 것입니다. 이런 모든 고민들을 풀어 낼 수 있는 것이 뭡니까? 바로 교회 안에 있는 작은 교회 바로 셀 그룹입니다.

사랑하는 성도 여러분, 이 시대의 남성들은 남자끼리 모여야 한다는 필요성에 대한 연구 논문이 많이 나오고 있습니다. 남성들끼리 나눔을 통해 정체성을 확인하는 등 남자끼리 모여야 굉장히 성숙해집니다. 남자끼리의 모임 속에서 이루어지는 치유의 효과는 굉장히 큽니다. 그렇다면 어떻게 해야 할까요?

신앙인으로서 잘사는 비결은 지금 내게 주어진 셀 그룹 사람들을 소중하게 여기며 잘 섬기는 것입니다. 그렇다면 여러분, 셀 그룹은 무엇과 같습니까? 교회 안에 있는 또 하나의 작은 교회와 같습니다. 우리가 교회 안에 속해 있지만 모든 교인을 다 한 번에 만날 수가 없습니다. 그래서 나와 마음이 맞고 성향이 비슷하고 한 주제를 갖고 대화를 할 수 있는 또 다른 작은 교회가 필요합니다. 이것이 셀 그룹입니다. 그러므로 셀 그룹은 생명의 공동체입니다. 가장 작은 모임을 통해서 우리는 서로가 생명력을 확인할 수가 있습니다.

그렇다면 셀 그룹의 나눔은 어떻게 합니까? 셀 모임은 티칭이 아닙니다. 셀 모임은 쉐어링입니다. 은혜를 나누는 것입니다. 내가 느낀 은혜를 함께 나누는 것입니다. 내가 받은 은혜와 감동과 감사를 나누는 것입니다. 나누면 나눌수록 더욱더 커집니다.

책을 한 권 읽으면 우리는 그 책을 다 안다고 생각을 합니다. 그렇게 해서 알게 되는 책의 내용은 30%가 안 됩니다. 그러나 같은 책을 읽고 셀 원들끼리 나누면 훨씬 더 많은 것들을 깊이 있게 나눌 수 있습니다. 왜 그렇습니까? 책을 보는 관점이 다르기 때문입니다. 그래서 많은 통찰력을 얻게 됩니다.

셀 모임이 그렇습니다. 똑같은 설교를 들었습니다. 그런데 셀 모임 때 말씀을 나누다 보면 풍성해집니다. 우리 안에 계신 그리스도가 나누어집니다. 경험이 됩니다. 어떤 사람은 서론에서, 어떤 사람은 동영상에서, 어떤 사람은 이런 부분에 은혜를 받고 적용을 합니다. 어떤 사람은 이런 말씀에 은혜를 받고 적용을 합니다. 그래서 셀 모임이 풍성해지는 것입니다.

나누고 또 나눌수록 커지는 것이 쉐어링입니다. 셀은 많은 것을 몰라도 괜찮습니다. 내가 잘 가르치지 못해도, 내가 줄 것이 없어도 괜찮습니다. 내가 느낀 은혜를 함께 나누면서 그 은혜를 모아서 성장하는 것이 가족과 같은 셀 그룹입니다. 그러므로 주님께서는 약속을 하십니다.

"두세 사람이 내 이름으로 모인 곳에는 나도 그들 중에 있느니라"(마 18:20).

하나님은 성도들 두세 사람이 셀로 모이는 것을 기뻐하시며 이렇게 약속을 하셨습니다. 영적인 가족들이 모이는, 예수를 구주로 믿고 거듭난 셀 가족들이 모이는 곳에 하나님이 임하셔서 복을 주십니다. 그렇다면 우리가 셀 모임을 가져야 하는 또 다른 이유는 무엇입니까?

셋째, 하나님의 은혜는 사람을 통해 부어집니다. 하나님의 은혜는 위로부터만 부어지는 것이 아닙니다. 하나님의 은혜는 사람을 통해서 전이됩니다. 그래서 모이기에 힘써야 합니다. 믿음의 사람들은 모이면 그리스도 안에서 서로 세워 줍니다. 정체성을 확립시켜 줍니다. 말씀의 떡을 나눕니다. 그러면 우리 안에 있는 그리스도가 경험됩니다.

그런데 세상은 어떻습니까? 세상 사람들은 보이는 것을 가지고 그 사람을 평가합니다. 그래서 많은 그리스도인들도 세상 따라서 보이는 것을 기준으로 자신의 삶을 평가합니다. 세상 사람들이 추구하는 부와 권세와 스펙과 돈, 명예가 없으면 실패한 인생이라고 생각합니다. 그래서 자신의 인생에 대해 가치가 없다고 생각을 하곤 합니다. 그러나 이것은 내가 나를 바라보는 관점입니다. 하나님은 절대로 나를 그렇게 바라보지 않습니다.

육신적으로 무엇이 있느냐 없느냐, 돈이 있느냐 없느냐, 세상적으로 권세가 있느냐 없느냐, 하나님은 그런 것으로 우리를 평가하시지 않습니다.

> "우리가 주목하는 것은 보이는 것이 아니요 보이지 않는 것이니 보이는 것은 잠깐이요 보이지 않는 것은 영원함이라"(고후 4:18).

우리를 소중한 존재로 바라보십니다. 그러므로 셀 모임을 통해서 이런 우리의 정체성을 확립시켜 주어야 합니다. 어떻게 확립시켜 주어야 합니까?

> "네 믿음의 교제가 우리 가운데 있는 선을 알게 하고 그리스도께 이르도록 역사하느니라"(몬 1:6).

무슨 말씀입니까? 그리스도 안에서 주님이 이미 이루어 놓으신 엄청난 영적인 축복들이 무엇인지 알게 하고 이미 주신 것들을 누릴 수 있도록 가르쳐 주라는 것입니다. 왜 그렇습니까? 삶의 역경이나 압박, 어려움은 중요한 요소가 아닙니다. 이 땅에서 우리가 받는 고난은 잠시 받는 가벼운 환난입니다. 그러므로 여러분이 보이지 않는 것을 볼 때 광야의 경험이 끝날 것입니다.

올 한 해 하나님께서 당신의 삶을 통해 하시는 놀라운 일들을 보십시오. 당신은 부요하게 될 것입니다. 신선한 건강을 누리시길 축원합니다. 그러므로 영적으로 힘을 내서 도전하십시오. 하나님의 영광 가운데서 이미 승리하는 여러분 자신을 바라보십시오. 당신이 정복자보다 나은 자인 것을 마음속에 받아들이고 선포하시길 축원합니다. 여러분이 매일 의식적으로 지속적으로 해야 하는 일은 여러분 자신이 진정 어떤 자인지 담대하게 선포하는 것입니다. 그러므로 바른 것을 보고 여러분 자신을 하나님의 관점으로 보길 축원합니다. 그분의 말씀을 묵상하고 선포하길 축원합니다.

생각의 관점을 디자인하라
Design your perspective

참된 친구가 되라

첫째, 모이기에 힘써야 합니다.
둘째, 셀 가족으로 모여야 합니다.

하나님의 평가(고전 4:1-5)
Design your perspective

사람이 마땅히 우리를 그리스도의 일꾼이요 하나님의 비밀을 맡은 자로 여길지어다 그리고 맡은 자들에게 구할 것은 충성이니라 너희에게나 다른 사람에게나 판단 받는 것이 내게는 매우 작은 일이라 나도 나를 판단하지 아니하노니 내가 자책할 아무것도 깨닫지 못하나 이로 말미암아 의롭다 함을 얻지 못하노라 다만 나를 심판하실 이는 주시니라 그러므로 때가 이르기 전 곧 주께서 오시기까지 아무것도 판단하지 말라 그가 어둠에 감추인 것들을 드러내고 마음의 뜻을 나타내시리니 그때에 각 사람에게 하나님으로부터 칭찬이 있으리라

우리는 어릴 때부터 남들과 비교하면서 경쟁하는 문화 속에서 자라왔습니다. 이런 의식 때문에 많은 사람들이 열등감 속에 살아갑니다. 어떤 사람은 실패와 두려움 속에 살아갑니다. 어떤 사람은 자신이 세상에서 이룬 것이 없다고 자신을 학대하며 살아갑니다.

사랑하는 성도 여러분, 오늘 여러분은 어떻습니까? 여러분에게 세상적인 평가가 그렇게 중요합니까? 복음을 가진 자는 인생에서 성공한 사람입니다. 그렇다면 세상은 사람들을 어떻게 평가합니까? 세상은 사람을 A, B, C, D, E라는 다섯 가지 기준으로 평가를 합니다.

A는 Age 나이입니다. 나이가 몇 살인가? B는 Beauty 외모입니다. 외모가 얼마나 아름다운가? C는 Character 성품입니다. 성품이 얼마나 좋은가? D는 Degree 학위입니다. 스펙이 어느 정도인지로 평가를

합니다. E는 Economic 경제력입니다. 돈이 얼마나 있느냐입니다. 이것이 성공의 기준이며 인생을 평가하는 기준입니다. 세상은 사람을 평가할 때 이런 기준으로 평가를 합니다. 이것이 세상 사람들이 사람을 평가하는 기준입니다. 그래서 사람들은 이런 것들을 갖추기 위해 무진 애를 쓰며 살아갑니다. 이것은 하나님 없이 살아가는 사람들의 평가 방식입니다.

그렇다면 오랫동안 하나님을 믿었던 유대인들은 어떻게 삽니까? 유대인들은 탁월한 민족입니다. 그들은 인생을 성실하게 노력하며 삽니다. 그러나 인생은 성실한 노력만으로 되는 것은 아닙니다. 그들은 항상 큰 거인의 도움을 받으며 살아갑니다. 그들은 거인의 어깨 위에 올라가서 세상을 봅니다. 그래서 그들은 세상을 보는 관점이 다릅니다. 유대인들의 파워는 바로 이것입니다. 바로 거인의 어깨라는 관점입니다. 그러니까 그들은 이미 출발이 다릅니다.

그렇다면 유대인들이 올라간 거인의 어깨는 어디입니까? 여러분은 어디라고 생각하십니까? 바로 하나님입니다. 그들은 하나님의 관점에서 세상을 바라봅니다. 하나님의 관점에서 사물을 바라봅니다. 하나님의 관점에서 인생을 바라보고, 세상을 바라보고, 영원한 삶을 바라봅니다. 그들은 가장 높은 곳에서 세상을 바라보는 파워를 가지고 있습니다. 그래서 유대인들은 현실 속에서 영원을 바라보며 삽니다.

그러므로 거인이신 하나님 어깨 위, 가장 높은 곳에서 하나님의 관점으로 세상을 바라보며 살아가는 유대인들은 인생을 파워 있게 살아갑니다. 승리자로 살아갑니다. 모든 분야에서 탁월한 성과를 나타내며 살아갑니다.

그런가 하면 유대인들의 부모들은 자녀들을 어릴 때부터 초상집에 보냅니다. 왜 초상집에 보냅니까? 메멘토모리(Memento mori), '너에게 죽음이 온다, 죽음을 기억하라, 너는 반드시 죽는다는 것을 기억하라,

너에게 주어진 이 땅에서 삶은 영원하지 않다, 인생에게 주어진 시간은 아주 짧으므로 네가 반드시 죽는다는 것을 기억하라는 의미의 라틴어입니다.

그렇다면 왜 그들은 어릴 때부터 죽는다는 것을 기억하게 할까요? 죽음 이후에는 반드시 하나님의 평가가 있다는 것을 가르칩니다. 그래서 그들은 어린 시절부터 삶의 관점이 다릅니다. 사람보다는 하나님의 평가를 기준으로 삼고 살아갑니다. 그래서 그들은 삶의 모든 영역에 있어서 탁월합니다. 정치, 경제, 사회, 문화, 예술까지 탁월할 수밖에 없는 것입니다.

사랑하는 성도 여러분, 그렇다면 오늘 우리는 인생을 어떻게 살아야 잘 사는 인생이 될까요? 복음을 가진 저와 여러분은 어떻게 해야 잘 사는 인생이 될까요?

첫째, 사람들의 평가에 연연하지 마십시오.

왜 그렇습니까? 사람들의 평가는 주관적이기 때문입니다. 그런데 우리는 여기에 익숙한 자들입니다. 그래서 사람들의 평가에 늘 연연합니다. 그러나 믿음의 사람들은 보이는 평가에 연연하지 않습니다. 왜 그렇습니까? 사람은 자기가 자기 자신을 평가하는 것도 때로 왜곡되어 있기 때문입니다. 그런데 오늘 본문은 사람들이 나를 판단하는 것은 아주 작은 일이고 합니다.

> "너희에게나 다른 사람에게나 판단 받는 것이 내게는 매우 작은 일이라 나도 나를 판단하지 아니하노니"(고전 4:3).

무슨 말씀입니까? 사람들이 나를 판단하는 것은 참고는 할 만하지만 아주 작은 일이라고 합니다. 그것이 내 삶에 결정적이지 않다는 것입니다. 남의 판단과 남의 평가에 매여 살지 말라는 것입니다. 왜 그렇습니까?

많은 사람들이 남의 평가와 판단에 매여 삽니다. 이런 사람을 일컬어 사람들의 인정에 중독이 되어 사는 '인정 중독자'라고 합니다. 이렇게 사람의 인정에 중독된 사람은 어떻게 삽니까? 복음을 가졌는데도 자유가 없습니다. 복음을 가졌는데도 기쁨이 없습니다. 복음을 가졌는데도 감사가 없습니다. 예수 믿고 사는데도 사람의 말에 일비일희합니다. 하나님보다는 사람들에게 인정받기를 더 좋아합니다. 그래서 평안이 없습니다.

사랑하는 성도 여러분, 사람의 평가도 역사의 평가도 때로는 왜곡된 경우가 많습니다. 왜 그렇습니까? 역사적인 사실을 그대로 기록하는 역사가 있고 역사가가 생각하기에 중요하다고 생각하는 것을 기록하는 역사가 있습니다. 그렇다면 어떤 것이 중요하고 어떤 것이 중요하지 않느냐, 모든 사람이 공통적으로 인정하는 객관적이고 보편적이고 타당성이 있는 그러한 이론이 있느냐, 그것이 없다는 것입니다. 사람의 평가라는 것이, 역사의 평가라는 것이 비교적 이해할 만한 것이 많지만 그렇더라도 완벽하지는 않다는 것입니다. 그러므로 오늘 성경은 말씀합니다.

"너희에게나 다른 사람에게나 판단 받는 것이 내게는 매우 작은 일이라 나도 나를 판단하지 아니하노니"(고전 4:3)라고 하면서 사람들이 나를 판단하는 것은 아주 작은 일이라고 바울은 자신 있게 말합니다. 사람들이 나에 대해서 말한 것, 내 인생에 대해서 말한 것은 아주 작은 일이고 큰 일이 아니라는 것입니다. 왜 그렇습니까?

내가 하는 나에 대한 평가도 치우쳐 있기 때문입니다. 그러므로 성경은 말씀합니다(고전 4:3-4). 나도 나에 대해서 평가를 보류하겠다, 내가 보기에 이것은 굉장히 잘한 것 같다, 옳은 것 같다 객관적인 것 같다고 하나 아닐 수 있다는 것입니다. 진짜 판단과 평가는 하나님께 있다는 것입니다. 이처럼 바울은 자기 자신에 대해서 자기의 평가도 보류합니다. 왜 그렇습니까? 사람은 자기 자신에 대한 평가에 있어서 매우 치우치는 경향이 크기 때문입니다. 2020년에 교수 신문에 사자 성어가 '我是他非(아시타비)'였습니다. 나 아 자, 옳을 시 자, 다를 타 자, 아닐 비 자, 나는 옳고 남은 그르다는 '내로남불'의 뜻을 한자어로 번역해서 만든 신조어였습니다. 현대인들은 내가 불편하면 그것을 진리가 아니라고 여깁니다. 누가 뭐래도 내가 내 행복을 추구하겠다는 것입니다. 그래서 그것이 진리가 아니라 해도 내게 돈만 되고 내게 행복만 준다면 우상이든 금송아지든 상관없다는 것입니다.

사랑하는 성도 여러분, 많은 사람들이 제일 착각하는 것이 있습니다. 그것이 뭔지 아십니까? 나는 착각하지 않는다는 착각입니다. 내가 객관성이 있다는 착각입니다. 그러나 오늘 바울은 말합니다. 내가 나를 보기에 의로워 보이는데 아닐 수도 있다, 내가 나 자신을 보면 내가 자책할 아무것도 없다, 그러나 이것은 내 착각일 수 있다, 그러므로 나도 나를 판단하지 않겠다는 것입니다.

사랑하는 성도 여러분, 오늘 여러분은 어떻습니까? 바울은 오늘 자기 자신이 자신을 판단하는 것도 하나님께 평가를 맡기겠다고 말합니다. 여러분, 채근담에 나오는 말입니다. '待人春風 持己秋霜(대인춘풍 지기추상)'이라, '남을 대하기는 봄바람같이 따뜻하게 대하고 자기를 지키기는 가을 서리처럼 엄정하라'라는 뜻입니다.

그런데 우리는 어떻습니까? 반대입니다. 자기에게는 봄바람 같습니다. '내가 이럴 수도 있지, 사람이 뭐 그럴 수도 있는 거지' 철저하게 사람은 자기중심적입니다. 그러므로 바울이 말합니다. 내가 나도 판단을 못 하겠다, 남이 나를 판단하는 것도 얼마나 옳지 않은 것이 많은지 모르겠다, 나도 나를 판단치 못 하겠다 합니다. 그렇다면 인생의 진정한 평가는 누가 하십니까?

둘째, 하나님이십니다.

진짜 인생의 평가는 하나님께 있습니다. 그러므로 진짜 인생의 중요한 평가는 하나님께 있다(고전 4:4-5)며 "내가 자책할 아무것도 깨닫지 못하나 이로 말미암아 의롭다 함을 얻지 못하리라"는 것입니다. 진짜 올바른 결산과 평가는 하나님께 있다는 것입니다. 여러분, 유대인들은 이렇게 인생을 삽니다. 남이 평가하는 것은 참고할 만한 것이 있으나 거기에 목숨 걸지 않습니다. 절대화하지 않습니다. 내가 나를 판단하는 것도 절대화하지 않습니다. 왜 그렇습니까?

진짜 평가는 하나님께 있기 때문입니다. 그러므로 하나님의 평가를 아는 사람은 어떤 경우든지 자유가 주어집니다. 승리가 주어집니다. 낙심하지 않습니다. 영광이 있습니다. 그런데 세상의 평가에 익숙한 사람들은 보이는 평가에 목을 맵니다. 그러므로 성경은 "큰 집에는 금그릇과 은그릇뿐 아니라 나무그릇과 질그릇도 있어 귀하게 쓰는 것도 있고 천하게 쓰는 것도 있나니 그러므로 누구든지 이런 것에서 자기를 깨끗하게 하면 귀히 쓰는 그릇이 되어 거룩하고 주인의 쓰심에 합당하며 모든 선한 일에 준비함이 되리라"라고 말씀합니다(딤후 2:20-21). 여러분, 이 세상은 불공평합니다.

왜 그렇습니까? 주어진 그릇들이 다 다릅니다. 금그릇이 있습니다. 은그릇이 있습니다. 나무그릇이 있습니다. 이처럼 세상이 불공평합니다. 어떤 사람은 태어나면서부터 금그릇입니다. 어떤 사람은 태어나면서부터 은그릇입니다. 어떤 사람은 태어나면서부터 나무그릇과 질그릇, 흙수저로 태어납니다. 금수저, 흙수저가 지금 생긴 말이 말이 아닙니다. 성경은 이미 알고 있었습니다. 세상은 이처럼 불공평합니다.

천히 쓰는 것과 귀히 쓰는 것이 있습니다. 사람 보기에는 불공평합니다. 그런데 하나님 보시기에는 어떤 그릇을 귀하게 쓰십니까? 금그릇입니까? 은그릇입니까? 아닙니다. 하나님은 깨끗한 그릇을 사용하십니다. 그러므로 누구든지 자신의 신분을 한탄하지 말고, 자신의 환경을 탓하지 말고, 자신의 스펙을 탓하지 말고 하나님께 쓰임 받는 깨끗한 그릇이 되기를 축원합니다.

사랑하는 성도 여러분, 사람들은 항상 금그릇 같기를 원합니다. 내 삶이 금그릇 같기를 원합니다. 그렇게 쓰임 받기를 원합니다. 그런데 내 삶은 질그릇 같습니다. 형편이 질그릇 같습니다. 이것이 항상 괴로운 것이고, 이것이 화가 나고 불공평하고 부조리한 것이라고 생각하고 우리의 행복을 빼앗아 가는 것이라고 생각합니다. 그런데 성경은 말씀합니다. "하나님이 보시기에 가장 귀한 것이 무엇인 줄 아느냐? 금이 아니다. 은이 아니다. 하나님이 쓸 수 있는 그릇이 아니냐?"

여러분, 이것이 바로 주님 앞에 공평한 것입니다. 모든 인생은 스펙이 차이가 납니다. 경제적인 것이 차이가 납니다. 외모가 차이 납니다. 능력이 차이가 납니다.

그런데 이런 인간적인 관점에서 볼 때 차이 나는 모든 것을 뛰어넘을 수 있는 것이 무엇입니까? 바로 하나님께서 쓰시는 그릇이냐 아니냐입니다. 여러분, 이 말씀을 계시로 받으시길 축원합니다.

이 말씀에 인생을 걸어 보십시오. 세상에서는 별스럽지 않은 것에도 목숨을 겁니다. 자꾸 금이 되고 은이 되는 일에 인생을 걸어 버립니다. 내가 금이 되고 은이 되는 일에 내 인생의 모든 에너지를 낭비해 버립니다. 금이 되고 은이 되는 일에 모든 인생을 투자합니다. 오늘 여러분은 어떠십니까? 금이 되고 은이 되는 일에 투자하지 말고 하나님이 쓰는 그릇이 되도록 인생의 패러다임을 바꾸길 축원합니다.

그렇다면 우리가 왜 하나님께서 쓰시는 그릇이 되어야 합니까?

"무릇 많이 받은 자에게는 많이 요구할 것이요"(눅 12:48).

하나님께서 결산의 날에 많이 준 자에게는 많은 것을 요구하신다고 합니다. 너는 이것 가지고 이 정도 해왔느냐? 너는 이것 가지고 뭐 해왔느냐? 하나님이 주신 대로 찾으신다는 이 말씀을 믿으십니까? 이 말씀을 믿으시길 축원합니다.

금과 은그릇을 내 인생의 목표로 삼지 말고 하나님이 쓰시는 그릇으로 하자, 하나님이 주신 만큼 내 인생을 살자는 것입니다. 여러분, 그때 진짜 행복이 임합니다. 승리가 임합니다. 자유가 임합니다. 그러므로 인생은 하나님의 평가가 중요합니다. 사람들의 평가가 중요한 것이 아닙니다. 하나님의 평가가 중요합니다.

금이나 은으로 보이는 사람이 평가를 받을 때 "너는 정말 추하게 살았구나!" 그러면 아무것도 아닙니다. 사람들이 나를 볼 때, 나 스스로 이만하면 괜찮은 것 같다고 생각하는 것은 아무것도 아니라는 것입니다. 내 인생의 진정한 결산과 평가의 날에 받게 될 주님의 평가가 제일 중요하다는 것입니다. 그러므로 하나님이 쓰는 그릇이 되시길 축원합니다.

"내가 너를 전도하는 그릇으로 쓰고 싶다"는 그릇은 전도를 멈추지 마시길 축원합니다. 선교를 멈추지 마시길 축원합니다. 구제를 멈추지 마시길 축원합니다. 기도를 멈추지 마시길 축원합니다.

그렇다면 하나님은 사람을 어떻게 평가하실까요?

셋째, 경외함입니다.

여러분, 하나님은 인간을 평가할 때 어떤 기준으로 평가를 하십니까? 딱 한 단어입니다. 바로 '경외'입니다. 우리가 인생을 70년, 80년,

100년 살다가 하나님 앞에 섰을 때 하나님은 우리의 전 인생을 한 단어로 평가를 합니다. 바로 경외입니다. 그렇다면 이 경외가 우리의 삶 속에서 어떻게 구체적으로 나타납니까?

정직과 온전함입니다. 역대기를 보면 하나님께서 이스라엘 왕들을 평가할 때 하나님은 언제나 정직과 온전이라는 단어를 사용하셨습니다. 이것은 왕들이 백성들을 섬기고 통치할 때 왕으로서 직함과 직분을 어떻게 감당했느냐를 뜻합니다. 하나님은 왕들을 평가하실 때 언제나 정직과 온전함이라는 단어를 사용했습니다.

역대기 상하에 등장하는 왕들이 40명 정도입니다. 그 왕들 중에는 오랫동안 통치한 왕도 있고 짧게 통치한 왕도 있습니다. 좋은 왕도 있고 나쁜 왕도 있습니다. 왕들의 성격이 저마다 다릅니다. 왕들의 행적도 다릅니다. 그런가 하면 왕들이 이룬 업적과 치적도 다릅니다. 그런데 하나님은 모든 왕들을 경외라는 단어로 평가하셨습니다. 그 경외라는 단어가 바로 정직과 온전함이라는 단어로 나타났습니다. '그는 정직하고 온전하였다.' 이렇게 평가를 합니다.

그런데 북이스라엘의 왕들은 대부분 정직하지도 않았고 온전하지도 않았습니다. 이런 왕들이 25명 정도 됩니다. 한마디로 하나님을 경외하지도 않았습니다. 어떤 왕은 정직했습니다. 그런데 온전하지가 않았습니다. 이런 왕들이 10명 정도 되었습니다. 그리고 정직하고 온전했다는 왕이 있습니다. 하나님을 경외한 왕이 5명 정도 됩니다.

그렇다면 여러분, 정직이란 뭘까요? 여러분은 정직이라고 하면 도덕적으로 생각합니다. 그래서 내가 다른 사람에게 거짓말하지 않는 것이라고 생각을 합니다. 그러나 성경이 말하는 정직은 인간의 윤리나 도덕적인 차원의 것이 아닙니다. 하나님 앞에서 내가 어떤 인간인가를 깨닫는 것입니다. 하나님 앞에서 내가 어떤 존재인가를 아는 것입니다. 내가 왕이 되고 뭐가 되고, 이런 모든 것이 내가 능력이 있어서 되었고 자격이 있어서 되었고 그렇다고 생각할 수 있지만 아닙니다. "내가 나 된 것은 하나님의 은혜다" 이것을 아는 것이 정직입니다. 이것을 깨닫는 것이 정직입니다.

여러분, 내가 오늘이 있기까지 노력한 것이 왜 없었겠습니까. 수고한 것이 있었습니다. 그러나 그 모든 것 위에 하나님의 은혜가 있었다는 것을 알고 깨닫고 인정하는 것을 성경은 정직이라고 말씀합니다.

이렇게 정직한 자세로 통치를 시작했다면 그 왕이 두렵고 떨리는 자세로 임했을 것입니다. 그런데 점차 익숙해지고 안정이 되면 사람은 변질되기 시작합니다. "내가 얼마나 수고했는가, 이제 좀 누려도 되지 않겠는가?" 그러면서 곁길로 갑니다. 사치도 하고, 방탕도 하고, 전쟁도 일으키고, 군림하기도 하고, 점점 마음이 높아지면서 '누가 나에게 감히' 이런 마음들이 생기기 시작합니다. 하나님의 은혜를 놓쳐 버리면 사람은 경외함을 잃어버리게 됩니다. 그래서 정직의 위기가 옵니다.

사랑하는 성도 여러분, 그래서 사람에게 필요한 것이 무엇입니까? 바로 온전함입니다. 온전함이란? 무엇을 말씀합니까? 처음의 마음 자세를 그대로 유지하는 것을 말합니다. 정직을 끝까지 지속하는 것이 온전함입니다. 그러므로 성경은 말씀합니다.

"아마샤가 여호와 보시기에 정직하게 행하기는 하였으나 온전한 마음으로 행하지 아니하였더라"(대하 25:2).

정직함을 끝까지 지속해 나가는 것이 온전함입니다. 온전함은 내가 좋을 때나 나쁠 때나 상황에 상관없이 하나님의 은혜로 사는 것을 잊지 않고 한결같이 사역하는 것입니다.

사랑하는 성도 여러분, 오늘 여러분은 어떻습니까? 하나님을 섬기다 보면 이 정직함이 한계가 옵니다. 어느 정도 시간이 지나면 마음이 변질됩니다. 직분을 받고 부임하고 몇 년쯤 가면 정직에 위기가 옵니다. 여러분, 몇 년 정도 되면 마음의 변질이 올까요? 대부분 20년 정도입니다. 잘나가던 왕들도 20년간 안정이 되고 평안하면 범죄를 합니다. 다윗 왕이 그랬습니다. 솔로몬도 그랬습니다. 목회자들도 마찬가지입니다. 교회를 섬기다 보면 이때쯤이면 변하기 시작합니다. 하나님 앞에 정직을 잃어버리고 온전함에서 실패하는 사람들이 많습니다.

사랑하는 성도 여러분, 인생은 시작도 은혜였고 성장도 은혜였습니다. 그렇다면 인생을 잘 사는 비결이 무엇입니까? 이 정직과 온전함을 잘 유지해 나가기 위해서는 언제나 하나님을 경외해야 합니다. 하나님께서는 이 땅의 모든 사람을 한 단어를 기준으로 평가합니다. 그 단어가 바로 경외입니다. 경외는 하나님을 사랑하고 두렵고 떨림으로 섬기는 영적인 태도입니다.

> "여호와를 경외하는 것이 지혜의 근본이요 거룩하신 자를 아는 것이 명철이니라"(잠 9:10).

생각의 관점을 디자인하라
Design your perspective

하나님의 평가

첫째, 사람들의 평가에 연연하지 마십시오.
둘째, 하나님이십니다.
셋째, 경외함입니다.

황금 송아지(출 32:1-6)

Design your perspective

**백성이
모세가** 산에서 내려옴이 더딤을 보고 모여 백성이 아론에게 이르러 말하되 일어나라 우리를 위하여 우리를 인도할 신을 만들라 이 모세 곧 우리를 애굽 땅에서 인도하여 낸 사람은 어찌 되었는지 알지 못함이니라 아론이 그들에게 이르되 너희의 아내와 자녀의 귀에서 금고리를 빼어 내게로 가져오라 모든 백성이 그 귀에서 금고리를 빼어 아론에게로 가져가매 아론이 그들의 손에서 금고리를 받아 부어서 조각칼로 새겨 송아지 형상을 만드니 그들이 말하되 이스라엘아 이는 너희를 애굽 땅에서 인도하여 낸 너희의 신이로다 하는지라 아론이 보고 그 앞에 제단을 쌓고 이에 아론이 공포하여 이르되 내일은 여호와의 절일이니라 하니 이튿날에 그들이 일찍이 일어나 번제를 드리며 화목제를 드리고 백성이 앉아서 먹고 마시며 일어나서 뛰놀더라

지금은 스마트폰 시대라고 합니다. 스마트폰을 사용하는 인류라고 해서 '포노 사피엔스'라는 신조어가 생겼습니다. 모든 것이 스마트폰 하나로 해결됩니다. 그래서 포스트 코로나 시대에 부의 흐름이 바뀌고 있습니다. 어떻게 바뀌고 있습니까?

모바일 비즈니스 사업이 불같이 일어납니다. 바로 스마트폰의 유저 수를 가진 플랫폼 회사들이 핫하게 뜨고 있습니다. 세계 10대 회사들 가운데 7개가 플랫폼 회사입니다. 플랫폼 회사의 자산은 무엇일까요? 바로 회원수입니다. 회원들의 숫자가 플랫폼 회사들의 자산이요 가치

입니다. 앞으로 신흥 재벌이나 큰 부자들은 모두 플랫폼 회사에서 나올 것입니다.

사랑하는 성도 여러분, 자본주의 사회에서는 돈이 있어야 삽니다. 돈이 힘이요 능력이요 권세입니다. 그럼에도 불구하고 사람은 돈을 붙들고 사는 것이 아닙니다. 하나님의 은혜로 삽니다. 하나님을 믿고 의지하며 삽니다. 하나님으로 살아야 합니다. 왜 그렇습니까? 사람의 참된 생명이 육신에 있지 않고 영에 있기 때문입니다.

하나님은 사람을 창조하기 전에 그의 생계와 모든 즐거움을 위하여 기분 좋은 물질세계를 먼저 지으셨습니다. 그것은 사람을 위하여 인생의 보조물로 작정된 것이었습니다. 그리고 사람의 마음 깊은 곳에는 하나님 외에는 아무도 들어와서는 안 되는 성역을 두셨습니다. 다시 말하면, 사람 안에는 하나님이 계시고 밖에는 풍성한 물질을 사람에게 듬뿍 주셨습니다. 그런데 죄는 이런 하나님의 선물을 파멸의 도구로 바꾸었습니다. 그래서 사람들은 마음의 중심에서 하나님을 쫓아내고 그 마음속에 하나님 대신 물질을 채웠습니다. 사람들의 마음속에는 2개의 보물을 간직할 공간이 없습니다. 하나님과 물질 중에서 하나를 선택해야만 합니다. 그러므로 성경은 말씀합니다.

> "하나님을 자기의 도움으로 삼으며 여호와 자기 하나님에게 자기의 소망을 두는 자는 복이 있도다"(시 146:5).

하나님을 자기의 보물로 소유한 사람은 그분 안에서 모든 것을 가진 자입니다. 사람은 많은 재물을 가졌더라도 그것 때문에 행복하지는 않습니다. 왜냐하면 하나님께서 행복을 재물에 두지 않았기 때문입니다. 반면에 그에게서 재물이 사라진다 해도 그는 실망감을 느끼지 않을 것입니다. 왜냐하면 그는 만물의 근원이신 하나님 안에서 모든 즐거움과 기쁨을 얻기 때문입니다. 이것이 하나님을 선택하는 자에게 주어지는 축복입니다. 그러나 물질을 선택한 인간은 마음속에 평화가 없습니다. 왜냐하면 더 이상 하나님이 왕이 되지 않기 때문입니다.

하나님이 마음속 왕이 되지 못하면 우리의 마음은 재물이 1등 자리를 차지하기 위하여 끝없이 싸우는 전쟁터가 됩니다. 그러므로 물질은 소유가 목적이 아닙니다.

오늘 본문은 3,500년 전에 시내 산에서 일어난 금송아지 사건입니다. 그런데 세월이 아무리 흘러도 사람의 죄성은 변화되지 않습니다. 시공을 초월해서 이 금송아지 사건이 오늘 우리에게도 어떻게 영향을 미치는지 살펴보겠습니다.

오늘 하나님과 모세와의 만남이 거의 끝날 무렵에 엄청난 일이 벌어집니다. 지금 모세는 시내 산 꼭대기에 있습니다. 올라가면서 모세는 여호수아와 백성의 장로와 유사들에게 그 자리에서 기다리라고 부탁을 했습니다. 언제 내려온다는 말은 없었습니다. 사실 모세 자기도 몰랐기 때문입니다. 산 중턱에는 여호수아가 기다리고 있고 그 산 중턱 밑에는 백성의 장로와 유사들이 기다리고 있었습니다. 그리고 시내 산 앞 광야에서는 백성들이 기다리고 있습니다.

그런데 40일이 되어도 모세가 내려오지 않자 여호수아만 남기고 다른 모든 사람은 내려가 버렸습니다. 왜 내려갔을까요? 인간의 지식과 경험과 판단에 의하면 시내 산 위에 있는 모세는 더 이상 살아 있을 수 없었기 때문입니다. "모세는 죽었어! 모세가 죽었다!"라고 자기 나름대로 생각하고 판단한 나머지 산 아래로 내려가 버렸습니다.

여러분, 정말 시내 산에 가 보면 실감이 납니다. 시내 산은 나무도 없고 그늘도 없고 어디서 물 한 모금 마실 수가 없습니다. 그냥 풀 한 포기 없는 완전 바위산입니다. 아침이 되어 태양이 떠오르면 온 산이 벌겋게 달아오르고 밤이 되면 추워서 견딜 수 없는 산입니다. 그들도 나름대로는 오래 참고 기다린 것입니다. 그런데 40일이 되면서 더 이상 기다린다는 것이 무의미하다고 판단한 것입니다. 왜요? 이런 상황에서는 틀림없이 모세가 죽었을 것이니까! 지금 그들은 어떤 상황입니까?

불기둥과 구름기둥으로 인도를 믿고 있습니다. 만나를 내려주셔서 그것을 먹고 살아가고 있습니다. 지금 시내 산 꼭대기에는 영광의 구름이 머물고 있습니다. 그것을 보면서도 인간적으로 판단하고 모세가 더 이상은 살아 있을 수 없다고 추측하며 결정하고 내려옵니다. 내려온 그들에게 백성들이 질문을 합니다. "장로님, 왜 내려왔습니까?" 그러자 모세가 내려오지 않아서 더 기다릴 수가 없어서 돌아왔다, 이렇게 말하지 않고 자기 자신들을 합리화시키기 위해서 모세가 죽었다고 말을 합니다. 지금 장로들이 뭐라고 말을 합니까? 매우 인간적인 생각으로 판단하고 자신들의 생각을 합리화시키기 위해 말을 합니다.

여러분, 이런 대화가 그때만 있었을까요? 아닙니다. 지금도 똑같습니다. 세월이 흘러도 죄인들의 속성은 변하지 않기 때문입니다. 그렇다면 오늘 우리는 말을 주고받을 때 어떻게 해야 할까요? 세 가지 원칙이 있습니다. 직장에서나 회사에서나 교회 공동체 속에서 예수 믿는 자와 말을 할 때는 상황과 현실이 어떠하든 세 가지 원칙이 있습니다.

1. 이 말이 하나님께 영광이 되는 말인가?
2. 내가 섬기는 교회나 직장 지도자에게 덕이 되는 말인가?
3. 교회에 덕이 되는 말인가?

교회에 덕이 되는 말이란 내 말이 사람을 세워 주고 긍정적인 영향을 주는 말입니다. 이런 말인지를 늘 살펴야 합니다. 왜 그렇습니까? 하나님께서 우리의 말을 듣고 계시기 때문입니다. 그런가 하면 내 말을 듣는 사람을 죄 짓게 하기 때문입니다. 그러므로 말을 가려 하길 축원합니다. 그래야 영혼들을 죄악에 빠뜨리지 않습니다. 그래야 공동체를 무너뜨리지 않습니다.

그런데 그들의 말을 들은 백성들의 반응이 어떻습니까?(출 32:1) 우리를 인도할 신을 만들어 달라는 것입니다. 지금까지는 모세를 통해서 하나님의 음성을 들었고 그분의 임재를 느끼고 그리고 살아 계심을 확인했는데 모세가 없으니까, 믿고 의지할 대상이 없으니까 뭔가 보이는 확실한 대상을 만들어 달라고 요구를 합니다.

이런 이들에게 마음을 하나로 묶는 구심점을 만들기 위해 그들이 내린 결론이 뭡니까? 보이는 신을 만들자! 하나님을 떠난 사람들, 하나님을 제대로 만나지 못한 사람들에게 있어서 갈망이 뭡니까? 그것은 하나님의 대체물을 만드는 것입니다. 우리가 하나님의 형상으로 지음 받았기 때문에 하나님을 만나면 행복합니다. 그런데 하나님을 못 만나면 어떻게 합니까? 바로 그 대체물을 만듭니다.

그래서 백성들은 모세 대신 백성의 지도자로 일하고 있는 아론에게 요구를 합니다. "아론! 아론!" 아론은 어떻게 행동을 합니까? "안 된다! 무슨 말이냐? 너희가 하나님을 믿지 못하는 것이냐?" 단호하게 말하지 못합니다. 사실 아론은 절대로 우상을 만들려고 했던 사람이 아닙니다. 그러나 여론이 강하게 밀어 붙이자 타협을 합니다.

그 내용이 2절입니다. "금고리를 빼어 내게로 가져 오라." 금송아지를 만들려면 엄청난 재물이 필요한데 그것을 감당할 수 있겠습니까? 그들의 욕망에 부담을 주어서 못하게 하려고 합니다. 그러면 그들이 취소할 수 있다고 생각을 한 것입니다. 아론 나름대로는 머리를 썼습니다. 나쁜 것을 나쁘다고 말할 용기가 없어서 나름대로 수를 썼는데 그런데 이게 웬일입니까? 이게 뭡니까? 일단 욕망이 발동하니까 처자식에게 주었던 금고리를 빼앗아서 가져옵니다(출 32:3). 이제는 아론도 더 버틸 힘이 없어졌습니다. 자기 꾀에 넘어갑니다.

그렇다면 사랑하는 성도 여러분, 여기서 이들은 왜 금송아지를 우상으로 섬기게 되었을까요?

첫째, 몸은 해방이 되었지만 생각과 마음이 여전히 갇혀 있었습니다.

무엇을 말씀합니까? 몸은 출애굽 했습니다. 지금 홍해를 건너서 광야에 나왔습니다. 유월절에 어린양의 피를 바르고 출애굽은 했습니다. 그래서 하나님의 백성은 되었습니다. 기적도 경험을 했습니다. 그런데 지금은 이들이 무엇을 합니까?

모세가 시내 산에 올라가서 보이지 않자 금송아지를 만들자고 합니다. 즉각적으로 육신으로 돌아갑니다. 애굽에서 신으로 섬기던 금송아지를 만들어서 하나님으로 섬기자고 합니다. 왜 그렇습니까? 이들은 몸은 애굽에서 벗어났어도 마음과 생각이 여전히 애굽에서 벗어나지 못했던 것입니다. 바로에게서 해방이 되었습니다. 죽음에서 해방이 되었습니다. 저주에서 해방이 되었습니다. 그런데 이들은 여전히 애굽의 삶의 습관과 가치관에서 벗어나지 못했습니다. 애굽의 생각에서 벗어나지 못했습니다. 몸은 애굽에서 벗어났는데 아직도 마음과 생각이 해방되지 않았던 것입니다. 그래서 기회만 되면 육신은 틈을 타서 옛 습관으로 돌아갑니다.

사랑하는 성도 여러분, 그들만 그럴까요? 오늘 저와 여러분은 어떻습니까? 십자가의 예수로 인해 구원을 받았습니다. 죄에서 해방이 되었습니다. 죽음에서 해방이 되었습니다. 그런데 마음과 생각이 여전히 어둠에 잡혀 있습니다. 세상에는 국민과 백성이 있습니다. 여러분은 국민과 백성이라는 말의 차이를 아십니까? 백성은 주권이 없습니다. 왕이 모든 주권을 가지고 있기 때문입니다. 그러나 국민은 주권이 있습니다. 그렇다면 우리는 하나님의 백성인가요 국민인가요?

하나님은 당신의 백성들에게 국민이라는 말은 한 번도 쓰신 적이 없으셨습니다. 절대로 쓰지 않습니다. 왜 그렇습니까? 우리의 주권자가 하나님이시기 때문입니다. 우리의 생명의 주권자는 하나님이십니다. 우리의 권리의 주권자도 하나님이십니다. 죽고 사는 것도 하나님의 주권입니다. 그러므로 하나님의 백성들은 언제나 주권자인 하나님의 뜻을 물어야 합니다.

그런데 요즘 많은 교회와 성도들이 하나님의 백성이 아니라 국민이 되어서 교회가 시끄럽습니다. 그래서 '하나님, 당신도 내 뜻대로 따라와야 해요. 그렇지 않으면 안 믿을 거예요. 알겠어요? 하나님!' 이렇게 나갑니다. 이것은 신앙생활이 아닌 것입니다. 그렇다면 우리의 생각과 마음이 참된 자유를 누리려면 어떻게 해야 합니까? 예수 믿고 몸도 마음도 생각도 참된 자유를 누리길 축원합니다(요 8:32).

그렇다면 여러분, 왜 사람들은 우상을 만들까요?

둘째, 하나님은 영이시기 때문입니다.

하나님은 보이지 않습니다. 그래서 육신적이고 감각적으로만 살아온 이들은 보이지 않는 하나님보다 보이는 우상을 만듭니다. 그렇다면 사람들이 우상을 왜 만듭니까? 우상을 만드는 세 가지 이유가 있습니다.

첫 번째로 구심점을 만들려는 것입니다. 마음이 흩어지고 의견이 분산되어 무기력해지면 안 되기 때문에 우상을 만드는 것입니다. 역사적으로 모든 독재자들이 우상화 작업을 했습니다. 자연스럽게 사람들의 마음을 모을 수 없기 때문에 독재자들이 자신을 우상화시키는 작업을 했습니다. 인간의 종교심을 이용해서 자신을 신격화하고 사진이나 동상을 세워 그 앞에서 경의를 표하게 합니다. 절하게 만듭니다. 모든 역사의 독재자들은 똑같은 길을 갑니다. 구심점을 만들려는 것입니다.

두 번째로 자신들의 욕망을 신성화하기 위해서입니다. 음란과 탐욕과 방탕을 합법적으로 합리화시키기 위해서 사람들은 우상을 만듭니다. 여러분, 왜 금송아지입니까? 애굽에서는 소가 풍요의 신입니다. 소가 그 강력한 힘으로 밭을 갈아서 풍요한 소출이 이루어집니다. 그래서 소는 풍요의 상징입니다. 그런데 그 풍요는 어떻게 이루어집니까? 모든 것이 열매를 맺으려면 음과 양이 만나고 암수가 결합하여야 한다고 생각을 합니다. 풍요의 신은 열매를 맺게 하기 위해서는 성관계를 즐거워한다고 생각했습니다. 그래서 그 신을 즐겁게 하게 하기 위해서 신전에서 성관계를 맺게 합니다. 그것이 풍요의 신을 예배하는 방법이었던 것입니다. 그런 목적에서 그들은 금송아지 앞에서 뛰놀았던 것입니다. 풍요의 신을 찬양하며 눌렸던 욕망을 표출하기 위한 수단이 바로 우상숭배입니다.

세 번째로 자기 뜻대로 조종하려는 심리입니다. 이것이 우상을 만드는 또 하나의 이유가 됩니다. 더군다나 소는 신성한 동물이기 때문에 신탁을 받는다고 생각합니다. 그래서 많은 점술가들이 소를 통해서 신의 뜻을 읽으려고 했습니다. 애굽의 바로가 꿈을 꾸는데 살이 찐 소가 나타나서 요셉이 꿈 해몽을 한 것도 다 연관이 있는 것입니다. 소를 통하여 앞으로 무슨 일이 일어날지를 예측하고 싶었던 것입니다. 자신들의 미래를 통제하고 싶었던 것입니다.

이 세 가지 이유가 본문에 다 나옵니다. 모세가 지금 어떻게 되었는지 모르니 백성들이 지금 불안해합니다. 그들을 안정시키고 하나로 모으기 위해서 금송아지를 만듭니다. 그런가 하면 육체적인 즐거움에 굶주려 있던 그들이 뭔가 즐기기 위해서 또한 앞길이 막막하니 좋은 미래를 기대하면서 송아지를 만들었습니다.

눈에 보이지 않는 하나님보다는 눈에 보이는 신을 원했던 것입니다. 애굽에 있을 때 이미 그들은 금송아지를 숭배했기 때문에 금송아지에 대한 거부감이 없었습니다. 그래서 금송아지를 만들자 했을 때 모두가 동의를 했던 것입니다.

여러분, 인간은 하나님의 형상으로 지어졌기 때문에 모두가 종교성이 있습니다. 참 하나님을 만나면 행복하지만 만나지 못하면 다른 대체물을 만듭니다.

사랑하는 성도 여러분, 그렇다면 혹시 오늘 우리 또한 대체물을 만들고 있지는 않나요? 내가 참 하나님을 만나면 다른 대체물을 만들어야 할 이유가 전혀 없습니다. 이미 충분한데 뭐가 더 필요하겠습니까? 십자가의 예수가 길입니다. 진리입니다. 생명입니다. 그분 한 분이면 충분합니다. 이미 우상 만들기를 갈망하고 우상을 만든다는 것은 무엇을 의미합니까? 이미 그들 안에 하나님과 교통함이 없고 그들의 마음으로부터 하나님이 떠났다는 말입니다. 그런데 재미있게도 그들이 황금송아지를 만들어 놓고 뭐라고 부릅니까?(4절)

이름으로는 하나님을 부릅니다. 입으로 하나님을 부르면서 실제로는 황금송아지를 대체합니다. 여러분, 이스라엘 백성들은 하나님을 모르는 자들이 아닙니다. 그들은 하나님의 말씀을 들었습니다. 하나님의 능력을 경험한 사람들입니다. 그러나 그들에게 있어서 하나님은 어떤 존재였습니까? 금송아지에게 기대했던 것이 그들이 하나님께 기대했던 내용이었습니다. 인격적인 하나님과의 만남이 아니라 나를 안심시켜 주고 나의 필요를 채워 주고 내게 돈을 주고 행복을 주고 쾌락을 준다면, 금송아지면 어떻습니까? 내 뜻대로 움직이는 하나님을 원했던 것입니다.

이스라엘 백성들의 마음속에 진짜 하나님이 없었느냐, 아닙니다, 있었습니다. 그런데 어느 사이에 그 참 하나님이 이스라엘 백성들의 마음속에서부터 빠져 나가기 시작합니다. 여러분, 그 과정을 설명해 드릴까요? 우리 영혼 깊은 곳에서 일어나는 사건이기 때문에 많은 사람들이 깨닫지 못합니다. 그러나 분명한 과정이 있습니다. 우리가 하나님을 대체하는 우상을 만들기 전에 우리의 영적인 심령 속에서 먼저 어떤 일이 일어납니다.

셋째, 하나님을 폐위시킵니다.

하나님을 보좌에서 폐위시킵니다. 내 마음의 보좌에 다른 것이 앉게 합니다. 하나님을 우리 마음의 보좌에서 몰아내는 것입니다. 왕 되신 주님을 폐위시켜 버립니다.

여러분, 우리가 그것을 어떻게 아나요? 우리 마음의 보좌에서 하나님을 폐위시키면 어떤 변화가 일어납니까? 먼저 생각이 세상으로 향합니다. 하나님보다는 돈과 미래의 안정과 쾌락에 관심을 갖고 거기에 가치를 두기 시작합니다. 이럴 때 자기 마음의 민감한 변화를 알아차리면 영적인 사람입니다. 그런데 대부분은 모릅니다. 생각이 바뀝니다. 그다음에 뭐가 바뀝니까? 말이 바뀝니다. 언어가 바뀝니다. 그리고 행동이 바뀝니다. 교회에서 멀어집니다. 모이기를 폐합니다. 기도하기가 싫어집니다.

대화할 때도 세상 이야기가 많아집니다. 대화의 주제가 영적인 것이나 하나님이 아니라 세상에 보이는 물질에 관한 것이 그 중심점을 이룹니다. 생각이 바뀌기 때문에 말이 그렇게 됩니다. 말이 자꾸만 육신적으로 변하고 음란해집니다. 여기서라도 깨달아야 합니다. 말을 하면서도 깨닫지 못하면 그다음은 행위로 나타나게 됩니다. 우리 대부분 마음의 보좌에는 하나님이 계셔야 하는데 하나님이 아니라 금송아지가 들어 앉아 있습니다. 어떻게 알 수 있습니까? 그 사람의 행동을 보면 알 수 있습니다. 서로의 대화를 들어 보세요. 우리가 대화할 때 하나님이 주제가 아니라 항상 세상 이야기입니다. 돈 이야기입니다. 항상 먹거리 이야기, 항상 사람에 관한 이야기, 항상 하나님보다 돈을 먼저 생각하고 돈을 훨씬 더 사랑합니다. 어떤 일을 하는 데도 하나님의 뜻보다는 항상 돈이 중심 주제가 되어 있습니다.

그런 의미에서 현대인들의 대부분 신은 황금송아지입니다. 아마 하나님이 우리의 심령 속을 들여다보면 그 속에 하나님이 계신지 황금송아지가 있는지 보이겠지요. 오늘 여러분은 어떻습니까? 황금송아지가 훨씬 많겠지요. 이 시대의 신이 황금송아지입니다. 공산주의도, 자본주의도 황금송아지를 숭배하는 제도입니다.

그래서 하나님을 섬긴다는 우리도 걸핏하면 황금송아지로 돌아갑니다. 황금송아지를 섬기는 애굽에서 황금송아지를 숭배하던 그들을 출애굽 시켜서 하나님을 섬기라고 했는데, 삶이 힘들고 불안해지고 욕심이 꿈틀거리기 시작하면 다시 황금송아지를 섬기게 됩니다. 나는 하나님을 섬긴다고 했는데 실제로는 내 속에 황금송아지가 있습니다.

여러분, 이것이 얼마나 기가 막히는 일입니까? 이것이 이스라엘의 현실이었습니다. 오늘 우리의 마음인 것을 기억해야 합니다. 고난 주간은 내 마음에 주님을 모시는 것입니다. 내 마음의 보좌에서 참 하나님을 폐위시키고 황금송아지를 섬겼다면 그 송아지를 부수어 버리고 깨끗한 마음으로 주님을 영접하는 사순절이 되었으면 합니다.

생각의 관점을 디자인하라
Design your perspective

황금 송아지

첫째, 몸은 해방이 되었지만 생각과 마음이 여전히 갇혀 있었습니다.
둘째, 하나님은 영이시기 때문입니다.
셋째, 하나님을 폐위시킵니다.

사밧트(중단하라)(출 20:8-11)

Design your perspective

안식일을 기억하여

거룩하게 지키라 엿새 동안은 힘써 네 모든 일을 행할 것이나 일곱째 날은 네 하나님 여호와의 안식일인즉 너나 네 아들이나 네 딸이나 네 남종이나 네 여종이나 네 가축이나 네 문안에 머무는 객이라도 아무 일도 하지 말라 이는 엿새 동안에 나 여호와가 하늘과 땅과 바다와 그 가운데 모든 것을 만들고 일곱째 날에 쉬었음이라 그러므로 나 여호와가 안식일을 복되게 하여 그날을 거룩하게 하였느니라

고대 그리스의 도시국가 가운데 아테네와 스파르타, 이 두 나라가 막강한 국력을 자랑하는 도시국가였습니다. 스파르타는 남자 아이가 태어나면 건강한 아이만을 키우고 약골인 아이는 갖다 버렸습니다. 남자아이가 7세가 되면 강력한 스파르타식 훈련을 시켰습니다. 이곳에서 14년간 훈련을 받고 20세가 되면 산에 혼자 들어가 짐승을 잡아 와야 합니다. 그리고 30세까지 군 생활을 하고 60세까지 언제든지 전쟁에 동원이 되어야 하는 군인으로 삽니다.

그런데 이런 강력한 스파르타 군사들이 페르시아 전투에서 패전을 합니다. 반면 아테네 군사들은 페르시아 적군들을 잘 막아 내었습니다. 그렇다면 왜 스파르타 군사들은 페르시아 전쟁에서 패했을까요? 사람들이 조사해 보았습니다.

원인은 바로 여가 선용이었습니다. 아테네 군사들과 스파르타 군사

들은 여가 선용이 달랐습니다. 스파르타 군사들은 어릴 때부터 철저하게 훈련을 시켜서 아주 용맹스럽고 싸움을 잘해도 전쟁을 하고 오면 여가 선용을 할 때 술 먹고 자기네들끼리 싸우더라는 것입니다. 그런데 아테네 군사들은 싸우고 와서 여가를 선용하는 것이 달랐습니다. 그들은 고전을 읽고 철학을 말하고 체육을 즐기고 음악을 즐기고 미술을 즐기며 여가 선용을 잘 하더라는 것입니다. 그들은 일하는 목적이 여가를 즐기기 위해서라고 합니다.

사랑하는 성도 여러분, 오늘 여러분은 어떠십니까? 여러분은 여가를 어떻게 사용하고 계십니까? 우리는 자녀들이 행복하게 살기를 원하지만 진정으로 행복하게 사는 방법을 가르쳐 주지 않습니다. 우리는 자녀들이 건강하게 살기를 원하지만 진정으로 건강하게 사는 방법을 가르쳐 주지 않습니다.

세계적인 정신 위생학자인 데이비드 핑크 박사는 사람이 몸과 마음과 정신이 건강하고 행복하기 위해서는 반드시 네 가지를 가져야 한다고 합니다.

첫 번째는 노동입니다. 사람이라면 일을 해야 한다는 것입니다. 해야 할 일이 있어야 한다는 것입니다. 억지로 하는 일, 무의미한 일은 우리를 지치게 합니다. 그러나 목적이 있고 기쁜 마음으로 일할 수 있다면 일이야말로 사람을 건강하게 합니다. 그러므로 노동은 사람을 행복하게 하는 데 아주 중요한 요소입니다. 은퇴를 한다고 해서 일이 없어지는 것이 아닙니다. 돈 받고 하는 일만 일이 아닙니다. 얼마든지 남을 섬기고 봉사하는 일이 복된 것입니다.

두 번째로 잘 놀아야 합니다. 사람이 일만 하면 일 중독이 됩니다. 사람이 일만 하면 안 되고 놀기도 해야 합니다. 놀기만 해서도 안 되지만 일만 하는 일 중독자가 되어서도 안 된다는 것입니다. 워라밸, 삶이 균형이 잡혀 있어야 합니다. 지금 과학이 발달해서 AI 시대가 되면서 이제 사람의 일을 AI가 대체합니다. 그래서 갈수록 사람들에게는 여가 시간이 많아지게 됩니다. 이 여가를 어떻게 선용할 것인지가 중요합니다. 취미 생활로 때로는 운동도 하고 음악도 하고 예술도 하고 스포츠와 문화생활을 즐기면서 잘 누리길 축원합니다.

사람이 잘 놀지 못하면 정신 위생학적으로 건강하지 못하기도 하지만 행복할 수도 없다는 것입니다. 개인이나 가정이나 건전한 놀이 문화를 정립하는 것은 국가의 커다란 과제가 되었습니다.

세 번째는 사랑입니다. 인간은 사랑을 받아야 행복합니다. 그리고 또 누군가를 사랑해야 행복한 것입니다. 누구가로부터 사랑을 받고 또 누군가를 사랑하면서 인간은 한없는 행복과 보람을 느끼게 됩니다. 엄마가 아이를 키울 때의 그 수고는 이루 말할 수 없습니다. 남성들이 가족을 부양하는 일 또한 정말 대단한 수고입니다.

그런데 사랑하기 때문에 그 수고가 행복으로 바뀌는 것입니다. 그래서 그렇게 많은 수고를 하면서도 기쁨으로 감당하는 것입니다. 그러므로 사람에게는 일도 필요하고 놀이도 필요하고 사랑도 필요합니다.

사랑하는 성도 여러분, 그런데 사람은 이 세 가지를 다 가지고 있다 할지라도 사람의 마음속에는 채워지지 않는 공간이 있습니다. 이것을 해결하는 네 번째 요소가 뭡니까? 바로 초월자이신 하나님과 교통하는 것입니다. 이것은 다른 것으로 절대로 대체될 수가 없습니다. 그렇다면 이것을 어떻게 채울 수 있습니까? 바로 예배를 통해서 초월자 되신 하나님과 교통하면서 인간의 행복과 건강이 완성됩니다.

정리하면, 사람의 진정한 행복은 일이 있어야 합니다. 그런가 하면 즐길 수 있는 놀이와 취미 생활이 있어야 합니다. 또 누군가를 사랑하고 사랑받는 관계가 있어야 합니다. 그리고 하나님을 경험하는 예배가 있어야 인간은 참으로 건강하고 행복하게 살 수 있다는 것입니다. 사랑하는 성도 여러분, 모든 사람은 한 번뿐인 인생을 잘 살고 싶어 합니다. 그렇다면 오늘 우리가 인생을 잘 살려면 어떻게 살아야 합니까?

첫째, 안식일을 잘 지켜야 합니다.

"안식일을 기억하여 거룩하게 지키라"(출 20:8).

오늘 주님은 우리에게 뭐라고 말씀을 하십니까? 안식일을 기억하여 거룩히 지키라고 말씀합니다. 여러분, 안식이란 무엇을 말씀합니까? '사밧트'는 '중단하다, 손을 떼다, 멈춘다'라는 뜻입니다. 일을 하지 않는 것입니다. 이것이 안식의 첫 번째 의미입니다. 6일 동안 힘써서 일한 사람에게는 쉼이 필요합니다. 육체가 피곤하기 때문입니다. 피곤한 육체가 쉬어야 활력을 얻는 것은 당연한 일입니다.

일주일에 한 번 쉬는 것은 여러분이 다니는 회사가 주는 혜택이 아닙니다. 국가가 정해 놓은 어떤 규정이 아닙니다. 근본적으로 하나님이 인생에게 주시는 삶의 리듬이요 생활의 원리입니다. 쉼을 통해서 육체의 피로를 풀고 시간의 여유를 가지라는 것입니다. 그러므로 안식은 노동으로부터의 해방입니다. 노동으로부터의 안식입니다. 그래서 유대인들은 노동을 하지 않는 것을 하나님이 주신 안식의 핵심이라고 생각했습니다. 10절을 다 같이 보겠습니다.

"일곱째 날은 네 하나님 여호와의 안식일인즉 너나 네 아들이나 네 딸이나 네 남종이나 네 여종이나 네 가축이나 네 문안에 머무는 객이라도 아무 일도 하지 말라"(출 20:10).

그래서 율법사들은 안식일에 일을 하지 못하도록 많은 율례와 규범을 만들기 시작했습니다. 기본적으로 안식일에 짐을 운반하면 안 됩니다. 여행을 한다거나 음식을 만들면 안 됩니다. 병자를 치료하면 안 됩니다. 이런 것은 다 노동으로 간주했습니다. 심지어는 안식일에 5리 이상을 걸으면 안 됩니다. 불을 켜서도 안 됩니다. 엘리베이터 버튼을 눌러서도 안 됩니다. 이런 안식일 규정이 1,000개가 넘었습니다.

이러다 보니 안식일을 바로 지키기가 너무 어려운 것입니다. 안식일에 안식이 없습니다. 자칫 잘못하면 안식일을 어기게 되고 잘 지킨 사람은 의인이라고 교만해집니다. 못 지키면 죄인이라고 정죄하고 삿대질을 합니다. 이러다 보니 안식일 정신이 실종되어 버렸습니다. 안식일에 쉬지 못하고 율법의 노예가 되어 버립니다. 그렇다면 진정한 안식일의 의미는 무엇입니까?

둘째, 하나님과의 교제입니다.

> "이는 엿새 동안에 나 여호와가 하늘과 땅과 바다와 그 가운데 모든 것을 만들고 일곱째 날에 쉬었음이라 그러므로 나 여호와가 안식일을 복되게 하여 그날을 거룩하게 하였느니라"(출 20:11).

하나님께서 쉬셨습니다. 하나님의 쉼은 무슨 쉼입니까? 교제를 위한 것입니다. 하나님이 창조하신 세상과 인간을 바라보면서 기뻐하고 교제하기 위해서 쉬셨다는 것입니다. 그러므로 육체의 회복보다 더 큰 쉼은 바로 하나님과의 교제입니다.

여러분, 인간에게 하나님과의 교제가 일보다 더 소중합니다. 그래서 그 교제를 위해서 쉬라는 것입니다. "6일 동안 붙들려 있는 일로부터 멈추어라! 일을 다 내려놓아라. 네가 붙들려 있는 일로부터 내가 자유하게 해주마. 그러니까 쉬어라. 쉬면서 아무 방해도 받지 말고 나와 깊이 교제하자." 이것이 안식일에 쉬라는 명령을 내리신 하나님의 마음입니다.

"나와 깊이 사귐을 갖자." 할렐루야! 그렇다면 사랑하는 성도 여러분, 하나님과의 교제를 통해서 얻어지는 것이 뭘까요? 하나님과 교제를 통해서 우리는 무엇을 얻습니까? 나 자신의 정체성과 자기의 존재 가치를 확인하는 것입니다. 하나님의 형상을 회복하는 것입니다. 이 땅에 살면서 부딪히면서 흐려졌던 하나님의 형상을 온전히 회복하는 것입니다. 내가 얼마나 가치 있는 존재인지를 발견하고 내가 어떻게 살아가야 하는지를 배우는 것입니다. 이것이 하나님의 형상을 회복하는 것입니다. 우리는 안식일에 이런 존재론적 안식을 얻는 것입니다. 이것이 노동으로부터의 안식보다 훨씬 더 차원 높은 안식입니다.

그렇다면 사랑하는 성도 여러분, 하나님 앞에서 나 자신의 정체성과 존재 가치를 발견하면 어떻게 됩니까? 존재론적 안식을 얻게 됩니다. 그렇다면 존재론적 안식이 뭡니까? 자기 존재에 대해서 안심하는 것입니다.

여러분은 여러분의 존재에 대해서 안심하십니까?
여러분은 여러분의 인생에 대해서 안심을 하십니까?
여러분은 여러분의 미래에 대해서 안심을 하십니까?
여러분은 여러분의 죽음에 대해서 안심을 하십니까?

여러분, 인간이 정말로 쉬지 못하는 이유가 뭡니까? 일이 많아서입니까? 아닙니다. 자기를 증명하려는 몸부림 때문에 인간은 쉬지 못합니다. 여러분, 인간의 가치는 어디에 있습니까? 하나님의 형상으로 창조되었다는 것에 있습니다. 하나님의 형상이 없다면 짐승과 똑같을 것입니다. 인간은 하나님의 형상으로 창조되었습니다. 하나님께서 뜻이 있으셔서 나를 창조하셨습니다. 하나님의 형상으로 창조하셨습니다. 하나님은 나를 바라보며 심히 기뻐하셨습니다. 여기에 나의 가치가 있습니다. 오늘의 우리는 하나님과 교통할 수 있는 하나님의 형상입니다. 그런 의미에서 나는 존재의 존엄성을 가진 인간입니다.

그런데 내가 하나님을 떠나고 나면, 세상일에 함몰되어 살다 보면 인간은 자신의 이런 존재의 가치를 확인할 길이 없습니다. 인간은 하나님이 창조하신 존재이기 때문에 가치 있는 존재입니다. 그런데 이런 하나님을 거부하고 나면 내 존재 가치를 찾을 길이 없습니다. 내가 하나님을 멀리하고 나면 나의 존재 가치를 찾을 길이 없습니다.

그러면 내 존재 가치를 어디서 찾습니까? 이 세상에서 찾습니다. 사람과의 비교를 통해서 찾기 시작합니다. 그래서 열심히 일을 합니다. 여러분, 사람들이 왜 그렇게 열심히 일을 합니까? 왜 그렇게 출세하려고 몸부림칩니까? 인간의 모든 수고와 몸부림의 핵심은 자기 자신의 증명에 대한 욕구입니다. 나는 괜찮은 사람이다, 나는 가치 있는 존재라는 것을 스스로 확인하려는 것입니다. 내가 가치 있는 존재라는 것을 스스로 확인하기 위해서는 뭔가를 가져야 합니다. 그것이 명예든 돈이든 스펙이든 지식이든 뭐든지 소유해야 합니다. 그래서 몸부림쳐서 가졌습니다. 그런데 만족이 없습니다. 나보다 더 많이 가진 사람 앞에 가면 어떻게 됩니까? 초라해집니다. 그래서 더, 더, 더 갈망하는 것입니다. 한없이 가지고 싶습니다. 더 많이 소유하고 싶습니다. 그래서 존재에 대한 안식이 없어져 버립니다.

여러분, 존재물인 모든 인간은 존재 자체인 하나님 안에 있을 때에만 참으로 존재합니다. 모든 인간은 하나님 안에 있을 때에만 진정한 자기가 됩니다. 존재 자체인 하나님을 떠나게 되면 존재물인 인간은 비존재가 됩니다. 그 비존재는 불안해지자 하나님 아닌 대체물을 붙잡습니다. 그것이 우상이 됩니다. 내용은 탐심입니다. 그래서 폴 틸리

히는 이렇게 말했습니다. "하나님을 떠난 것이 죄다. 이것은 교만에서 시작된다. 이렇게 되면 두 번째 죄가 나타나는데 그것은 한없는 욕망이다. 이것이 우상 숭배의 본질이다." 엄청난 통찰력입니다.

여러분, 하나님을 떠난 인간은 실존적인 불안에 시달리고 허무에 시달리게 됩니다. 그 불안을 극복하기 위해서 뭔가를 끝없이 욕망하는 것입니다. 그래서 존재론적 안식이 없는 것입니다. 결국 우리에게 진정한 안식이 없는 이유는 하나님을 떠났기 때문입니다.

사랑하는 성도 여러분, 오늘 여러분은 어떻습니까? 인간의 진정한 안식은 어디에 있습니까? 바로 하나님 안에 있습니다. 그리고 하나님께 나올 때에만 인간은 비로소 참된 안식을 경험하게 됩니다.

> "수고하고 무거운 짐 진 자들아 다 내게로 오라 내가 너희를 편히 쉬게 하리라"(마 11:28).

한없는 욕망의 노예가 된 자기 자신을 내려놓길 축원합니다. 끝없이 탐하던 마음을 내려놓길 축원합니다. 나를 있는 그대로 받아 주시는 하나님을 바라보길 축원합니다.

존재론적 안식은 내 인생의 주인이 내가 아니라 하나님이라는 것을 바라보면서 내 삶의 짐을 다 내려놓는 것입니다. 이것이 존재론적 안식이라는 것입니다. 이것은 노동으로부터의 안식과는 비교할 수 없는 수준 높은 안식입니다. 이 안식을 주려고 하나님은 우리와 교제하자는 것입니다. 이런 안식을 주시려고 안식일을 정하신 것입니다. 그러므로 노동으로부터의 안식뿐만 아니라 하나님과의 교제를 통해서 인간의 모든 욕심과 비교와 갈등과 질투와 원망 같은 것들을 다 내려놓고 하나님 앞에 참 평안을 누리길 축원합니다. 그래서 내가 하나님 앞에 얼마나 가치 있는 존재인가를 깨달으시기 바랍니다. 이것이 바로 하나님의 형상을 회복하는 것입니다.

사랑하는 성도 여러분, 우리는 하나님께 은혜와 의의 선물을 넘치게 받은 자들입니다. 그런데 예수를 믿고 거듭났어도 이런 참된 안식을 모르면 교회 와서도 다른 사람과 자신을 비교합니다. 이런 존재론적 안식이 없는 사람은 교회 와서도 열등감을 갖습니다. 교회 와서도 비교합니다. 교회 와서도 시기하고 질투를 합니다. 교회 와서도 교만해지기도 하고, 교회 와서도 대접 받으려고도 하고, 교회 와서도 다른 사람을 무시하기도 하고, 교회 와서도 차별하기도 하고, 교회 와서도 나라는 존재감을 드러내려고도 합니다.

하나님께서는 세상의 모든 차별과 비교의식에서 벗어나서 참된 내 존재 가치를 확인시켜 주려고 부르셨는데, 그것을 모릅니다. 여기까지 와서도 하나님 앞에서 자기 발견을 못합니다. 자기 정체성을 발견하지 못합니다. 그래서 다른 사람에게도 그렇게 대해 주지 못합니다.

왜 그렇습니까? 이유는 간단합니다. 하나님과의 교제가 없기 때문입니다. 하나님과 만남이 없는 것입니다. 내가 누구인지 자신의 정체성을 모릅니다. 정말로 하나님과의 교제가 이루어지면 존재론적 안식을 얻게 됩니다. 그러므로 십자가를 보십시오. 나 자신을 하나님께서 용납하신 것을 압니다. 허물 많은 나를 용납하신 것을 압니다. 이 모습 이대로 십자가에서 나를 받으신 것을 압니다. 뭘 더 가져야 하는 것이 아닙니다. 이 모습 이대로 충분합니다. 그러므로 하나님과 교제해야 합니다. 이것을 위해 우리는 주일날 시간을 내야 합니다. 그러기 위해서 쉬라는 것입니다.

셋째, 영원한 안식을 연습하는 것입니다.

이 땅에서 안식일을 지키는 것은 영원한 안식을 연습하는 것입니다. 그래서 안식일은 복되고 거룩하게 했다고 합니다.

> "그런즉 안식할 때가 하나님의 백성들에게 남아 있도다 이미 그의 안식에 들어간 자는 하나님이 자기의 일을 쉬심과 같이 그도 자기의 일을 쉬느니라"(히 4:9-10).

6일 동안 하던 일을 멈추고 하나님이 쉬신 날에 하나님을 바라보고 쉬는 사람에게는 영원한 안식을 주시겠다는 것입니다. 그러므로 이 안식일은 천국 가는 연습을 하는 것입니다. 이 세상이 전부가 아니라는 것입니다. 오늘 저와 여러분이 안식일을 잘 지킴으로써 내가 이 땅에 발을 붙이고 사는 사람이지만은 이 세상이 다가 아니며, 내 앞에는 영원한 하나님의 나라가 있다는 것을 확인하는 것입니다. 안식은 천국에서 누릴 안식을 미리 경험하고 맛보는 것입니다. 할렐루야!

It is well, with my soul
내 영혼 평안해
It is well, It is well, with my soul
내 영혼 내 영혼 평안해

하늘 안식을 연습하는 것입니다. 이것이 안식일의 최고 목표입니다. 나는 이 세상에 속한 사람이 아니고 저 영원한 하늘나라에 속한 사람이다 하며, 매 주일 쉬면서 육체가 쉽니다. 그리고 하나님의 형상을 회복하면서 존재론적 안식을 누립니다. 천국 가는 연습을 하면서 그 힘을 공급받는 것입니다.

여러분, 주일은 이런 날인데 사람들이 하나님 앞에 바빠서 못 나옵니다. 식당은 가면서 교회는 못 나옵니다. 쇼핑몰은 가면서 교회는 못 나옵니다. 카페는 가는데 교회는 못 나옵니다. 그런데 아무리 바빠도 여러분, 하나님이 오라고 부르면 우리는 그냥 가야 합니다. 인생 끝나는 것입니다. 오늘 밤이라도 가야 합니다. 내 사업이 아무리 중요하고 내 가족이 아무리 사랑스러워도 하나님이 부르시면 그대로 두고 가야 합니다.

이것이 인생입니다. 안식일은 그것을 연습하는 날입니다. 사밧트, 끊는 것을 연습하는 것입니다. 사밧트, 손 떼기 연습을 하는 것입니다. 아무리 바빠도 안식일에는 손을 떼고 하나님 앞에 나오길 축원합니다. 나를 부르고 얽어매는 복잡한 일이 많지만 끊어내는 연습을 하길 축원합니다.

생각의 관점을 디자인하라
Design your perspective

사밧트(중단하라)

첫째, 안식일을 잘 지켜야 합니다.
둘째, 하나님과의 교제입니다.
셋째, 영원한 안식을 연습하는 것입니다.

안식일은 시간의 지성소(출 23:10-13)
Design your perspective

너는 여섯 해 동안은 너의 땅에 파종하여 그 소산을 거두고 일곱째 해에는 갈지 말고 묵혀 두어서 네 백성의 가난한 자들이 먹게 하라 그 남은 것은 들짐승이 먹으리라 네 포도원과 감람원도 그리할지니라 너는 엿새 동안에 네 일을 하고 일곱째 날에는 쉬라 네 소와 나귀가 쉴 것이며 네 여종의 자식과 나그네가 숨을 돌리리라 내가 네게 이른 모든 일을 삼가 지키고 다른 신들의 이름은 부르지도 말며 네 입에서 들리게도 하지 말지니라

유대인들은 수천 년의 역사 속에서 뼈저리게 배운 인생의 교훈이 있었습니다. 그것은 바로 안식년과 안식일을 지키는 것이었습니다. 그들이 AD 73년에 로마 디토 장군에게 나라가 망해 버렸지만 1948년 5월 14일 이스라엘이 독립되기까지 약 2,000년 동안 살아남았습니다. 먼저는 하나님의 은혜였고, 그다음은 이스라엘 백성들이 안식일을 거룩하게 지켰기 때문이었습니다.

그러므로 그들은 고백합니다. "여러분! 우리가 안식일을 지킨 것이 아닙니다. 안식일이 우리를 지켜 주었습니다"라고 고백을 합니다.

그런가 하면 그들은 약속의 땅인 가나안을 정복하고는 안식년을 거의 지키지 못합니다. 6년 동안 열심히 농작하고 7년째에는 땅을 쉬게 하는 안식년을 가져야 합니다. 그런데 그들이 가나안 땅에 입성한 후 이런 안식년을 지키지 못합니다. 그 결과 어떻게 되었습니까? 그들

은 가나안 땅에 입성한 뒤 490년 만에 바벨론으로 인해 멸망합니다. 그리고 몇 년 만에 해방이 됩니까? 70년 만에 돌아옵니다.

사랑하는 성도 여러분, 왜 이스라엘 백성들이 70년 만에 바벨론에서 해방이 됩니까? 70년이라는 숫자가 어디서 나온 것입니까? 바로 가나안 땅에서 490년 사는 동안에 안식년을 6년마다 한 번씩 지켜야 했습니다. 그런데 그들이 이 안식년을 여러 가지 이유로 지키지 않자, 하나님은 바벨론을 통해서 70년 동안 안식년을 지키게 하십니다.

> "이에 토지가 황폐하여 땅이 안식년을 누림같이 안식하여 칠십 년을 지냈으니 여호와께서 예레미야의 입으로 하신 말씀이 이루어졌더라"
> (대하 36:21; 렘 17:19-23, 27 참고).

주님은 바벨론을 통해서 이들이 가나안 땅에서 7년마다 한 번씩 490년간 70번의 안식년을 지키게 하셨습니다.

사랑하는 성도 여러분, 인간은 사회적 동물입니다. 그래서 사람은 사람과 더불어 살아갑니다. 사람들은 수많은 사람들과 다양한 관계 속에서 살아갑니다. 그렇다면 우리가 수많은 사람들과 섞여 살면서 어떤 관계에서든지 자유를 누리려면 저와 여러분이 어떻게 살아야 할까요? 자본주의 경제 시스템 속에서 많은 물질의 풍요 속에 살면서 물질의 노예가 되지 않으려면 어떻게 살아야 할까요? 여러분은 어떻게 살아야 한다고 생각하십니까? 우리가 지구를 떠나 살 수는 없지 않습니까?

이 땅에 살면서 인간은 욕망의 끝이 없어서 캄캄한 밤하늘에 불길을 향해 뛰어드는 불나방처럼 현대인들은 쉼 없이 욕망의 노예가 되어 삶을 불태워 갑니다. 서로 비교하고 경쟁적인 구조와 사회적인 시스템 속에 오늘도 수많은 사람들이 멈추지 않고 달려갑니다. 이런 우리의 현실 속에서 어떻게 저와 여러분이 우리 자신의 정체성을 잃지 않고 살아갈 수 있을까요? 하나님께서 우리를 위해 주신 안식일을 기억하여 거룩하게 지키라고 말씀하십니다.

여러분, 우리가 왜 안식일을 지켜야 합니까? 지난 시간에 우리가 안식일을 지키는 의미를 나누었습니다. 첫 번째, 우리 육체가 쉬어야 합니다. 6일 동안 열심히 일하고 7일째 되는 날은 모든 것을 멈추고 쉬어야 합니다. 안식일은 피곤한 육체가 쉼을 얻고 피로를 회복하는 날입니다. 두 번째, 왜 주님은 안식일에 쉬라고 말씀하셨을까요? 안식일은 하나님과 깊은 만남과 교제를 통해서 자기 자신의 정체성을 발견하고 내가 어떤 존재인가를, 내가 얼마나 가치 있는 존재인가를 발견하고 존재론적인 안식을 얻어야 한다고 말씀을 드렸습니다.

그러나 내가 하나님을 멀리해서 하나님과 교제가 없어지면 인간은 자신의 존재 가치를 확인할 길이 없습니다. 그래서 사람들은 그 대체물로 자기 자신의 존재 가치를 세상 것으로 증명하려고 합니다.

그런데 안식일 날 하나님 앞에서 나를 발견하고 나의 정체성을 발견하고 나의 존재 가치를 발견하면 내 존재가 안심을 합니다. 바람이 불어도 안심이 됩니다. 풍랑이 쳐도 안심이 됩니다. 내일 일을 염려하지 않습니다. 미래도 안심이 됩니다. 죽음도 안심이 됩니다. 영원한 삶도 안심이 됩니다(시 46:1-3). 앞으로의 삶에 대해서도 안심을 합니다. 미래에 대해서도, 죽음에 대해서도, 영원한 삶에 대해서도 안심을 합니다.

그런가 하면 하나님께서 안식일을 지키는 자들에게 세 번째 영원한 안식을 선물로 주신다고 말씀을 드렸습니다. 그렇다면 안식일을 기억하여 거룩하게 지키라는 하나님의 말씀을 영적인 측면에서 살펴보겠습니다. 사랑하는 성도 여러분, 우리가 왜 안식일을 기억하여 거룩하게 지켜야 합니까?

첫째, 안식일은 시간의 지성소이기 때문입니다.

여러분, 안식일은 시간의 지성소와 같습니다. 무슨 말씀입니까? 인생은 시간으로 구성되어 있습니다. 100년을 살면 876,000시간입니다. 70년을 산다면 613,200시간입니다. 이렇게 많은 시간 속에 하나님께서 특별하게 기억해서 거룩하게 지키라고 말씀하신 시간은 오직 안식일뿐입니다. 왜 그렇습니까?

안식일이 바로 주님이 당신의 백성을 만나 주겠다고 약속하신 시간이기 때문입니다. 그러므로 안식일은 시간 속에 하나님께서 임재하시는 거룩한 시간의 지성소입니다. 놀라지 마십시오, 안식일은 보이지 않는 하나님께서 시간의 모습을 하고 우리를 찾아오시는 날입니다. 하나님께서 시간 속에 현존하셔서 우리와 함께하시는 날이 바로 안식일입니다. 할렐루야!

그러므로 안식일은 하나님을 따라서 쉬면서 시간 속에 현존하시며 임재하시는 하나님을 경험하는 시간의 지성소인 것입니다. 일주일이 168시간입니다. 그 모든 시간이 거룩한 것이 아니고 이 중에 안식일로 주어진 시간만 거룩하다는 것입니다.

왜 그렇습니까? 그날에 하나님께서 시간의 모습을 하고 우리를 찾아오시겠다는 것입니다. 그러므로 안식일은 수많은 시간들 가운데 거룩한 시간이라 일컫는 시간의 지성소인 것입니다. 그런데 하나님을 믿어도 안식일을 주신 참된 의미를 알지 못하면 안식일은 무거운 짐이 되고 율법이 됩니다. 그렇다면 예수 믿는 저와 여러분은 어떻게 해야 합니까? 안식일을 기억하여 거룩하게 지켜야 합니다.

우리가 왜 안식일을 기억하여 거룩하게 지켜야 합니까? 안식일은 시간의 주인 되신 하나님께서 특별하게 거룩한 영으로 우리를 만나 주시기로 작정한 날이기 때문입니다. 그러므로 안식일은 현존하시는 하나님의 실존을 만나고 경험하고 체험하기 위한 거룩한 시간입니다. 그래서 안식일을 기억하여 거룩하게 지키라고 말씀하신 것입니다.

사랑하는 성도 여러분, 그런데 저와 여러분이 어릴 때부터 보고 자라온 한국교회의 주일 성수 모습은 안식일 계명을 더욱더 무시하게 만들었습니다. 주일에는 물건을 사면 안 되고 돈을 쓰면 안 되고, 그래서 때로는 그 먼 길을 걸어서 다녔습니다. 이런 것들을 왜 그래야 하는지 분명한 이유와 목적을 모르니 율법이 되어 우리를 힘들게 했습니다. 그런데 복음서에서 예수님의 사역을 통해 안식일 정신을 완성하셨습니다. 그러므로 이제 우리 그리스도인들은 안식일을 지키는 것이 아니라 안식일의 주인 되신 주님이 십자가에서 죽으시고 부활하신 날, 곧 주일을 지키는 것임을 알았습니다.

그러므로 안식일은 이 세상에서 이루어지는 하나님의 현존, 인간의 영혼에 개방된 하나님의 현존입니다. 하나님은 공간의 사물 속에 계신 것이 아니라 시간의 찰나 속에 계십니다. 그렇다면 이렇게 시간 속에 현존하시는 하나님의 임재를 감지하려면 어찌해야 합니까? 우리는 안식일 날 어떻게 해야 합니까?

둘째, 안식일은 저항하는 것입니다.

안식일은 일상에 모든 것들로부터 저항하는 날입니다. 우리는 하루 24시간 일주일 내내 많은 일을 합니다. 그래서 무언가를 얻습니다. 무언가를 행합니다. 그리고 무언가를 소유합니다. 여러 가지 물건을 생산하기도 하고, 노동을 하기도 합니다. 그래서 우리는 더 많은 것들을 소유하길 원하고 더 많이 사용하고 더 많이 먹고 마시기를 요구합니다.

그러면서 때로는 착취하기도 하고 극심한 경쟁을 하기도 합니다. 서로가 비교하면서 우리는 경쟁 속에 살아갑니다. 이렇게 살다 보니 사람이 욕망의 노예가 되어 살게 됩니다. 때로는 이 욕망이 제어가 안 됩니다. 멈출 수가 없습니다. 그래서 더 소유하지 못하면 불안합니다. 우리는 무언가를 이루고 얻으며 소유하는 데 아주 익숙합니다.

이런 삶의 구조 속에 안식일을 지키는 것은 일에 대한 저항이요, 욕망에 대한 저항이요, 경쟁에 대한 저항이요, 비교하고 더 소유하려는 것에 대한 저항입니다. 더 나아가서 우리는 일의 노예가 아닙니다. 우리는 돈의 노예가 아닙니다. 우리는 욕망의 노예가 아닙니다. 우리는 분노의 노예가 아닙니다. 그러므로 안식일은 진리가 아닌 것으로부터 저항하는 것입니다. 그러므로 안식일은 시간 속에 내 영의 궁전을 지어야 합니다. 진리로 내 영혼이 하나님을 닮아 가야 합니다.

주님은 안식일에 불을 지피는 것도 금지했습니다.

"안식일에는 너희의 모든 처소에서 불도 피우지 말지니라"(출 35:3).

무슨 말씀입니까? 안식일에는 "어떠한 불도 지펴서는 안 됩니다." 우리는 살다 보면 인간적인 일들로 화가 나고 분노합니다. 그런데 안식일은 이런 분노의 불을 지펴서는 안 됩니다. 시기의 불도 지펴서는 안 됩니다. 질투의 불도, 교만한 불도, 탐심과 탐욕 때문에 화를 내는 욕망의 불도 지펴서는 안 됩니다. 사업적인 경쟁, 공부하는 것도 경쟁, 근심, 걱정, 슬픔의 불도 지펴서는 안 됩니다. 그런가 하면 안식일은 의분(義憤)이라는 불도 지펴서는 안 됩니다. 안식일은 영혼을 위한 날이기도 하지만 육체를 위한 날이기도 합니다.

그러므로 안식일에 슬퍼하지 마십시오. 안식일에 우울해하지 마십시오. 안식일에 슬퍼하는 것도 죄가 됩니다. 우울해하는 것도 죄가 됩니다. 안식일은 시간 속에 임재하시는 하나님의 이름입니다. 사랑하는 성도 여러분, 우리가 어떤 사람이 될 것인지는 안식일에 달려 있습니다. 안식일이 우리에게 어떤 날이 되느냐에 달려 있습니다. 한 주간 동안 내가 어떻게 행동을 하느냐, 그것을 통해 주일날 경험의 깊이가 달라집니다.

그러므로 기억하십시오. 우리가 안식을 갈망하는 것이 아니라 안식의 영이, 하나님이 우리를 더 갈망합니다. 왜 그렇습니까? 우리를 사랑하시는 하나님은 안식일에 시간의 모습을 하고 우리를 만나 주려고 기다리고 계시기 때문입니다. 이것이 안식일입니다.

그렇다면 왜 주님은 시간의 모습을 하고 우리를 만나 주려고 기다리고 계신가요? 랍비 시므온 벤 요하이가 어느 날 이렇게 물었습니다. "하나님! 당신께서 지으신 만물마다 짝이 있습니다. 한 주의 모든 평일은 짝을 가지고 있습니다. 그래서 일곱째 날이 탄원을 합니다. 왜 저만 외톨이입니까?" 그러자 하나님이 이렇게 대답하셨습니다. "일곱째 날 안식일은 이스라엘 공동체가 네 짝이 되리라."

안식일은 단순히 날의 개념이 아닙니다. 안식일은 하나님과 내가 하나가 되는 날입니다. 그래서 어떤 면에서 안식은 나입니다. 하나님의 시간 속에서 나를 나 되게 만들었고, 그렇게 만든 짝이 안식일이라는 말입니다. 안식일은 택한 백성과 한 짝이라는 것입니다. 그래서 안식일은 축제요 향연입니다. 그러므로 우리는 안식의 짝이요 배우자입니다. 그래서 유대인들은 마치 신랑이 신부를 맞이하듯 결혼하는 날처럼 최고의 옷을 입고 최고의 멋을 내고 최고의 멋진 모습으로 안식일을 맞이합니다. 그러고는 매주 안식일에 안식과 결혼합니다.

목표는 안식을 경험함으로 영원한 낙원을 미리 맛보는 것입니다. 안식일은 낙원을 암시하는 은유이며 하나님이 현존하신다는 증언입니다. 안식일의 맛을 즐기는 법을 익히지 않으면 이 세상에 임하는 영원의 맛을 누리지 못할 것입니다. 그러므로 인생의 진정한 의미는 바로 안식일 날을 어떻게 지키느냐에 달려 있는 것입니다. 이 세계의 생존은 일곱째 날의 거룩함에 달려 있다고 생각을 합니다. 그렇다면 오늘 우리는 이 안식일에 시간을 영원으로 변화시키고 우리의 시간을 영으로 채우는 것입니다.

사랑하는 성도 여러분, 우리는 한 주에 엿새 동안은 땅에서 이윤을 창출하고 물건들을 생산하며 이 세계와 씨름하지만, 안식일에는 영혼 속에 심겨진 영원의 씨앗을 각별히 보살펴야 합니다. 우리의 손은 이 세계에 속해 있지만 우리의 영혼은 다른 분, 바로 하나님의 것이라는 것입니다.

"사람의 영혼은 여호와의 등불이라 사람의 깊은 속을 살피느니라"(잠 20:27).

그러므로 안식일을 기억하여 거룩하게 지키길 축원합니다. 안식일은 시간 속에 있는 영원한 보물과 같습니다. 우리는 안식일을 사모하며 욕심을 내듯 탐내야 합니다. 여러분, 다른 것들은 탐내지 않아도 됩니다. 그러나 시간 속에 있는 영원한 보물을 탐내는 것이 바로 안식일입니다. 그렇다면 시간 속에 있는 영원한 보물을 탐내는 방법은 무엇입니까? 바로 인식일인 주일을 온전하게 탐내는 것입니다. 오늘 이런 은혜가 있기를 축원합니다.

그런데 왜 안식일인 토요일 날을 지키지 않고 우리는 주일을 지키게 되었을까요?

"인자는 안식일의 주인이니라 하시니라"(마 12:8).

안식일의 주인 되신 주님께서 이 땅에 오셔서 우리에게 참된 안식을 주기 위해 저와 여러분의 모든 죄와 허물을 담당하시고 십자가에 죽으시고 부활하셨습니다. 안식일의 주인이신 예수님께서 금요일 저녁부터 시작되는 안식일 날에 어디에 계셨습니까? 무덤에 계셨습니다. 우리를 대신해서 지옥에 계셨습니다. 이런 사망 권세를 깨뜨리고 주님이 부활하신 날이 안식 후 첫날인 주일이 되었습니다. 그러므로 오늘 우리는 주일을 지키는 것입니다.

그렇다면 사랑하는 성도 여러분, 오늘 안식일을 온전히 지키는 자에게 하나님은 무엇을 주십니까?

셋째, 안식일에 하나님 자신을 주십니다.

하나님은 우리에게 약속을 하셨습니다(마 7:7-8). "구하라, 구할 것이다. 찾으라, 찾을 것이요. 두드리라, 열릴 것이다." 기도하면 약속대로 하나님은 우리에게 응답을 주십니다. 그래서 문제도 해결 받고 물질적인 축복도 받고 자녀들이 잘되고 시온의 대로가 열립니다. 또 흑암 중에 감추인 보화가 주어집니다. 그런데 그것뿐입니다.

그러나 오늘 하나님을 사랑해서 온전히 안식일을 기억해서 거룩하게 지키는 자들에게 하나님께서는 무엇을 주십니까? 바로 하나님 당신 자신을 주십니다. 하나님은 안식일을 지키는 자들에게 하나님 자신을 주시겠다는 것입니다. 그런데 많은 사람들은 하나님보다 하나님께서 주시는 선물에 관심을 갖습니다. 그러나 선물보다 더 중요한 것은 하나님 자신입니다. 오늘 하나님 자신을 선물로 받으시길 축원합니다.

그런데 많은 사람들이 주님께 나와서도 어떻습니까?

"다른 신들의 이름을 부르지도 말며 내 입에서 들리게도 하지 말지니라"(출 23:13).

여러분, 무슨 말씀입니까? 많은 사람들이 이렇게 안식일에 하나님 앞에 예배를 드려도 안식을 누리지 못합니다. 왜 그렇습니까? 하나님 외에 다른 신들의 이름을 부르기 때문입니다. 하나님 앞에 예배를 드리는데 다른 신의 이름을 부른답니다.

이것이 무슨 말씀입니까? 안식일에도 사람들은 세상적인 일을 멈추지 못하기 때문에 다른 신들의 이름을 부른다는 것입니다. 그들이 부르는 신의 이름이 뭡니까? 교회까지 와서도 자식 걱정을 합니다. 자식이 우상입니다. 교회까지 와서도 돈 걱정합니다. 돈이 신입니다. 교회까지 와서도 자신에 대해 걱정합니다. 자신이 우상입니다. 그래서 다른 이름을 부른답니다. 교회까지 왔어도 참된 안식을 누리지 못합니다.

자기 자신을 숭배하는 사람이 안식일에 어떻게 다른 신의 이름을 부릅니까? 다른 사람을 판단하고 정죄합니다. 교회까지 와서도 자의적 숭배를 하는 사람은 자신을 신으로 여기는 사람입니다. 다른 사람을 보고 판단합니다. 정죄합니다. 비교합니다. 그래서 하나님께 집중하지 못합니다. 그래서 여전히 얼굴이 어둡습니다. 여전히 근심이 가득합니다. 슬픔이 가득합니다.

"안식일을 지켜 더럽히지 아니하며 그의 손으로 금하여 모든 악을 행하지 아니하여야 하나니 이와 같이 하는 사람, 이와 같이 굳게 잡는 사람은 복이 있느니라"(사 56:2).

어떤 복입니까? 하나님 자신을 주어 연합하게 하시겠다는 것입니다. 그의 기념물과 이름을 그들에게 주며 영원한 이름을 주어 끊어지지 아니하게 할 것이며, 하나님은 안식일을 사랑하고 사모하고 지키는 자들에게 오늘 자신을 주시겠다는 것입니다. 한 주간 이런 은혜가 있기를 축원합니다.

영국의 유명한 정치가 윌버포스는 헌신된 크리스천입니다. 영국에서 노예 제도를 없앤 사람입니다. 그러다 보니 너무나 분주하고 수많은 위협과 유혹이 있었습니다. 이런 와중에 여차 하면 자신의 영혼이 망가질 것 같았습니다. 어떡하나 생각하다가 성경을 읽다 발견한 것이 있습니다. 딱 네 글자 '주일성수'입니다. 그래서 그는 아무리 바빠도 주일마다 하나님 앞에 철저히 쉬었습니다. 그리고 교회에 와서 하나님과 예배하고 교제하면 평안을 얻습니다. 내면세계의 질서를 회복합니다. 그는 일기에 이렇게 고백합니다.

"주일날을 주셔서 휴식하면서 하나님과 교제하게 하시니 감사합니다. 이날에 이 땅의 것들은 본래의 크기로 돌아가고 나의 야망은 수그러들었나이다. 내 근심은 사라지고 참된 안식을 얻었나이다."

여러분, 안식일을 지키라는 이 말을 어떻게 생각하십니까? 아직도 당신의 자유를 구속한다고 생각을 하십니까? 아닙니다. 안식일은 우리를 일과 노동으로부터 해방시켜 주는 하나님의 선물입니다. 더 나아가 내가 하나님께 사랑받는 자녀라는 것을 확인하면서 하나님의 형상을 회복시키고 존재론적 안식을 누리는 날입니다. 더 나아가서 내 앞에 있는 천국에 소망을 확인하는 것입니다.

생각의 관점을 디자인하라
Design your perspective

안식일은 시간의 지성소

첫째, 안식일은 시간의 지성소이기 때문입니다.
둘째, 안식일은 저항하는 것입니다.
셋째, 안식일에 하나님 자신을 주십니다.

관점을 디자인하라 1   DESIGN YOUR PERSPECTIVE

2장

고난의 관점을 디자인하라

순종하는 것의 종이 된다(롬 6:12-23)

위로자가 되라(고후 1:1-7)

고난과 선물(고후 1:8-14)

십자가는 나의 것이다(사 53:1-6)

고난과 위로(욥 6:1-7)

고난과 두려움(욥 7:11-21)

순종하는 것의 종이 된다(롬 6:12-23)
Design your perspective

그러므로 너희는 죄가 너희 죽을 몸을 지배하지 못하게 하여 몸의 사욕에 순종하지 말고 또한 너희 지체를 불의의 무기로 죄에게 내주지 말고 오직 너희 자신을 죽은 자 가운데서 다시 살아난 자같이 하나님께 드리며 너희 지체를 의의 무기로 하나님께 드리라 죄가 너희를 주장하지 못하리니 이는 너희가 법 아래에 있지 아니하고 은혜 아래에 있음이라 그런즉 어찌하리요 우리가 법 아래에 있지 아니하고 은혜 아래에 있으니 죄를 지으리요 그럴 수 없느니라 너희 자신을 종으로 내주어 누구에게 순종하든지 그 순종함을 받는 자의 종이 되는 줄을 너희가 알지 못하느냐 혹은 죄의 종으로 사망에 이르고 혹은 순종의 종으로 의에 이르느니라 하나님께 감사하리로다 너희가 본래 죄의 종이더니 너희에게 전하여 준 바 교훈의 본을 마음으로 순종하여 죄로부터 해방되어 의에게 종이 되었느니라 너희 육신이 연약하므로 내가 사람의 예대로 말하노니 전에 너희가 너희 지체를 부정과 불법에 내주어 불법에 이른 것같이 이제는 너희 지체를 의에게 종으로 내주어 거룩함에 이르라 너희가 죄의 종이 되었을 때에는 의에 대하여 자유로웠느니라 너희가 그때에 무슨 열매를 얻었느냐 이제는 너희가 그 일을 부끄러워하나니 이는 그 마지막이 사망임이라 그러나 이제는 너희가 죄로부터 해방되고 하나님께 종이 되어 거룩함에 이르는 열매를 맺었으니 그 마지막은 영생이라 죄의 삯은 사망이요 하나님의 은사는 그리스도 예수 우리 주 안에 있는 영생이니라 오늘은 지난 6개월 동안 축복해 주신 하나님께 맥추감사절로 드리는 절기입니다. 코로나 덕분에 더욱더 많은 감사를 하나님 앞에 드리게 되었습니다. "코로나 덕분에 일상의 소중함을 알게 해주셔서 감사합니다. 코로나 덕분에 많은 것들을 내려놓을 수 있도록 넉넉한 마음을 주셔서 감사합니다." 한 해 전반기를 감사로 하나님 앞에 잘 마무리하시고 후반기에는 더 큰 감사를 주님께 올려 드리길 축원합니다.

1972년 1월 남태평양에 있는 괌에서 사냥꾼들이 이상한 괴물 하나를 생포했습니다. 그 괴물을 조사했더니 동굴 속에 오랫동안 숨어 살던 일본인 군인이었습니다. 2차 세계대전 때 괌으로 출병을 했는데 미군과 치열한 전투를 하다가 낙오되었습니다. 훈련병 시절에 미군에게 잡히면 잔인하게 죽거나 심한 고문을 당한다는 교육을 받았기에 절대로 잡히면 안 된다는 생각이 세뇌가 되었습니다. 그래서 그는 동굴에 숨은 것입니다. 그러는 가운데 전쟁이 끝났지만 그는 그 소식을 듣질 못했습니다. 저 멀리 미군 부대가 보이는데 그는 미군 부대를 바라볼 때마다 공포에 질려서 동굴 속에서 28년간을 살았습니다.

요코이 쇼이치라는 일본 병사의 이야기입니다. 지금도 괌에 가면 요코이 쇼이치가 살았던 동굴이 있습니다. 그 동굴을 보면 어떻게 사람이 이런 동굴에서 30년을 살 수가 있었을까, 정말 기가 막힌 이야기라는 생각이 듭니다. "전쟁은 끝났다! 너는 이제 더 이상 숨을 필요가 없다! 모든 것이 끝났다!" 그 한마디 진실을 알지 못해서 그는 일평생을 속아 살았던 것입니다.

여러분, 정확한 사실을 안다는 것이 얼마나 중요합니까? 진실을 안다는 것이 얼마나 중요합니까? 사랑하는 성도 여러분, 영적으로는 더 그렇습니다. 그렇게 속는 것도 억울한 것이지만 영적으로 속는 것은 하루 이틀의 문제가 아닙니다. 10년, 40년, 70년의 문제가 아닙니다. 영원입니다. 영원히 속는 것입니다.

그렇기에 여기 속지 말라고 진리는 우리에게 자유를 줍니다. 그런데 진리를 듣지 못하거나, 들어도 믿지 못하거나, 믿는다고 말해도 행하지 않으면 그 진리는 우리에게서 능력이 되지 못합니다. 그러므로 진리만이 우리를 자유케 합니다. 진리만이 우리에게 진정한 생명을 줍니다. 요코이 쇼이치가 일본으로 귀환했을 때 기자 회견 첫마디가 "살아와서 부끄럽습니다"로, 이 한마디가 일본 열도에 유행어가 되었습니다. 전쟁의 패망을 잊고 지냈던 일본인들에게 다시 한번 경각심을 주는 말이 되었습니다.

사랑하는 성도 여러분, 우리는 지난 시간에 안식일을 기억하여 거룩하게 지키라는 말씀을 나누었습니다. 하나님은 어떤 자에게 당신 자신을 주십니까? 바로 안식일을 기억하여 거룩하게 지키는 자에게 주십니다.

하나님께서 우리를 찾아오시면 어떻게 됩니까? 꿈 같은 일이 일어납니다. 인생의 문제가 해결이 됩니다. 어떤 사람은 단 한 번의 예배에 지긋지긋한 인생의 문제를 해결 받아 버립니다. 고질적인 질병이 치유됩니다. 어둠이 떠나갑니다. 죽은 자가 살아납니다. 악한 영이 떠나갑니다. 우울증이 떠나갑니다. 죽을 것만 같았던 인생의 문제가 해결됩니다.

어떤 집사님이 코로나로 인하여 많은 문제로 정말 어렵고 힘이 들었습니다. 그런데 코로나를 뚫고 교회에 나왔습니다. 그러자 주님이 찾아오셨습니다. "왔구나! 잘 왔다! 내가 너를 기다렸다." 그 순간에 안에 있던 문제가 떠나가 버렸습니다. 어둠이 떠나가 버렸습니다. 주님께서 찾아오신 것입니다. 주님께서 자신을 주신 것입니다. 오늘도 말씀으로 찾아오시길 축원합니다. 성령으로 찾아오시길 축원합니다.

사랑하는 성도 여러분, 오늘 예수 믿는 저와 여러분은 하나님의 은혜와 의의 선물을 넘치게 받은 자들입니다. 우리는 예수님을 믿고 따르는 자들입니다. 그런데 왜 우리의 삶에 변화가 없을까요?

옛사람이 남아 있기 때문입니다. 왜 늘 똑같은 죄를 짓고 넘어지고 또 넘어질까요? 죄가 우리를 속이기 때문입니다.

> "죄가 기회를 타서 계명으로 말미암아 나를 속이고 그것으로 나를 죽였는지라"(롬 7:11).

죄가 우리 속에 들어오면 죄는 우리를 속입니다. 우리의 생각을 속이고 감정을 속이고 삶을 속입니다. 그런가 하면 인생을 속입니다. 그래서 오늘 예수 믿는 저와 여러분은 우리의 정체성을 분명히 알아야 합니다. 내가 비록 죄 속에 살아가지만 나와 죄는 근본적으로 끊어졌습니다. 십자가에서 끊어졌습니다. 그러므로 죄를 지으면서도 "죄야, 너는 나를 결코 지배할 수 없어! 너와의 관계는 예수 그리스도 안에서 끝났기 때문이야. 내가 가끔 넘어지고 실수도 하지만 이것은 하나님의 자녀로 실수하는 것이지, 나는 너의 종이 아니다. 나는 죄의 종이 아니다!"라고 말할 수 있어야 합니다. 하나님은 이렇게 말씀하십니다.

> "너희도 너희 자신을 죄에 대하여는 죽은 자요 그리스도 예수 안에서 하나님께 대하여는 살아 있는 자로 여길지어다"(롬 6:11).

예수 믿는 사람들은 죄에 대하여 죽은 자입니다. 하나님에 대하여는 산 자가 되었습니다. 내가 죄에 대하여 죽은 것은 내 기분이 아닙니다. 내가 죄와 관계가 끊어진 것은 내 감정이 아닙니다. 우리는 예수 그리스도와 신비한 연합을 통하여 죄에 대하여 죽고 의에 대하여 산 자가 되었습니다.

여러분, 우리가 죄에 대하여 죽었다는 말은 예수님의 보혈로 죄와의 관계가 완전히 끊어졌다는 뜻입니다. 죄에 대하여 죽었다는 말은 관계의 단절을 의미하는 것입니다. 그래서 우리는 죄로부터 자유하게 되었습니다. 이것이 오늘 예수 믿는 우리의 정체성입니다. 그렇다면 사랑하는 성도 여러분, 우리가 인생을 잘 살기 위해서는 우리가 주님께 왜 헌신을 해야 할까요? 여러분은 왜 그렇다고 생각을 하십니까?

첫째, 인간은 순종하는 것의 종입니다.

예수를 믿었다고 해서 완전한 자유인이 아닙니다. 거듭났다고 해서 완전한 자유인이 아닙니다. 왜 그렇습니까? 우리에게 자유의지가 있고 육신을 입고 살기 때문입니다. 그래서 예수를 믿어도 인간은 순종하는 것의 종입니다(롬 6:16).

무슨 말씀입니까? 인간은 종입니다. 순종하는 것의 종입니다. 내가 돈에 대하여 절대 순종하면 나는 돈의 종입니다. 내가 권력에 절대 순종하면 나는 권력의 종입니다. 내가 내 욕망을 따라 살면 나는 욕망의 종입니다. 내가 일에 붙들려서 일벌레로 살아가면 나는 일의 종입니다. 그러므로 인간은 의의 종이 될 수도 있고, 죄의 종이 될 수도 있습니다. 인간은 중립적인 존재가 아닙니다.

인간은 그가 가치 있다고 여기는 무엇인가에 헌신하며 사는 존재입니다. 인간은 무엇엔가 붙들려 사는 존재입니다. 그러므로 우리가 자신을 알기 위해서는 어떻게 해야 합니까? 자신에게 이렇게 물어야 합니다.

나는 누구의 것인가?
나는 누구에게 속해 있는가?

나는 무엇에 속해 있는가?

나는 누구의 것인가?

나는 무엇을 위해 아니, 누구를 위해 사는가?

그럴 때 인간은 자신을 더 정확하게 파악할 수 있습니다. 그렇다면 사랑하는 성도 여러분, 여러분은 누구에게 속해 있습니까? 여러분은 누구의 것입니까? 인간은 무엇엔가 속해 사는 존재입니다. 그러므로 인간은 종이라는 말입니다. 다 같이 로마서 6장 17-18절 말씀을 보겠습니다. "하나님께 감사하리로다 너희가 본래 죄의 종이더니 너희에게 전하여 준 바 교훈의 본을 마음으로 순종하여 죄로부터 해방되어 의에게 종이 되었느니라"고 나옵니다.

우리는 본래는 죄의 종이었습니다. 그런데 예수님의 은혜로 저와 여러분이 죄로부터 해방되었습니다. 그러니 이제 선택하라는 것입니다. 너희가 옛 주인에게로 돌아가서 다시 죄의 종으로 살겠느냐, 아니면 새로운 신분에 합당한 의의 종으로 살겠느냐? 그중 선택하라는 것입니다. 왜 그렇습니까? 무엇에 순종하느냐에 따라 그것의 종이 되기 때문입니다.

옛 주인인 죄가 나를 부릅니다. "어이! 이리 와. 네 멋대로 살아라. 네 마음이 원하는 대로 살아 봐. 욕망이 충동하는 대로 살아봐. 네가 살고 싶은 대로 너의 멋대로 살아 봐. 세상은 너에게 꿈을 주고 돈을 주고 행복을 약속하잖아. 그냥 화끈하게 살아 버려."

그런데 새로운 주인인 예수 그리스도께서는 이렇게 말씀하십니다. "나를 따라오너라. 말씀과 진리를 따라 살아라. 진리가 너희를 자유케 하리라. 거기에 참된 자유가 있느니라." 그래서 많은 그리스도인들이 두 주인 사이에 갈등을 합니다. 로마서 6장 21절을 보면 "너희가 그때에 무슨 열매를 얻었느냐 이제는 너희가 그 일을 부끄러워하나니 이는 마지막이 사망임이라"고 합니다. "너희가 그때에 무슨 열매를 얻었느냐? 그 나이 먹도록 네 멋대로 자유롭게 산다고 살아 왔는데 그 열매가 뭐지? 자유를 가지고 돈도 벌고 멋도 부리고 마음이 원하는 대로 살고 싶은 대로 살아왔는데, 그 열매가 뭐지? 네가 맺은 열매 내놔 봐!" 그런 말씀입니다.

나의 삶의 내용물을 보니 열매가 많이 있을 줄 알았는데 열매가 없습니다. 부끄러운 것밖에 없습니다. 허무한 것밖에 없습니다. 그 마지막이 뭡니까? 죽을 짓밖에 한 것이 없습니다. "이는 마지막이 사망임이라!"

미련이 있으면 더 가 보라는 것입니다. 그런데 중요한 것은 그대로 계속해서 살면 더 가 봤자 결과가 뭡니까? 죽음밖에 없다, 사망밖에 없다는 것입니다. "그런데도 너는 계속해서 그 길을 가려는 것이냐? 인생은 내 것이라 주장하면서 네 멋대로 살래?" 그런 이야기입니다. 그렇다면 인생을 잘 살기 위해서는 어떻게 살아야 합니까?

둘째, 의의 종이 되어야 합니다.

> "그러나 이제는 너희가 죄로부터 해방되고 하나님께 종이 되어 거룩함에 이르는 열매를 맺었으니 그 마지막은 영생이라"(롬 6:22).

사랑하는 성도 여러분, 그렇다면 왜 우리가 의의 종이 되어 살아야 합니까? 그리스도께서 너를 죄에서 해방시키시려고 값을 지불하고 사셨는데 그러므로 이제 자유로워졌으니 옛 주인에게 돌아가지 말고 의의 종이 되라는 것입니다. 이제는 육신의 본능과 욕심을 주관하는 죄에게 자신을 내어 주지 말고 주님께 드리길 축원합니다. 그러므로 하나님께 진리의 말씀에 순종하길 축원합니다.

'그런데 목사님, 내가 진리의 말씀을 따라 살고 성령을 따라 살면 난 뭡니까? 내 인생은 뭡니까? 나는 없는 것입니까? 나도 내 의지도 있고 감정도 있지 않습니까?' 이런 생각이 들 수도 있습니다. 사랑하는 성도 여러분, 진리를 따라 살면 내가 없어지는 것이 아니라 진정한 내가 됩니다. 왜 그렇습니까?

"너희가 거듭난 것은 썩어질 씨로 된 것이 아니요 썩지 아니할 씨로 된 것이니 살아 있고 항상 있는 하나님의 말씀으로 되었느니라"(벧전 1:23).

우리가 말씀으로 거듭났기 때문입니다. 그러므로 진리를 따라 살면 하나님께서 원하시는 내가 되는 것입니다. 죄로 인하여 나 자신이 파괴되어 나 자신이 온전히 발현되지 못했습니다. 죄의 종이 되었기 때문입니다. 그러나 이제 나를 하나님께 드려서 의의 종이 되면 하나님이 꿈꾸는 내가 되고 내 영혼이 갈망하는 나 자신이 될 수 있습니다.

그러므로 자유란 내 마음대로 하는 것이 아니라 내가 마땅히 해야 할 것을 하는 것입니다. 왜 그렇습니까? 내 마음대로 하면 나의 옛 주인이 너무 강해서 계속 그 버릇이 나를 지배하게 됩니다. 그래서 마땅히 되어야 할 내가 되지 못하게 합니다. 나는 자유롭다고 생각하지만 마땅히 되어야 할 내가 되지 못합니다. 그러나 내가 정말 주님의 말씀을 따라 살면 진정한 내가 되고 그것이 참 자유를 얻는 길이 됩니다. 그러므로 그리스도인의 진정한 자유는 성령을 따라가는 것이고 하나님의 말씀인 진리에 순종하는 것입니다.

그렇다면 오늘 진정으로 예수 믿고 자유로운 자가 해야 할 일이 무엇입니까? 우리에게 준 이 자유를 거룩함에 반납하는 것입니다. 이것을 가리켜 뭐라고 부릅니까? 참된 헌신이라고 부릅니다. 사랑하는 성도 여러분, 우리가 왜 참된 헌신을 해야 합니까? 헌신은 아무나 하는 것이 아니기 때문입니다. 헌신은 죄에서 해방된 사람이 할 수 있습니다. 헌신은 자신의 정체성을 분명히 아는 자만이 할 수 있습니다. 헌신은 십자가의 사랑을 깊이 깨달은 자만이 할 수 있습니다. 헌신은 그 사랑에 빚진 자만이 할 수 있습니다. 헌신은 죄의 종이 하는 것이 아닙니다. 헌신은 욕망의 종이 하는 것이 아닙니다. 헌신은 육체의 종이 하는 것이 아닙니다. 헌신은 자유로운 자가 하는 것입니다.

밴스 해브너라는 사람이 말했습니다. "예수님은 이 세상의 어떤 독재자보다도 더 큰 헌신을 요구하신다. 그러나 다른 독재자들과 다른 이유는 예수님께는 그렇게 할 권리가 있기 때문이다. 그리고 거기에 대한 충분한 보상을 주시기 때문이다." 그러므로 예수님께 참된 헌신을 하길 축원합니다.

그렇다면 오늘 예수님을 믿고 따르는 저와 여러분이 참된 헌신을 하기 위해서는 어떻게 해야 합니까?

셋째, 하나님께 자신을 드리십시오.

"죄의 삯은 사망이요 하나님의 은사는 그리스도 예수 우리 주 안에 있는 영생이니라"(롬 6:23).

할렐루야! 하나님은 우리를 죄에서 구원하시고 인생을 의미 있게 살기를 원하십니다. 재미있게 살기를 원하십니다. 행복하게 살기를 원하십니다. 자유롭게 살기를 원하십니다. 여러분은 진정으로 자유롭게 살기를 원하십니까? 그렇다면 여러분 자신을 주님께 드리길 축원합니다. 주님께 헌신하길 축원합니다.

그렇지 않으면 여러분에게 자유를 주려고 십자가에서 죽음을 지불하시고 죄의 대가를 지불하시고 지옥까지 내려가신 예수님께서 주신 자유를 가지고 방종하게 됩니다. 그러므로 주님께 여러분 자신을 드리길 축원합니다. 하나님을 붙드시고 의의 종이 되기를 축원합니다. 진리의 종이 되기를 축원합니다. 헌신하길 축원합니다.

그렇다면 우리가 왜 주님께 참된 헌신을 해야 합니까? 여러분, 인간은 주님께 헌신하지 않으면 다른 것에 헌신해서 살아갑니다. 헌신 없이 사는 사람은 아무도 없습니다. 어떤 사람은 세상에 헌신합니다. 어떤 사람은 자신의 야망에 헌신합니다. 어떤 사람은 육신의 욕망에 헌신합니다. 어떤 사람은 돈과 재물에 헌신합니다. 어떤 사람은 이 세상 부귀와 권세에 헌신을 합니다. 어떤 사람은 불순종과 거역의 영에 헌신을 합니다. 어떤 사람은 술과 담배에 헌신을 합니다. 어떤 사람은 마약에 헌신합니다. 인간은 절대 자유롭지 않습니다.

오늘 여러분은 어디에 헌신을 하고 사십니까? 여러분이 후회 없이 영원토록 흔들 수 있는 진리의 깃발이 있습니다. 여러분의 전 인생을 때려 넣어도 후회하지 않을 깃발이 있습니다. 바로 주님께 헌신하길 축원합니다.

1943년 독일에 뮌헨 올림픽경기장에 10만 명의 젊은이들이 모였습니다. 그들은 똑같은 밤색 티를 입고 광장에 도열해서 함성을 지르면서 강단에 있는 한 사람을 향해서 몸으로 글씨를 만들었습니다. 유명한 글씨입니다. '히틀러여! 우리는 당신의 것입니다.' 그리고 헌신을 합니다. 그 결과 히틀러는 전 유럽을 휩쓸어 버렸습니다. 몇 년 후에 그것을 본받은 중국에서는 모택동에게 헌신한 젊은이들이 불같이 일어납니다. 그래서 중국을 공산화합니다. 지난 7월 1일이 중국공산당 창당 100주년이었습니다. 이것이 바로 헌신의 위력입니다.

잘못된 것에 대한 헌신도 강력한 파괴력을 갖습니다. 그런데 오늘

날 그리스도인들이 왜 그렇게 나약합니까? 죽어도 사는 생명을 가진 그리스도인들이 왜 그렇게 나약합니까? 헌신하지 않고 살기 때문입니다. 헌신이 없기에 오합지졸이 됩니다. 헌신이 없기에 불순종에 잡혀서 평생을 방황하고 갈등하고 거역하다가 인생을 마칩니다. 헌신이 없기에 셀 모임 하나에도 시간을 못 내는 것입니다.

사랑하는 성도 여러분, 오늘 어떻게 하시겠습니까? 우리 모두는 인생을 잘 살기를 원합니다. 그렇다면 어떻게 하시겠습니까? 그냥은 아무도 못 갑니다. 주님께 여러분 자신을 다 드리고 가시길 축원합니다.

고난의 관점을 디자인하라
Design your perspective

순종하는 것의 종이 된다

첫째, 인간은 순종하는 것의 종입니다.
둘째, 의의 종이 되어야 합니다.
셋째, 하나님께 자신을 드리십시오.

위로자가 되라(고후 1:1-7)

Design your perspective

하나님의 뜻으로 말미암아 그리스도 예수의 사도 된 바울과 형제 디모데는 고린도에 있는 하나님의 교회와 또 온 아가야에 있는 모든 성도에게 하나님 우리 아버지와 주 예수 그리스도로부터 은혜와 평강이 있기를 원하노라 찬송하리로다 그는 우리 주 예수 그리스도의 하나님이시요 자비의 아버지시요 모든 위로의 하나님이시며 우리의 모든 환난 중에서 우리를 위로하사 우리로 하여금 하나님께 받는 위로로써 모든 환난 중에 있는 자들을 능히 위로하게 하시는 이시로다 그리스도의 고난이 우리에게 넘친 것같이 우리가 받는 위로도 그리스도로 말미암아 넘치는도다 우리가 환난 당하는 것도 너희가 위로와 구원을 받게 하려는 것이요 우리가 위로를 받는 것도 너희가 위로를 받게 하려는 것이니 이 위로가 너희 속에 역사하여 우리가 받는 것 같은 고난을 너희도 견디게 하느니라 너희를 위한 우리의 소망이 견고함은 너희가 고난에 참여하는 자가 된 것같이 위로에도 그러할 줄을 앎이라

한 나라(푸에르토리코)의 자유와 독립을 위해 싸운 사람이 있었습니다. 그는 나라를 무척 사랑하는 애국자였습니다. 나라를 사랑해서 의미 있는 운동에 참여했다가 국왕의 노여움으로 감옥에 갇히게 되었습니다. 국왕은 명령했습니다. "여봐라! 저 녀석을 교수형에 처하고 사형이 집행될 때까지 절대로 먹을 것을 주지 말라! 물 한 모금도 주지 말라!" 지엄하신 국왕의 명령이 떨어졌습니다.

이 노인은 서서히 감옥에서 굶어 죽어 갔습니다. 이렇게 노인이 굶어서 죽어 간다는 말을 들은 사랑하는 딸은 해산한 지 얼마 되지 않은 무거운 몸으로 감옥을 찾아갔습니다. 아버지의 마지막 임종을 보기 위해서입니다. 물 한 모금도 먹지 못한 채 퀭한 눈으로 힘없이 쓰러져 있는 아버지를 바라보는 순간 딸의 눈에는 핏발이 섰습니다. 아무런 음식도 주지 말라는 지엄하신 왕의 명령으로 마지막 숨을 헐떡이며 죽어 가는 아버지 앞에서 그녀는 가슴을 풀었습니다. 아이를 낳은 직후라 젖이 불었습니다. 마지막 숨을 헐떡이며 죽어 가는 아버지에게 자신의 젖을 물렸습니다.

이 노인의 이름은 시몬이요, 그의 딸의 이름은 페로였습니다. 이 그림은 부녀 간의 사랑과 헌신 그리고 애국심이 담긴 숭고한 작품입니다. 실화를 바탕으로 바로크 미술 거장 루벤스가 그린, 네덜란드 암스테르담 국립 미술관 입구에 걸려 있는 〈시몬과 페로〉(Cimon and Pero)입니다.

사랑하는 성도 여러분, 모든 사람은 위로가 필요합니다. 모든 인생이 꺾인 갈대와 같기 때문입니다. 우리의 부모는 부모대로 위로가 필요합니다. 우리의 자녀들은 자녀들대로 위로가 필요합니다. 남편은 남편대로 위로가 필요합니다. 아내는 아내대로 위로가 필요합니다. 어떤 형편에서든 어떤 모양으로든 사람은 위로가 필요합니다. 날마다 하나님의 위로가 있길 축원합니다.

사랑하는 성도 여러분, 여러분은 언제, 어느 때 위로가 필요합니까? 인생의 문제가 있을 때 위로가 필요할 것입니다. 인생의 고난 앞에서 사람들은 위로가 필요합니다. 직장에서 스트레스를 받을 때도 위로가 필요합니다. 그렇다면 위로의 방법은 무엇이고 위로의 결과는 무엇일까요?

위로라는 말의 헬라어 단어는 '파라 클레오'입니다. '파라'라는 말은 '옆에'라는 말입니다. '클레오'라는 말은 '부른다'입니다. 즉 '옆으로 부른다, 옆으로 다가간다.' 이것이 위로의 정의입니다.

아이가 부모에게 혼나고 자기 방에 들어가서 울고 있습니다. 이 아이를 어떻게 위로할 수 있을까요? 바로 파라 클레오입니다. 아이 옆으로 다가가든지 "애야, 이리와. 내 옆으로 와 보렴" 이렇게 옆으로 부른 후에 어깨에 손을 얹는다든가 아이의 손을 붙잡아 준다든가 아이의 눈을 들여다보면서 설명하는 것입니다. "내가 너를 왜 꾸짖었는지 아니? 네가 미워서가 아니다. 나는 너를 사랑해. 그런데 잘못한 것을 고쳐 주어야 하기 때문이야. 알겠니?" 하고 안아 주는 것입니다. 이것이 위로입니다.

그러므로 위로란 당장 그 문제를 없게 만들어 주는 것이 아닙니다. 어떤 슬픈 사건을 만나서 이 사람을 위로한다고 해서 그 사건이 없어집니까? 그 사건이 없어지지 않습니다. 어떤 사람이 돈이 없어서 힘들어하는데 위로함으로 그 사람에게 돈이 생기는 것은 아닙니다. 아파서 신음하는데 그를 위로한다고 해서 그의 아픔이 사라지는 것이 아닙니다. 아픔은 사라지지 않습니다. 문제는 그대로 있습니다.

중요한 것은 그 사건의 의미를 깨닫는 것입니다. 이 사건 속에 들어 있는 과거, 현재, 미래의 의미를 깨닫고 이것이 저주와 실패가 아니라 이 속에 하나님의 의미가 있다는 것을 확인시켜 주는 것입니다. 그러므로 먼저 위로는 내면적으로 해결이 되어야 합니다.

여러분, 문제의 해결은 언제나 내적인 해결이 먼저입니다. 외적인 해결보다 내적인 해결이 먼저입니다. 내적으로 해결되지 않았는데 외적으로 해결해 버리면 어떤 결과가 주어질까요? 그 사람은 그 사건을 통해서 성숙해지지 않습니다. 그 사람은 그 아픔을 통해서 성숙해지지 않습니다. 성장하지 않습니다. 그렇다면 어떻게 됩니까? 그 사건을 통해서 상처만 남게 됩니다. 그래서 쓴 뿌리가 생기게 됩니다. 그러므로 어떤 문제나 사건이 주어지면 반드시 내적인 해결이 있고서 그 다음에 외적인 문제가 해결되는 것입니다.

그렇다면 내가 어떤 문제를 놓고 기도하고 있는데 하나님께서 어떻게 해결해 주십니까? 먼저는 위로를 해주십니다. 성령 하나님은 우리 곁으로 오셔서 우리 마음에 말씀해 주십니다.

"그가 그의 말씀을 보내어 그들을 고치시고 위험한 지경에서 건지시는도다"(시 107:18-20).

이처럼 주님은 인생의 모든 고난 가운데 친히 말씀으로 찾아오십니다. 그래서 우리를 고치시고 위험한 지경에서 건져 주시는 줄 믿으시기 축원합니다. 그렇다면 오늘 인생의 모든 환난과 고난 가운데 하나님은 어떤 하나님이십니까?

첫째, 하나님은 우리를 위로하십니다.

하나님은 어떤 분이십니까? 모든 환난 중에 우리를 위로하는 분이십니다. 고난 중에 우리에게 위로를 주십니다.

"우리의 모든 환난 중에서 우리를 위로하사 우리로 하여금 하나님께 받는 위로로써 모든 환난 중에 있는 자들을 능히 위로하게 하시는 이시로다"(고후 1:4).

여러분, 인생의 모든 환난에는 반드시 하나님의 위로가 있습니다. 여러분, 인생을 살다 보면 바람이 불어옵니다. 고난의 바람이 불어옵니다. 그래서 원치 않는 일들이 찾아옵니다. 갑자기 숨어 있던 암이 발견됩니다. 잘나가던 사업이 안 됩니다. 가정이 위기를 만납니다. 환난의 바람이 불어옵니다. 이런 고난 중에 반드시 하나님의 위로가 있기를 축원합니다.

하나님은 우리로 하여금 환난만 당하게 하시지 않습니다. 왜 그럴까요? 인간이 연약하기 때문입니다. 잘못된 것은 고쳐야 하고 실수했으면 혼나야 하지만 그러나 계속해서 고난이 오면 사람은 낙담해서 쓰러집니다. 인간이 연약하기 때문입니다. 그래서 하나님은 인생의 고난 앞에서 우리가 쓰러지지 않도록 우리를 훈련도 하시지만 위로도 해 주십니다. 고난이나 환난을 끝까지 감당할 수 있도록 환난 중에 위로를 주십니다. 그러므로 인생의 문제 앞에 두려워하지 말길 축원합니다.

"사람이 감당할 시험밖에는 너희가 당한 것이 없나니 오직 하나님은 미쁘사 너희가 감당하지 못할 시험 당함을 허락하지 아니하시고 시험 당할 즈음에 또한 피할 길을 내사 너희로 능히 감당하게 하시느니라" (고전 10:13).

그러므로 지금 우리가 겪는 이 모든 것들 속에서도 하나님의 위로가 있기를 축원합니다.

하나님은 우리의 아버지이십니다. 우리가 자녀를 키울 때 어떻게 키워야 합니까? 마틴 루터는 자녀 교육 지침서에 이렇게 말합니다. '아이에게 매도 주고 사과도 주어라, 잘못했으면 매도 주고 위로도 주라'는 것입니다. 사과만 주면 어떻게 됩니까? 버릇이 없어지니까 매도 함께 주라는 것입니다. 가정에는 아버지와 어머니가 있습니다. 왜 두 사람이 필요합니까? 아빠는 언제나 원칙을 나타내는 분입니다. 엄마는 언제나 사랑을 나타내는 사람입니다. 아빠는 책망하는 사람이고, 엄마는 위로하는 사람입니다. 여러분, 애들은 이것을 기가 막히게 잘 압니다. 아이들은 혼날 일을 하면 누구한테 먼저 갑니까? 엄마한테 먼저 갑니다. 칭찬 받을 일을 하면 누구한테 갑니까? 아빠한테 갑니다. 이상적인 아빠는 엄한 것이고, 이상적인 엄마는 사랑이 많은 것입니다. 이것이 본래 부모의 자리입니다. 이처럼 가정에서도 부모를 통해서 환난 중에도 위로가 있게 하셨습니다. 그런 것처럼 하나님께서는 우리에게 환난 중에도 반드시 위로를 주십니다.

그렇다면 우리 인생의 진정한 위로자는 누구십니까?

둘째, 진정한 위로자는 하나님이십니다.

"우리의 모든 환난 중에서 우리를 위로하사 우리로 하여금 하나님께 받는 위로로써 모든 환난 중에 있는 자들을 능히 위로하게 하시는 이시로다"라는 말씀처럼 인생의 고난 중에 진정한 위로자는 하나님이십니다. 인생의 환난 중에 진정한 위로자는 하나님이십니다. 그렇다면 사람의 위로는 필요없습니까? 아닙니다. 사람의 위로도 필요합니다. 그렇다면 하나님의 위로가 어떻게 주어집니까? 하나님의 위로는 사람을 통해서 주어집니다.

여러분, 하나님께서 우리에게 주시는 모든 축복도 사실은 사람을 통해서 주어집니다. 위로도 사람을 통해서 주어집니다. 공급도 사람을 통해서 주어집니다. 부요함도, 기적도 하나님은 사람을 통해서 공급해 주십니다. 전화로 기도해 주니 이명 증상과 애기 울음소리가 떠나가 버렸습니다. 그런가 하면 환난 중에 위로도 사람을 통해서 주어집니다. 고난 중에 위로도 사람을 통해서 주어집니다.

그런데 이런 사람의 위로도 때로는 한계가 있습니다. 내가 위로하고 싶지만 내 능력으로 위로할 것이 많지 않습니다. 왜요? 사람은 연약하기 때문입니다. 그래서 어려움을 당한 사람에게 잘못하면 위로한답시고 상처를 줄 수가 있습니다. 왜냐하면 우리가 부족하기 때문입니다. 모든 사람이 부족하기 때문입니다. 그래서 때로는 마음먹은 대로 위로가 안 됩니다.

욥기를 보면 고난 당하는 욥이 나오는데, 친구들이 와서 욥이 당하는 고난의 심각성을 보고 마음이 아파서 어쩔 줄 모릅니다. 아무 말도 못하고 있습니다. 그때 욥은 많은 위로를 받습니다. 그런데 친구들이 위로한답시고 한마디씩 말을 하는데 그 말로 욥이 엄청난 상처를 받습니다.

진정한 위로자는 누구입니까? 하나님이십니다. 그렇다면 내가 위로를 받는 자의 입장에서 생각해 봅시다. 참으로 내가 위로받기 위해서는 어디로 가야 합니까? 하나님께로 가야 합니다. 내 마음의 상처와 어둠을 하나님 앞에 쏟아 놓지 않으면 진정으로 위로를 받을 곳이 없다는 것입니다.

그런데 많은 사람들이 위로받기 위해서 술을 찾습니다. 자극적인 일을 찾아 갑니다. 그 순간은 위로가 되는 것 같습니다. 겉사람이 위로를 받는 것 같습니다. 그러나 마음속에 있는 상처는 그대로 남아 있습니다. 그래서 시간이 갈수록 그 상처가 쓴 뿌리가 되어 그 사람의 영혼을 황폐하게 만듭니다. 나중에는 비슷한 사건만 봐도 화가 납니다. 비슷한 상황이나 말만 들어도 상처가 올라옵니다. 진정으로 내면의 상처가 치료되지 않았기 때문입니다.

그런데 여러분, 남편과 아내가 평생을 함께 살아도 서로가 서로의 진심을 다 알 수는 없습니다. 그래서 부부라도 내 마음을 모릅니다. 자식도 내 마음을 모릅니다. 평생을 함께 살아온 남편도, 아내도 마음을 모릅니다. 그러므로 참된 위로자는 하나님 한 분뿐입니다. 인생의 깊은 고난 가운데 하나님의 위로를 받은 사람은 이제 어떻게 살아야 합니까?

셋째, 위로하는 자가 되어야 합니다.

　다른 사람을 위로하는 사람이 되어야 합니다.
　4절 끝에 "우리의 모든 환난 중에서 우리를 위로하사 우리로 하여금 하나님께 받는 위로로써 모든 환난 중에 있는 자들을 능히 위로하게 하시는 이시로다"라고 나옵니다. 하나님 앞에서 치유 받고 나면 이제는 어떻게 됩니까? 다른 사람의 상처를 만져 줄 수 있습니다. 즉 위로할 수 있는 위로자가 됩니다. 그러므로 예수 안에서 우리에게 주어지는 모든 환난과 고통은 믿음으로 잘 극복하면 그 상처가 별이 됩니다. 어떻게 인생의 불어오는 환난의 바람이, 고통의 바람이, 죽음의 바람이 인생의 별이 될 수 있을까요? 그냥 상처가 별이 되는 것이 아닙니다. 반드시 부르짖어 기도할 때 빛나는 별이 됩니다.
　다윗 왕이 사울로부터 엄청난 박해를 당했습니다. 윗사람으로부터 그렇게 박해를 당하고 핍박을 당하고 고통을 당한 사람은 다윗밖에 없을 것입니다. '하나님! 도대체 내가 무슨 잘못이 있습니까? 사울 왕이 나를 왜 이렇게 괴롭히는 것입니까?' 그런데 그는 그런 와중에 열심히 부르짖고 기도합니다. 그래서 믿음의 사람으로 성장을 합니다. 믿음의 거목이 됩니다. 그러면서 어떻게 좋은 왕이 되는가를 배우게 됩니다. 나라를 어떻게 다스려야 하는가를 배우게 됩니다. 어떻게 성군이 되는가를 배우게 됩니다. 어떻게 불의한 권위 앞에서도 하나님을 경외하는가를 배워 자기 속에 있는 거역의 영이 부서집니다. 복종을 통해서 거역의 영이 부서져 버립니다. 그런 가운데 백성들의 사랑과 신임을 얻습니다. 그러므로 하나님은 사울을 통해서 다윗을 멋지게 훈련을 시키셨던 것입니다.

다윗은 그런 고통 속에서 무엇을 남깁니까? 고난을 통해서 하나님께 기도하며 부르짖다가 울면서 기도하다가 보석 같은 하나님의 말씀인 시편을 남겼습니다. 그래서 다윗 이후에 오고 오는 수많은 사람들이 시편 말씀을 통해서 위로를 받게 됩니다.

여러분은 어떻습니까? 시편 말씀을 통해서 위로를 받아 본 적이 있으십니까? 눈물을 흘린 적이 있습니까? 이것이 어떻게 가능합니까? 먼저 고난을 당한 다윗이 있었기 때문입니다. 그 고난이, 그 상처가 별이 되었기 때문입니다. 그러므로 고난은 먼저 자신을 구원하고 다른 사람을 구원하는 데 사용되는 것입니다.

마지막으로 이 말씀을 다 같이 보십시오.

"그리스도의 고난이 우리에게 넘친 것같이 우리가 받은 위로도 그리스도로 말미암아 넘치는도다"(고후 1:5).

여러분, 왜 예수님이 십자가를 지셨지요? 왜 하필이면 예수님은 십자가에서 죽으셔야만 하셨을까요? 어떻게 한 인간이 가장 큰 고통 가운데 죽을 수 있었을까요? 인간이 머리를 짜내서 만든 형벌이 십자가 형벌입니다. 아주 잔인한 죽음입니다. 여러 죽음의 방법이 있었지만 십자가만큼 고통스러운 죽음의 방법은 없습니다. 그렇다면 예수님께서 왜 하필이면 최고의 고통 속에서 죽으셔야 했을까요? 그것은 모든 사람을 위로하기 위해서입니다. 이것이 5절의 의미입니다.

"그리스도의 고난이 우리에게 넘친 것같이 우리가 받은 위로도 그리스도로 말미암아 넘치는도다"라는 말씀처럼 예수님께서 역사상에서 가장 고통스럽게 죽으셨기에 어떻게 죽는 사람도 십자가를 바라보면 위로가 되는 것입니다. 그리스도의 고난이 넘쳤다는 것입니다. 이 세상에서 가장 위로가 넘치는 것은 바로 예수님의 십자가 자체입니다.

인간의 말로 하는 위로보다 이 말씀을 붙드시길 축원합니다. "그리스도의 고난이 우리에게 넘친 것같이 우리가 받은 위로도 그리스도로 말미암아 넘치는도다." 예수님의 십자가 고통 자체를 보면서 위로를 받으시길 축원합니다. 우리가 이 땅에서 어떤 고난 속에 있을지라도 십자가 자체에서 당하신 주님의 고통보다 더 큰 것은 없기 때문입니다. 주님이 나를 위해 당하신 고통은 전무후무하게 엄청난 고통이기에 나의 고난과 고통은 그 앞에서 위로가 된다는 것입니다.

　사랑하는 성도 여러분, 세상에는 환난도 많고 고난과 눈물도 많습니다. 여러분 중에도 환난과 고통 중에 계신 분이 있으십니까? 하나님의 위로를 바라길 축원합니다. 환난 중에는 반드시 위로가 있기 때문입니다. 그러므로 환난 가운데 주님의 위로를 구하길 축원합니다. 이 고통이 해결된 후에 많은 사람을 위로하게 될 것입니다. "그러므로 난 살리라. 위로자로 살리라!" 은혜가 함께하길 축원합니다.

고난의 관점을 디자인하라
Design your perspective

위로자가 되라

첫째, 하나님은 우리를 위로하십니다.
둘째, 진정한 위로자는 하나님이십니다.
셋째, 위로하는 자가 되어야 합니다.

고난과 선물(고후 1:8-14)

Design your perspective

형제들아 우리가 아시아에서 당한 환난을 너희가 모르기를 원하지 아니하노니 힘에 겹도록 심한 고난을 당하여 살 소망까지 끊어지고 우리는 우리 자신이 사형 선고를 받은 줄 알았으니 이는 우리로 자기를 의지하지 말고 오직 죽은 자를 다시 살리시는 하나님만 의지하게 하심이라 그가 이같이 큰 사망에서 우리를 건지셨고 또 건지실 것이며 이후에도 건지시기를 그에게 바라노라 너희도 우리를 위하여 간구함으로 도우라 이는 우리가 많은 사람의 기도로 얻은 은사로 말미암아 많은 사람이 우리를 위하여 감사하게 하려 함이라 우리가 세상에서 특별히 너희에 대하여 하나님의 거룩함과 진실함으로 행하되 육체의 지혜로 하지 아니하고 하나님의 은혜로 행함은 우리 양심이 증언하는 바니 이것이 우리의 자랑이라 오직 너희가 읽고 아는 것 외에 우리가 다른 것을 쓰지 아니하노니 너희가 완전히 알기를 내가 바라는 것은 너희가 우리를 부분적으로 알았으나 우리 주 예수의 날에는 너희가 우리의 자랑이 되고 우리가 너희의 자랑이 되는 그것이라

지난주에 있었던 일입니다. 우리 교회 집사님 손주가 여섯 살입니다. 어린이집을 다녀오는데 이 아이가 차량 운행하는 코스 중에 가장 마지막에 내린다고 합니다. 아이가 올 시간에 맞추어서 엄마가 아이를 기다리는데, 애가 차에서 내리며 울더라는 것입니다. 그래서 운전하시는 분에서 물었답니다. "아저씨, 왜 우리 아이가 울었어요?" 그랬더니

운전하는 아저씨 말씀이 이러했습니다. 아이들이 다 내리고 맨 마지막에 두 아이가 남았는데, 그때 한 아이가 "난 돈 천만 원 있다. 너 없지?" "응, 난 없는데." 그리고 "우리는 아파트도 있다" 그렇게 자랑하는데 집사님 손주는 천만 원도 없고 아파트도 없어서 울었다고 합니다. 손주가 울었다는 소리를 듣는데 마음이 별스럽게 안 좋더라는 것입니다.

사랑하는 성도 여러분, 이 시대에 사람들이 유난히 정신적으로 불행한 이유가 있습니다. 그것이 무엇입니까? 바로 잘못된 전제를 가지고 인생을 살기 때문입니다. 인생을 무조건 편하게, 아무런 고난이 없이 살아야 한다는 것입니다. 많은 사람들이 이런 잘못된 전제를 가지고 인생을 살아갑니다. 그런데 여러분, 인생이 정말 그런 건가요? 인생이 정말 아무런 고난이 없던가요? 인생을 살아보면 사실 인생이 만만치 않습니다. 그래서 옛 성현들은 인생을 고해라고 했습니다.

그런데 요즘 사람들은 인생을 고난 없이 살아야 한다고 생각을 합니다. 그래서 진리라도 불편하면 진리가 아니라고 생각을 합니다. 그러나 여러분, 인생이 편하고 고난 없이 사는 것은 인간의 실상이 아니라 인생의 허상입니다. 실제로 인생은 고난 속에 살아갑니다.

그렇다면 중요한 것은 고난을 대하는 우리의 태도입니다. 사람이 고난과 역경을 당하면 어떤 사람은 성장합니다. 어떤 사람은 변화가 됩니다. 어떤 사람은 생각이 깊어집니다. 그런데 어떤 사람은 낙심을 합니다.

사랑하는 성도 여러분, 그렇다면 무엇이 사람을 그렇게 만들었을까요? 고난이 사람을 그렇게 변화하게 만들까요? 여러분, 고난 자체가 사람을 변화시키는 것은 아닙니다. 그럼 무엇이 고난을 통해서 우리를 변화시킬 수 있습니까? 고난을 대하는 우리들의 태도가 중요합니다. 시련 앞에서, 고난 앞에서 그 고난에 대한 우리의 태도가 우리 자신을 변화시키는 원동력이 됩니다.

지금 우리 젊은이들이 사는 것이 힘들다고 합니다. 어떤 친구는 마치 지옥 같다고 합니다. 왜 그렇습니까? 그것은 전제가 잘못되었기 때문입니다. 이 세상의 잘못된 가치관에 물들었기 때문입니다. 여러분, 지금 취직이 안 된다고 하는데, 일할 사람이 부족해 우리나라에 외국인 근로자들이 얼마나 많이 들어와 있는지 모릅니다. 한국의 젊은이들은 기술을 배우려고 하지 않는다고 합니다. 정말 좋은 장인이나 명인들이 기술을 전술해 줄 사람이 없어서 폐업을 하고 있습니다.

사랑하는 성도 여러분, 고난과 환난을 통해서 하나님이 무엇을 이루길 원하시는지 본문 말씀을 통해서 몇 가지만 살펴보고자 합니다.

첫째, 고난을 통해 고난이 인생의 실상이라는 것을 알게 됩니다.

하나님을 떠난 모든 인생은 죄의 결과로 고난이 주어졌습니다. 모든 인생이 고난 가운데 살아간다는 것입니다. 지금 내가 아무런 일이 없다고 해서 인생이 다 편안한 것이냐, 아닙니다. 내가 평안한 이 시간에도 누군가는 생명을 내놓고 고난 가운데 사투를 벌이고 있습니다. 지금 내가 고난 없이 살아도 이 순간에 누군가는 절체절명의 위기 속에 살아가고 있다는 사실을 기억해야 합니다.

바울은 고린도 교인들이 이것을 통해 알아야 하는 것들이 있다는 것입니다. 지금 고린도 교인들은 뭐하고 있습니까? 교회 안에서 일부는 싸우고 있습니다. 그런데 너희들이 싸우는 동안에도 누군가는 복음을 위하여 생명을 내어 놓고 복음을 증거하다가 죽어 가고 있다는 것입니다. 우리가 옳고 그름의 시비 속에 싸우고 있는 순간에도 누군가는 복음을 듣지 못해 죽어 가고 있다는 것입니다. 그리고 누군가는 복음을 위해 주님을 위하여 죽어 가고 있다는 것을 기억하라는 것입니다.

여러분, 지금 고린도 교회 사람들이 왜 싸웁니까? 교회가 할 일을 하지 않기 때문입니다. 그래서 싸웁니다. 시시한 것만 생각합니다. 복음이 뭔지 모르니 자기들끼리 옳으니 그르니 율법적인 자리에서 끝없이 싸웁니다. 교회가 복음을 전하는 사명을 저버리니까 싸웁니다. 바울은 "지금 너희들이 싸우는 순간에도 누군가는 복음 때문에 죽어간다. 이래도 싸워야 하느냐!" 그런 말을 하고 싶은 것입니다.

그러면서 바울은 내가 엄청난 고난을 당했다, 이 고난을 통해서 배운 것이 있다는 것입니다. 사랑하는 성도 여러분, 우리는 고난 없이 자녀들을 키우고 고난 없이 인생을 살기 원합니다. 그러나 성경은 그렇게 말하지 않습니다. 고난은 필연적인 것이라고 합니다. 그래서 고난은 소중한 자산입니다. 인생은 고난을 통해서 배울 것이 많이 있기 때문입니다.

그렇다면 고난을 통해서 우리는 무엇을 배워야 합니까? 두 가지를 확실하게 배워야 합니다.

> "우리는 우리 자신이 사형 선고를 받은 줄 알았으니 이는 우리로 자기를 의지하지 말고 오직 죽은 자를 다시 살리시는 하나님만 의지하게 하심이라"(고후 1:9).

고난을 통해서 우리가 무엇을 배워야 합니까? 첫째로 자기를 의지하지 말아야 함을 배워야 합니다.

사람들은 저마다 자기를 믿는 마음이 굉장히 많습니다. 자기를 신뢰하며 살아갑니다. 그래서 자의적 숭배까지 합니다. 내가 뭔가를 할 수 있다고 생각을 합니다.

그런데 고난 속에서 그것이 깨어집니다. 자신의 신념이 깨어집니다. 예수 이름을 빙자한 자신의 욕망이 깨어지고 자신의 신뢰가 깨어집니다. 자신의 능력을 믿고 의지했던 것이 깨어집니다. '아, 나는 아무것도

할 수 없는 자구나. 내 건강도 내가 어떻게 할 수 있는 것이 아니구나! 내 마음 하나도, 내 감정도, 내가 사랑하는 사람 하나도 지킬 수 없는 것이 인생이구나!' 하며 자기 자신의 한계를 깨닫게 됩니다.

많은 사람들이 뭐든지 할 수 있다고 생각합니다. 인간은 똑똑하고 능력 있는 것 같아도 본질적으로 꺼져 가는 심지와 같고 꺾인 갈대와 같은 것이 인생입니다. 그런 연약한 인생이 하나님의 은혜를 받아서 살아가는 것입니다. 그런데 그렇게 살다 보면 거품이 낍니다. 그리고 뭔가 내 힘으로 산다고 그렇게 착각하게 됩니다. 그러나 고난을 만나면 그때 자신을 알게 됩니다. '아, 나는 아무것도 아니구나!' 사형 선고를 받으면 그때 인생을 알게 됩니다. 고난을 통해서 배우게 됩니다.

사랑하는 성도 여러분, 여러분은 고난을 통해서 이런 진리를 배우셨습니까? 그렇다면 여기서 끝내면 안 됩니다. 고난을 통해서 이런 우리 자신을 깊이 깨닫고 나서 우리는 어떻게 해야 합니까?

죽은 자를 살리시는 하나님을 의지해야 합니다. 왜 그렇습니까? 지금 이 상황을 회복시킬 분은 하나님밖에 없기 때문입니다. 믿을 분은 하나님밖에 없습니다. 의지할 분은 하나님뿐입니다. 어떤 사람이 고난을 당했는데 그 사람이 고난을 제대로 경험을 했는지 안 했는지를 어떻게 알 수 있습니까? 고생을 제대로 했다면 이런 고백이 나와야 합니다. "하나님! 저는 아무것도 아닙니다!", "하나님만이 나의 전부입니다!", "하나님 외에는 믿을 것이 없습니다!" 이런 고백을 해야 이 사람은 고생을 제대로 경험한 것입니다.

그런데 고생은 죽도록 했는데 이런 고백이 안 나오고 원망, 불평이 나옵니까? 자꾸만 부정적인 말이 나옵니까? 자꾸만 억울한 생각이 듭니까? 그러면 아직도 멀었습니다. 왜 그렇습니까? 고난을 통하여 인생의 진정한 가치를 발견하지 못했기 때문입니다. 인생의 고난을 통해서 무엇이 중요하고 중요하지 않은지, 무엇을 내려놓고 무엇을 붙들어야 하는지 배우고 알아야 합니다. 그러므로 고난 앞에서 나를 내려놓으시길 축원합니다. 나를 내려놓고 전능하신 하나님을 붙잡으시길 축원합니다.

그렇다면 하나님은 우리에게 왜 고난을 주십니까? 하나님께서 우리에게 고난을 주시는 궁극적인 목적이 무엇입니까? 하나님은 고난을 통해서 우리에게 무엇을 주려고 하십니까?

둘째, 고난을 통해 하나님 자신을 주십니다.

예전에 일본 군마현의 한 쓰레기처리 회사가, 혼자 살다 간 노인의 집에서 나온 쓰레기 더미에서 검은 봉지에 담긴 현금 4억 원을 발견해 모두가 놀란 적이 있습니다. 버려진 유품 속에서 섞여 나온 돈이 지난해만 약 1,900억이었다고 합니다. 왜 그럴까요? 외롭고 궁핍한 생활을 하면서도 죽음 직전까지 돈을 생명줄처럼 움켜쥐고 있던 노년의 강박감 때문이라고 합니다. 노인들은 자식이나 사회로부터 버림받았을 때 최후에 의지할 곳은 돈밖에 없다는 생각에서 돈을 꼭 손에 쥔다고 합니다. 그런데 사실 그 정도로 비참한 경우를 당하면 설령 돈이 있더라도 별 수가 없다고 합니다. 그러므로 하나님을 신뢰하시길 축원합니다.

그렇다면 사랑하는 성도 여러분, 우리가 고생을 해도 제대로 해야 합니다. 헛고생을 하면 안 됩니다(애 3:33). 내가 아무것도 아님을 고백을 하십니까? 하나님밖에는 진정으로 붙잡을 분이 없다는 것을 인정하십니까? 그래야 고난을 제대로 받게 됩니다.

이런 고난 속에서 우리가 끝까지 붙잡고 놓지 말아야 할 것이 있다고 말씀을 하십니다. 그것이 무엇입니까? 크게 세 가지입니다. 이것만 놓치지 않으면 지금 주어진 고난을 헛되이 보내지 않을 수 있습니다(고후 1:12).

먼저 거룩함입니다. 거룩함을 잃어버리면 안 됩니다. 여러분, 육신적인 사람들은 고난 속에서 내 인생이 바닥 쳤는데 내가 거룩하면 뭐하고 순결하면 뭐하겠어, 되는 대로 막살아 버리지 이렇게 자기를 학대하는데, 이처럼 자신을 막 굴리면 안 된다는 것입니다. 아무리 고난속에 있다 할지라도 하나님의 백성들은 죄를 미워하고 몸과 마음과 영혼을 거룩하고 순결하게 유지해야 합니다. 왜 그렇습니까? 언젠가는 신랑 되신 예수님이 다시 오실 것이기 때문입니다. 사랑하는 성도여러분, 세상을 사랑하지 말고 하나님께 소망을 두고 살아가길 축원합니다. 전심으로 주님을 사랑하면서 살아가길 축원합니다. 고난 속에서도 흔들리지 말고 신앙의 순결을 잘 지키길 축원합니다.

다음으로 진실함을 잃지 말아야 합니다. 대개 고난 속에서 진실을 포기합니다. '아무도 내 진실을 몰라주는데 내가 뭐 하러 진실해', '아무도 내 정직을 몰라주는데 내가 뭐 하러 정직해' 그래서 수많은 사람들이 고난 속에서 진실을 포기합니다. 살기 위해서 포기합니다. 그러나 끝까지 진실을 붙드시길 축원합니다.

마지막으로 은혜를 붙드시길 축원합니다. '내가 최선을 다하고 열심히 살아가는데 왜 하나님은 나에게 복을 주지 않고 이런 어려움과 고난을 주시는가, 나를 사랑하지 않기 때문이다'라고 세상 사람들이 생각하듯이 세상의 가치관을 가지고 평가하면 안 됩니다. 이 고난 속에서도 하나님은 나를 사랑하고 계시고 나를 은혜로 붙잡고 계십니다. 귀한 하나님의 은혜가 이 고난 속에서도 있는 것을 믿고 원망하지 않고 감사하며 살아가시길 축원합니다.

셋째, 고난에는 하나님께서 주시는 선물이 있습니다(고후 1:11).

고난이 뭐가 선물입니까? 고난은 선물이 아니라 빨리 사라져야 하지 않겠습니까? 그런데 고난 속에서 하나님은 우리를 기도하게 하는데, 기도를 하다 보면 이 고난이 나에게 선물이라는 것을 깨닫게 된다는 것입니다. 그렇다면 고난 중에 기도하지 않으면 어떻게 됩니까? 많은 사람들이 고난 중에 기도하지 않으면 원망하고 넘어집니다. 그러나 기도하면 그것을 통하여 하나님이 이루시려는 것이 뭔지를 깨닫고 다시 일어서서 새로워진다는 것입니다. 이것이 기도로 이루어진다는 것입니다.

군대 간 아들에게서 전화가 왔습니다. 상관이 그렇게 괴롭힌다는 것입니다. 아들이 군대에서 어려운 일을 만났으니 어머니가 새벽기도를 시작합니다. 그 기도를 받고 이 아이가 낙심하지 않고 하나님을 붙들고 다시 회복이 되었습니다. 그러면 그 아이에게는 어머니의 기도가 선물입니다. 고난을 통해서 새로워지게 되는 선물로써의 기도입니다. 자식이 그렇게 회복되는 것을 보면서 어머니도 선물을 받습니다. 그래서 은사라는 것입니다.

기도할 때 그 기도를 통하여 은사가 되는 것을 우리는 분명히 알게 됩니다. 그러므로 누군가가 고난을 당하면 우리가 해줄 게 뭡니까? 기도해 주어야 합니다.

> **"너희 중에 고난 당하는 자가 있느냐 그는 기도할 것이요 즐거워하는 자가 있느냐 그는 찬송할지니라"(약 5:13).**

고난 중에 기도는 좋은 선물입니다. 그러므로 기도하길 축원합니다. 11절과 14절에 바울은 마지막으로 자랑에 대해서 말씀하고 있습니다. 왜 갑자기 자랑 이야기가 나옵니까? 인생의 모든 고난 속에서 하나님을 경외하고 거룩함과 진실함과 은혜를 붙들고 사는 사람들은 하나님께 자랑거리가 됩니다. 고난 중에서도 자기를 의지하지 않고 하나님만 붙들고 의지하며 그리고 거룩함과 진실함, 은혜를 끝까지 붙들고 승리하는 사람은 하나님 앞에 자랑거리가 됩니다.

여러분, 욥기에 욥이 엄청난 고난 앞에서도 자신의 믿음을 지켜 가니까 하나님이 너무너무 기쁘고 좋으셔서 사탄에게 자랑을 하십니다. "너, 내 종 욥을 보았느냐? 세상에 저렇게 진실한 자가 없다." 여러분, 이것이 진정한 자랑거리입니다. 이것이 면류관입니다. 마지막 날에 내가 정말로 하나님 앞에 칭찬을 받아야 하는데, 그것이 진짜 자랑인데, 그것은 내가 고난 중에 어떻게 했느냐입니다.

여러분, 고난을 당하고 있다면 오늘 말씀을 마음에 잘 새기길 축원합니다. 자기를 의지하는 마음을 내려놓으세요. 오직 죽은 자를 다시 살리실 수 있는 하나님을 의지하길 축원합니다. 그리고 거룩함과 진실됨과 은혜를 절대로 포기해서는 안 됩니다. 그리고 기도하면서 이를 통해 그날에 하나님 앞에 상 받기를 고대하면서 기도하시길 축원합니다.

고난의 관점을 디자인하라
Design your perspective

고난과 선물

첫째, 고난을 통해 고난이 인생의 실상이라는 것을 알게 됩니다.
둘째, 고난을 통해 하나님 자신을 주십니다.
셋째, 고난에는 하나님께서 주시는 선물이 있습니다(고후 1:11).

십자가는 나의 것이다(사 53:1-6)

Design your perspective

우리가 전한 것을 누가 믿었느냐 여호와의 팔이 누구에게 나타났느냐 그는 주 앞에서 자라나기를 연한 순 같고 마른 땅에서 나온 뿌리 같아서 고운 모양도 없고 풍채도 없은즉 우리가 보기에 흠모할 만한 아름다운 것이 없도다 그는 멸시를 받아 사람들에게 버림받았으며 간고를 많이 겪었으며 질고를 아는 자라 마치 사람들이 그에게서 얼굴을 가리는 것같이 멸시를 당하였고 우리도 그를 귀히 여기지 아니하였도다 그는 실로 우리의 질고를 지고 우리의 슬픔을 당하였거늘 우리는 생각하기를 그는 징벌을 받아 하나님께 맞으며 고난을 당한다 하였노라 그가 찔림은 우리의 허물 때문이요 그가 상함은 우리의 죄악 때문이라 그가 징계를 받으므로 우리는 평화를 누리고 그가 채찍에 맞으므로 우리는 나음을 받았도다 우리는 다 양 같아서 그릇 행하여 각기 제 길로 갔거늘 여호와께서는 우리 모두의 죄악을 그에게 담당시키셨도다

    명절이 되면 사람들은 고향을 찾아갑니다. 고향에는 누가 계십니까? 그리운 부모 형제가 있습니다. 그러므로 고향이 있는 사람은 행복한 사람입니다. 언제든지 돌아갈 고향이 있는 사람은 행복한 사람입니다. 그 고향이 때로는 어머니 품속이기도 하고 때로는 내가 태어나서 자란 곳이기도 합니다.

    사랑하는 성도 여러분, 왜 사람들은 고향을 사모하는 것일까요? 어릴 때 향수 때문일까요? 그럴 수도 있습니다. 고향은 나의 모든 것을

받아 주는 곳이기 때문입니다. 그래서 고향은 편합니다. 이제 여러분들이 자녀들의 고향이 되어 주길 축원합니다. 원초적으로는 하나님의 품을 떠나 사는 인간은 언제나 본향을 그리워하며 삽니다. 이것을 귀소본능이라고 합니다.

여러분, 연어라는 고기가 있습니다. 연어는 강물에서 태어나서 어린 시절을 지내다가 바다로 나갑니다. 바다에서 장성하면 연어는 다시 태어난 강으로 돌아옵니다. 나이아가라 폭포 위에서 어린 연어의 치어들을 풀어 놓았습니다. 그곳에서 어린 시절을 보낸 연어들이 폭포를 따라 바다로 나갔습니다. 그리고 다시 돌아오는가를 시험해 보기 위함이었습니다. 어떻게 되었을까요? 성장한 연어들이 나이아가라 그 거대한 폭포를 거슬러서 돌아오는 것입니다. 폭포를 거슬러 올라가다가 머리가 깨어지고 부서지면서도 고향을 향해 돌아오는 것입니다. 이것을 귀소본능이라고 합니다.

사랑하는 성도 여러분, 사람은 본성적으로 영원을 사모합니다. 인간의 본성은 늘 본향을 그리워합니다. 어느 곳에 살든 인간은 본향을 그리워하면서 살아갑니다. 그래서 모든 인생은 저마다 마음속에 수많은 질문들을 가지고 살아갑니다. 여러분의 마음속에는 어떤 질문들이 있습니까? 지구상에 있는 수많은 사람들의 모든 질문들을 다 모아 보면 다음 세 가지로 압축이 됩니다.

첫 번째로 '인간이 무엇이냐, 삶이 무엇이냐?'입니다. 이것을 인생의 근본적인 질문이라고 말합니다. 나는 어디서 왔고, 무엇을 하며, 살다가 죽으면 어디로 가는 것일까 하는 가장 근본적인 질문입니다.

인간에게 가장 큰 두 번째 질문은 뭡니까? '뭐가 문제냐? What is problem? 인생이 왜 행복하지 않은가? 무엇이 문제냐?'입니다. 행복의 조건들을 다 갖추고 사는데도 만족이 없다는 것입니다. 그래서 사람들은 그것을 향해서 몸부림을 칩니다. 그런데 그것을 얻어도 행복하지 않다는 것입니다. 돈을 많이 벌어 봐도 거기에 참 만족이 없더라는 것입니다. 그러면 무엇이 문제일까요.

세계 제일의 부자였던 록펠러에게 기자가 물었습니다. "돈을 얼마나 더 가져야 만족할 수 있나요?" 그러자 록펠러가 "지금보다 조금만 더 많이"라고 대답했습니다. 그렇게 많이 가지고 있어도 돈이 그에게 진정한 만족을 주지 못했다는 것입니다. 왜 행복하다는 것들을 많이 가지고 있는데도 행복하지도 못할까, 이것이 두 번째 질문입니다.

세 번째는 이런 인생의 문제를 해결하기 위해서 '그럼 우리는 어떻게 할 것이냐?' 하는 인간 문제의 해결책입니다.

사랑하는 성도 여러분, 이 땅에 어느 인생도 이 세 가지 질문을 피해 간 사람이 없습니다. 어떤 방법으로든 인간은 이런 질문에 대답을 하며 인생을 살아가게 된다는 것입니다. 이 세 가지 인생의 근본적인 질문에 대한 그 사람의 대답과 해석이 그 사람의 세계관이요 그 사람의 가치관입니다. 그렇다면 기독교는 이 세 가지 인생의 본질적인 질문에 대해서 어떻게 대답을 합니까?

첫째, 인간의 모든 불행은 죄 때문입니다(롬 3:23, 6:23).

죄의 대가는 사망입니다. 사람들은 현실 속에서 이 사망의 증상들을 경험합니다. 그래서 병이 듭니다. 이유도 없이 질병이 찾아옵니다. 아픕니다. 특별한 이유도 없이 몸과 마음이 아픕니다. 이유도 알 수 없고 이름도 알 수 없는 수많은 죽음의 증상들이 우리에게 나타납니다. 그래서 인생이 힘이 듭니다.

사망의 증상들은 질병뿐만이 아닙니다. 서로 싸우고, 미워하고, 원망하고, 갈등하고, 불평하고, 판단하고, 정죄하고, 부정적이고, 속이고, 거짓말하고 이런 것들이 모두 사망의 증상입니다. 감기 걸리면 열나고 몸살 나고 기침하고 머리 아프고 이런 증상이 나타나는 것처럼 죄의 결과로 사망의 증상들이 우리의 삶을 힘들게 만듭니다. 여기에 이 죄와 사망의 법을 주관하는 어둠의 세력들이 사람과 사람 사이에 서로 싸우고, 다투고, 이간하고, 미워하게 하고, 왜곡하게 만들고, 용서 못하게 만듭니다. 서로 갈등하며 싸우고, 미워하고, 힘들게 하는 이 모든 것이 다 사망의 증상들입니다. 모든 사망의 증상들이 우리를 힘들게 합니다.

그렇다면 이런 인간의 문제에 대한 해결책이 무엇입니까? 죄를 없애야 하는데, 이것이 내 힘으로 안 된다는 것입니다. 그래서 예수 그리스도를 믿고 그분을 통해 구원을 받아야 합니다. 여러분, 이것이 기독교입니다.

인간은 죄로 인하여 하나님을 잃어버렸습니다. 영혼의 본향을 잃어버렸습니다. 죄로 인하여 나 자신의 정체성도 잃어버렸습니다. 죄로 인하여 부모와 자식 간의 관계도 잃어버렸습니다. 그러므로 본향을 잃어버린 영혼들에게 말씀합니다.

> "그들이 나온바 본향을 생각하였더라면 돌아갈 기회가 있었으려니와 그들이 이제는 더 나은 본향을 사모하니 곧 하늘에 있는 것이라 이러므로 하나님이 그들의 하나님이라 일컬음 받으심을 부끄러워하지 아니하시고 그들을 위하여 한 성을 예비하셨느니라"(히 11:15-16).

하나님께서 우리를 위해 예비하신 참된 본향 집이 있는데, 그렇다면 오늘 우리 인생은 이 참된 본향 집을 어떻게 찾아갈 수 있을까요? 여러분, 우리가 때가 되면 고향을 찾아가듯 우리 인생도 때가 되면 본향을 찾아가야 합니다. 이번 명절에는 모두 다 고향을 잘 찾아가듯이 우리의 본향집도 잘 찾아가길 축원합니다.

이사야서는 예수님이 오시기 전 700년 전에 쓰여졌습니다. 여러분, 700년 전에 예수님이 오셔서 어떤 일을 하실 것인가에 대해 가장 정확하게 예언해 놓은 말씀이 오늘 본문입니다. 그렇다면 하나님께서 700년 전에 이것을 예언해 놓으신 이유가 뭡니까? 인생의 길 되신 예수님의 십자가 사건은 우연히 일어난 사건이 아니라는 것입니다.

십자가 사건은 오래전부터 하나님의 계획 속에 들어 있던 인간 구원을 위한 위대한 플랜이었다는 것입니다. 더 나가서 예수님의 십자가는 실패가 아니라는 것입니다. 예수님은 십자가를 지심으로 그를 향한 하늘 아버지의 뜻을 완수하셨던 것입니다. 이 예언이 있었고 이 예언이 성취됨에 따라 하나님의 구원 계획과 십자가의 사건이 완전한 것임을 보여 줍니다.

그렇다면 어떻게 예수님은 우리로 하여금 본향에 가는 참된 길이 되어 주셨습니까? 예수님이 오셔서 무엇을 하셨습니까? 영혼의 고향 가는 길이 되어 주시기 위해서 무엇을 하셨습니까?

둘째, 예수님은 일곱 가지로 우리를 위해 하신 일이 있습니다.

1. 그의 외모는 어떠한가?
2. 그는 어떤 고난을 당할 것인가?
3. 그 고난은 누구를 위한 고난인가?
4. 그것이 누구의 뜻인가?
5. 고난에 대한 사람들의 평가는 무엇인가?
6. 주님은 그 고난을 어떤 자세로 감당하셨는가?
7. 그리고 그 열매가 뭔가?

아주 분명하게 설명하고 있습니다. 먼저 1절, 이렇게 예언하고 마침내 예언된 그분이 오셨건만 그분을 믿는 자는 많지 않았다는 것입니다. 왜 그렇습니까? 사람들이 예수님을 외모로 판단했기 때문입니다. 그의 외모가 어떠했습니까? 그분에게는 흠모할 만한 아름다운 것이 없었습니다. 초라한 모습이라는 것입니다. 예수님의 성화를 보면 예수님은 금발이나 갈색의 머리 이목구비가 뚜렷한 멋지고 건장한 남성으로, 매력적인 모습입니다. 이것은 화가들의 상상력입니다. 실제는 그렇지 않다는 것입니다.

성경은 뭐라고 말씀합니까. 그분은 아주 볼품없는 모습이었다고, 아주 초라해서 아름다운 것이 없었다고 합니다. 더군다나 출신 성분은 나사렛 시골이었습니다. 배운 것도 없고 초라한 제자들과 함께 다니는 초라한 모습이었습니다. 아무도 인류의 구원자라고 생각할 수 없는 모습이었습니다.

초라한 모습이었을 뿐만 아니라 그는 거기에다 엄청난 고난을 받았는데, 그 고난이 바로 3절입니다. 그는 버림받고 간고를 겪고 질고를 알고 사람들에게 버림을 받았다고 했습니다. 채찍에 맞고 멸시와 천대를 당했는데, 십자가라고 하는 것은 바로 멸시와 천대의 상징입니다.

죄인들을 벌하는 형벌이 십자가입니다. 당시에 가장 흉악한 죄인에게 십자가형을 내렸습니다. 그래서 십자가에 죽은 죄인은 장사를 치르지 않습니다. 왜 그렇습니까? 워낙 흉악범이기 때문에 그를 장사지내면 땅이 더러워진다는 것입니다. 그래서 땅에 닿지 않도록 십자가에 매달린 채 새들이 와서 다 뜯어 먹고 썩어서 문드러지도록 두는 것이 십자가형입니다.

그러므로 십자가라고 하는 것은 인간이 당할 수 있는 모든 고통을 종합해 놓은 것을 의미합니다. 여러분, 우리의 길 되신 예수님께서 초라한 모습으로 오셔서 우리를 위해 가장 고통스러운, 최고의 고통을 당하셨습니다. 이것이 누구 때문이냐는 것입니다(사 53:4-5). 누구 때문입니까?

바로 우리를 위해서 아니, 나를 위한 것이었습니다. '이 세상에 나 혼자만 있었어도 예수님이 오셨을까? 많은 사람을 위해서 오신 것이 아닐까? 나 혼자만 이 땅에 있었어도 예수님이 오셨을까?' 저는 그렇다는 것을 깨닫고 한없이 울었습니다. 예수님의 이 고난은 바로 나를 위한 것이었습니다.

그러면 이렇게 질문을 할 수 있습니다. "내가 무슨 죄를 지었나요?" 그 죄의 내용이 6절 이후입니다. 우리는 다 양 같아서 각기 제 길로 갔습니다. 하나님을 인정하지도 않고 하나님의 말씀대로 살지도 않고 자기 하고 싶은 대로 삽니다. 그 죄를 하나님은 그에게 담당시키셨습니다. 그것이 십자가라는 것입니다.

그렇다면 이것이 누구의 뜻이었습니까? 하나님 아버지의 뜻이었다는 것입니다. 죄인들의 죄를 해결하기 위해서 그 죄를 자기 아들 예수에게 담당시키신 것은 하나님의 뜻이었습니다. 구약성경에서 죄인의 죄를 사함 받기 위해서 짐승이 제물로 바쳐지듯이 모든 인간의 죄를 담당하기 위해서 하나님은 자기 아들에게 그 죄를 담당하게 했습니다.

그런데 이런 하나님의 뜻을 모르는 사람들은 예수님이 당하시는 그 고난을 보고 뭐라고 생각합니까? 본인이 죄인이니까 죽는 것이라고 생각을 했습니다. 그런데 그분은 정작 그 고통을 어떻게 감당하셨습니까? 7절과 8절입니다. 그분은 곤욕을 당하고 십자가를 질 때 잠잠했습니다. 하나님이 이것을 통하여 만민을 구원하시려는 것을 알았기에 잠잠했습니다. 그 고난의 결과가 뭡니까?

5절 하반절과 10절입니다. 하나님의 뜻이 성취되면 그 십자가를 통해 구원받는 영혼이 많아지겠다는 것입니다. 십자가의 열매가 엄청나겠다는 것입니다. 이것이 아버지의 계획이었고, 아들은 그 아버지의 뜻을 성취하기 위하여 묵묵히 잘 감당하셨습니다. 이것이 십자가의 사건에 대한 묘사입니다.

셋째, 내가 십자가를 믿고 받아들여야만 합니다.

예수님의 그 고난의 효과가 내 것이 되기 위해서는 어떻게 해야 합니까? 내가 십자가의 사건을 믿고 받아들여야만 한다는 것입니다. 내가 믿어야 한다는 것입니다. 여기서 나온 유명한 말이 있습니다. 인간은 태어날 때부터 자동으로 죄인이라는 것입니다. 그런데 우리가 어떻게 의인이 됩니까? 그 십자가 사건을 내 사건으로 받으면 선택하는 자에게 의인의 역사가 일어납니다.

십자가야말로 가장 잔인한 고통의 집약체이기 때문에 예수님 사건 이후에 십자가는 역사 속에서 사라집니다. 십자가형이 없어집니다. 그만큼 그 십자가의 고통은 잔인하고 처참한 형벌이었습니다. 예수님은 그런 형벌을 나를 위해 지셨다는 것입니다. 이것을 믿고 고백하고 인정하는 것이 그리스도인입니다.

여러분, 우리는 죄를 지으면 이 죄를 스스로 해결할 능력이 없습니다. 그리스도의 의를 힘입어야 합니다. 그래서 하나님은 우리의 죄악을 그에게 담당시키셨습니다. 그런데 여러분, 어떻게 내 죄를 그분에게로 옮길 수 있을까요? 그 방법이 뭡니까?

요한복음 3장에 니고데모가 나옵니다. 아주 훌륭한 인격자입니다. "어떻게 하면 영생을 얻을 수 있습니까?" 내 생활을 개선하고 노력해서 되는 것이 아니라 인생이 거듭나야 한다는 것입니다. 어떻게 다시 태어납니까? "모세가 광야에서 뱀을 든 것같이 인자도 들려야 하나니" 민수기 21장 사건을 말씀하십니다. 불뱀으로 다 죽어 갑니다. 그러자 구리로 뱀을 만들어 장대에 매달아 높이 들어 바라보게 합니다. 바라보는 순간에 그에게서 독이 빠져나가면서 치유를 받습니다. 마치 옛날 그 사건처럼 나도 이제 십자가에 죽을 텐데 죄를 용서 받기를 바라며 예수님을 바라보면 그 사람은 구원을 받는다는 것입니다.

사랑하는 성도 여러분, 오늘도 그 십자가가 우리 앞에 있습니다. 그러므로 누구든지 믿음으로 바라보면 구원을 얻습니다. 그런데 말도 안 된다고 무시합니다. 하나님의 구원 방법을 무시하고 귀담아 듣지 않습니다. 죄로 인하여 사망의 증상 속에서 죽어 가면서도 믿지를 않습니다. 그러나 저 십자가를 바라보십시오. 지금도 피를 뚝뚝 흘리시는 주님을 바라보십시오. 그 십자가 위의 예수가 우리의 구원주라고 믿음으로 바라볼 때, 나의 죄가 그분에게 전가된다고 믿는 사람은 그 즉시 구원이 이루어집니다. 십자가 위의 예수가 내 죄를 담당하셨다는 사죄의 은총이 예수님께 있다고 갈망하며 바라보는 자에게 십자가는 지금도 효험이 있습니다. 죄가 씻겨집니다. 거듭납니다. 하나님의 자녀가 됩니다. 오늘도 역사합니다.

하나님이 보실 때 의인은 어떤 사람입니까? 도덕적으로 완전한 사람이 의인이겠습니까? 아닙니다. 예수님의 피로 덮인 사람입니다. 그리스도의 십자가를 자기의 십자가로 받고 그 영혼에 십자가의 피를 뿌린 사람이 의로운 사람입니다. 그가 어떠한 죄를 지었을지라도 용서를 받고 하나님의 자녀가 되는 것입니다.

사도행전 8장을 보면 에디오피아 내시가 조국으로 돌아가면서 성경을 읽고 있습니다. 그런데 오늘 본문을 읽고 있었습니다. "우리의 죄와 허물을 친히 담당하신다는 이분이 누구냐?" 그때 빌립이 설명을 합니다. 이분이 바로 예수라고, 이 예수를 믿으면 인생의 근본 문제가 해결된다고 복음을 전하자, 내시는 바로 그 자리에서 예수님을 구주로 믿고 영접합니다. 그리고 세례를 받습니다. 내가 지금 제사를 지내고 돌아가면서도 내 영혼의 시원함이 없고 내 인생의 근본 문제가 해결되지 않아서 고민하고 있었는데 그분이 바로 예수님이라면 세례를 받겠다, 그래서 세례를 주게 됩니다. 그 후에 그는 기쁜 마음으로 자기 나라로 돌아갑니다.

이처럼 예수는 모든 인생을 본향으로 인도하는 길입니다(요 14:6). 예수의 십자가, 그 십자가는 우리 인생의 근본 문제를 해결하는 가장 위대한 사건임을 믿습니다. 그 속에 나를 향한 하나님의 사랑이 있고 저와 여러분의 미래가 있습니다.

이번 명절에도 믿지 않는 부모 형제들에게 꼭 이 복음을 전해드리길 축원합니다. 어떤 분이 아버지가 예수를 믿지 않았는데 임종을 맞이하게 되었습니다. 아버지가 유언을 합니다. 내가 죽으면 장례를 어떻게 치르라는 유언을 하십니다. 아들이 "알겠습니다. 아버지! 아버지 말씀대로 하겠습니다. 그런데 아버지, 아버지의 몸은 그렇게 모시면 되지만 아버지의 영혼은 어떻게 모시면 되겠습니까?" 하자 아버지 또한 천국을 가고 싶지만 내가 한 것이 없지 않느냐고 깊은 한숨을 쉬더라는 것입니다. 그래서 그 순간에 무슨 말을 해야 할지를 정말 몰랐는데 이사야 53장 6절 말씀이 생각이 나더라는 것입니다.

"아버지 사람은 모두 죄인입니다. 자기 멋대로 살면서 죄를 저질렀습니다. 죄를 짓지만 인간은 해결할 수가 없습니다. 그런데 하나님은 우리 죄를 예수님에게 담당하게 하셨습니다. 아버지의 죄를 후회한다고 없어지는 것이 아닙니다. 죄의 삯은 사망인데, 죄의 값을 지불해야 하는데 예수님이 대신 죄 값을 지불하셨습니다. 이것을 믿고 고백하면 아버지의 죄가 그분의 담당이 됩니다. 예수 믿으세요!"

그런데 아버지가 놀랍게도 그 말을 받으셨습니다. 아버지의 영혼을 그날 본향인 천국으로 인도하게 되었습니다. 지금까지 저는 신앙생활을 오래 했지만 이사야 53장 6절 말씀의 참된 뜻을 몰랐습니다. 그에게 우리의 죄악을 담당시키셨다는 말씀이 얼마나 위대한 복음인지 그때 알았습니다. 이 복음이 아버지를 본향으로 인도하는 길이 되었습니다.

여러분, 우리가 죄를 가지고 있지만 하나님은 우리의 죄악을 우리한테 처리하라고 하지 않습니다. 할 수 있는 능력도 없습니다. 그래서 그에게 담당시키셨습니다. 그래서 예수님께 담당시키셨습니다. 우리가 죽어서 하나님 앞에 갔을 때 하나님은 물으실 것입니다. "네가 여기 어떻게 왔느냐?" 여러분, 우리는 그때 뭐라고 대답해야 합니까? "저는 죄인입니다. 그럼에도 불구하고 예수님이 내 죄 때문에 죽으셨습니다. 하나님께서는 저의 죄를 그분에게 담당을 시키셨습니다. 저는 이것을 믿습니다." 이것이 구원입니다. 그러므로 십자가는 구원의 유일한 길이고 예수님은 본향 가는 길이 되십니다. 그러므로 예수님이 나를 위해 죽으신 십자가를 믿음으로 바라보고 사랑하고 붙들고 살아가길 축원합니다.

고난의 관점을 디자인하라
Design your perspective

십자가는 나의 것이다

첫째, 인간의 모든 불행은 죄 때문입니다(롬 3:23, 6:23).
둘째, 예수님은 일곱 가지로 우리를 위해 하신 일이 있습니다.
셋째, 내가 십자가를 믿고 받아들여야만 합니다.

고난과 위로 (욥 6:1-7)

Design your perspective

욥이 대답하여

이르되 나의 괴로움을 달아 보며 나의 파멸을 저울 위에 모두 놓을 수 있다면 바다의 모래보다도 무거울 것이라 그러므로 나의 말이 경솔하였구나 전능자의 화살이 내게 박히매 나의 영이 그 독을 마셨나니 하나님의 두려움이 나를 엄습하여 치는구나 들나귀가 풀이 있으면 어찌 울겠으며 소가 꼴이 있으면 어찌 울겠느냐 싱거운 것이 소금 없이 먹히겠느냐 닭의 알 흰자위가 맛이 있겠느냐 내 마음이 이런 것을 만지기도 싫어하나니 꺼리는 음식물 같이 여김이니라

여러분, 감사합니다. 여러분의 많은 기도와 위로 속에 제가 수술을 잘 마치고 살아 돌아왔습니다. 시술을 두 번 하고 복강경 수술을 앞두고 하나님 앞에서 많은 묵상을 했습니다. 저 자신을 비우고 또 비우고 텅 비웠습니다. 아무것도 남김없이 다 비웠습니다. 그런데 자꾸만 삶의 그리움이 찾아오는 것입니다. 이 그리움이 무엇일까? 가만히 직시해 보니 더 살고 싶은 삶에 대한 미련이었습니다.

내 삶의 주인 되신 하나님, 전능하신 하나님의 계획과 뜻도 모른 채 더 살고 싶어 하는 나 자신의 자아를 발견해 봅니다. 자꾸만 찾아오는 더 살고 싶다는 내 자아를 두 손으로 꽉 잡아서 주님께 온전히 드렸습니다.

"주님, 미안합니다. 내 생명이 내 것이 아니고 주님 당신 것인데, 미

안합니다." 더 살고 싶어 하는 내 목숨을 두 손으로 꼭 붙잡아서 주님께 온전히 드렸습니다. 그러자 부드러운 주님의 위로가 들려옵니다. "고맙다 아들아, 너는 내 사랑을 아는 자라 고맙다. 내가 너를 축복의 통로가 되게 하리라!" 이렇게 다시 여러분과 함께 예배를 드리게 되어서 너무 감사를 드립니다. 예배가 얼마나 그리운지요. 주의 궁정이 얼마나 그리운지요. 우리가 하나님께로 나가서 만남의 기쁨을 누리는 것이 예배입니다. 그러므로 예배 시간은 우리에게 가장 소중한 시간이요, 행복한 시간이요, 어떤 경우든지 대체할 수 없는 시간인 것을 알고 감격하는 마음으로 하나님께 예배를 드리시길 축원합니다.

　사랑하는 성도 여러분, 인류의 역사 속에서 사람들이 가장 많이 고민하면서 하는 질문이 있습니다. 그것이 무엇일까요? 여러분은 무엇이라고 생각하십니까? 인간에게는 왜 이렇게 고통이 많은가, 인간에게 고난이 존재하는 가장 큰 이유는 무엇인가 하는 것입니다. 여기에 대하여 사람들은 나름대로 대답을 모색했습니다. 대표적인 대답이 세 가지입니다.

　첫 번째는 원래 세상은 고해와 같다는 것입니다. 인생에 고통과 어려움이 있는 것은 당연합니다. 세상이 그러니 그런 줄 알고 살라는 체념적인 입장이 있습니다. 두 번째는 이성적인 사람들의 견해입니다. 우리 인간의 능력으로 얼마든지 고통과 고난을 극복할 수 있다는 것입니다. 지금은 능력이 다 개발되지 않아서 인간이 고통을 당하며 살지만, 인간이 좀 더 노력하고 개발하면 인간은 고난과 고통을 얼마든지 해결할 수 있다는 입장입니다. 세 번째는 종교적인 입장입니다. 신의 힘을 빌어 이 고난을 피해 가자는 것입니다. 여기서 반대로 생각하는 사람은 세상에 고통이 많은 이유가 하나님이 안 계셔서 그렇다고 생각을 합니다. 하나님이 계신다면 이런 고통과 고난을 없게 해야 한다고 공격하는 사람들도 있습니다.

그렇다면 사랑하는 성도 여러분, 성경은 뭐라고 말씀을 하십니까? 앞서 말한 이 세 가지 입장이 다 틀렸다는 것입니다. 그렇다면 이 세상에 고통과 고난이 있는 것을 성경은 무엇 때문이라고 말씀합니까?

첫째, 인간의 죄 때문이라는 것입니다.

"하나님의 진노가 불의로 진리를 막는 사람들의 모든 경건하지 않음과 불의에 대하여 하늘로부터 나타나나니"(롬 1:18).

인간의 고통이란, 우연의 산물이 아니라 성경은 하나님의 진노라고 말씀하십니다. 세상이 원래부터 고통스러웠던 것도 아니고 인간의 힘으로 고통을 해결할 수 있는 것도 아니며 하나님이 없기 때문도 아니라는 것입니다. 이 세상의 고통이 있는 이유는, 인간의 모든 고통의 원인은 하나님의 진노입니다. 그런데 하나님은 그냥 진노하시는 분이 아니십니다. 하나님께서는 진노하시는 이유가 있고 대상이 있다는 것입니다. 그렇다면 그것이 무엇입니까? 바로 인간의 죄 때문입니다.

사랑하는 성도 여러분, 성경은 인간의 죄를 두 가지로 압축합니다. 첫 번째 죄는 하나님과 우리 사이에 수직적인 죄로써 오늘 성경은 경건하지 않음이 죄라고 말씀합니다. 두 번째 죄는 인간과 인간 사이에 존재하는 수평적인 죄라고 말씀합니다. 이것을 오늘 성경은 불의라고 합니다.

그러므로 인간의 고난은 죄의 결과라는 것입니다. 인간의 모든 고통은 죄의 결과입니다. 이것이 성경이 말씀하시는 인간의 고통과 고난의 이유입니다(롬 6:23). 죄의 삯은 사망입니다. 지금 인간의 모든 고통과 고난은 죄의 삯인 죽음의 증상들이요 사망의 그림자들입니다.

선포합니다. "떠나갈지어다." 이것이 성경의 가르침입니다.

사랑하는 성도 여러분, 그런데 이 시대의 문제가 뭡니까? 사람들은 고통만 없애려고 시도를 합니다. 그러나 인생의 고난과 고통의 원인이 어디에 있는지를 알지 못합니다. 진단을 못합니다. 인간의 고통과 고난을 죄와 연결시키지 않는다는 것입니다. 그래서 많은 사람들이 죄를 지으면서도 행복하기를 바랍니다. 아무리 큰 고난이 닥쳐도 사람이 깨어지지 않습니다. 고통만 해결하려고 합니다.

사랑하는 성도 여러분, 그렇다면 인간이 겪는 이 고통을 해결할 수 있는 방법이 무엇일까요? 회개하고 돌아오라는 것입니다. 하나님께로 돌아오라는 것입니다. 오늘 이런 은혜가 있기를 축원합니다.

오늘 큰 고난 가운데 있는 욥의 탄식을 들으면서 세 친구는 이렇게 생각했습니다. '욥이 고난을 받는 것을 보니 죄 때문인데 왜 욥은 회개하지 않고 하나님의 대하여 불평을 하는가? 빨리 회개하고 돌아오면 하나님이 용서하고 회복시켜 주실 것인데, 왜 돌이켜 잘못을 회개하지 않고 저렇게 고집을 부리나.' 친구들은 나름대로 욥이 당하는 고난의 원인을 분석하고 해결책을 제시합니다. 그런데 이것이 욥의 마음을 더욱 괴롭게 합니다.

욥의 친구인 엘리바스의 잘못이 뭡니까? 고난은 죄의 결과라는 것이 맞습니까? 그의 잘못은 이 논리만 가지고 욥을 판단한 것입니다. 여러분, 고난은 죄의 결과라는 것이 맞습니다. 그런데 문제는 욥에게 잘못 적용을 했다는 것입니다.

죄 없이 당하는 고난도 있습니다. 하나님의 사랑 때문에 주시는 고난도 있다는 것입니다. 사람이 성장하기 위해 겪는 성장통이 있듯이 영적으로도 성장하기 위해 당하는 고난도 있습니다.

그런데 욥의 친구들은 모든 고난은 죄의 결과라는 단편적인 시각으로 자신의 잣대로 모든 고난을 해석했습니다. 그래서 고난 당하는 욥을 죄인이라 몰아붙입니다.

여러분, 고난은 죄 때문입니다. 그러나 죄 때문만은 아닙니다. 그러므로 고난을 당하는 사람을 함부로 정죄하면 안 됩니다. 그런가 하면 내가 고난을 당할 때 하나님이 나를 버렸다, 나는 끝났다고 낙심해서도 안 됩니다. 고난의 미래적 의미를 기억해야 합니다. 그렇다면 오늘 엘리바스에 대한 욥의 대답을 보겠습니다(욥 6:2-3).

욥의 괴로움을 저울에 달 수 있다면 바다의 모래보다도 더 무거울 것입니다. 여러분, 모래는 아주 작은 입자들입니다. 그런데 이 모래가 생각보다 무겁습니다. 깊은 바닷속에 가라앉은 모래는 더욱더 무겁습니다. 물 먹은 모래는 돌처럼 무거워집니다. 이게 무슨 말씀입니까? 남들이 볼 때 내가 당하는 고통은 아주 작고 시시해 보입니다. 그러나 나에게는 실제로 너무너무 무거워서 견디기 어렵다는 것입니다. 그렇기 때문에 어떻게 했습니까? 3절을 보면 "그러므로 나의 말이 경솔하였구나!"라고 합니다.

내가 너무 힘들다 보니까 '아이고 내가 왜 태어났을까, 빨리 죽었더라면 좋았을 것' 이렇게 말을 했었는데, 엘리바스의 말을 듣고 보니 '내가 경솔했구나!' 하며 욥이 자기의 실수였다고 인정을 합니다.

여러분, 한번 생각을 해보세요. 욥과 같이 엄청난 고난을 많이 당한 사람이 정말 힘들어 죽겠다고 못 살겠다고 불평한 것뿐입니다. 그런데 잘 생각해 보니 그것이 나의 실수였다는 것입니다. 이런 욥에 비하면 우리의 고난은 비교적 아주 작은 것입니다. 그런데도 우리는 하루에도 열두 번씩 입술로 사네, 죽네, 소리를 치면서 때로는 원망하면서 한숨을 쉽니다. 그것이 경솔하다는 것입니다. 하나님 없이 사는 사람들은 그럴 수 있어도 하나님 믿는 사람들은 말조심해야 합니다.

그렇다면 사랑하는 성도 여러분, 욥은 고난의 본질을 어떻게 이해하고 있습니까?

> "전능자의 화살이 내게 박히매 나의 영이 독을 마셨나니 하나님의 두려움이 나를 엄습하여 치는구나"(욥 6:4).

여러분, 여기서 가장 중요한 단어가 '전능자의 화살'이라는 말입니다. 이 말은 이스라엘 백성들에게 중요한 고난의 개념입니다.

이스라엘 백성들은 고난을 받을 때에 "마귀가 나를 괴롭힌다"라고 말하지 않습니다. 아무리 마귀가 날뛰어도 하나님이 허락하지 않는 한 일어나지 않는다는 것입니다. 그래서 그들은 고난을 하나님 앞에서 받는 것입니다.

고난을 하나님의 주시는 것으로 받아들입니다. 더 중요한 것은 전능자 하나님은 무능하기 때문에 나에게 고난을 주는 것이 아니라는 사실입니다. 지혜가 없어서도 아닙니다. 하나님은 전능하신 분입니다. 고난은 그 전능하신 하나님 손안에 있다는 것입니다. 그들은 고난을 하나님이 주시는 것으로 인정하며 삽니다. 사랑하는 성도 여러분, 그렇다면 고난을 당하는 자에게 가장 필요한 것이 무엇일까요? 여러분은 무엇이라고 생각을 하십니까?

둘째, 위로입니다.

여러분, 고난 받는 사람에게 가장 필요한 것은 위로입니다. 고난 앞에 모든 사람은 위로가 필요합니다. 인생은 꺾어진 갈대와 같기 때문입니다. 인생은 꺼져 가는 심지와 같기 때문입니다. 그러므로 오늘 본문 욥기 6장 5-6절을 보세요. 풀이 있으면 나귀는 울지 않습니다. 꼴만 많으면 소는 행복합니다. 먹을 것이 없으면 운다는 것입니다. 고난 앞에서 지금 내가 왜 울고 있느냐, 위로가 필요한데 위로가 없다는 것입니다.

그렇다면 욥에게는 위로 자체가 없는 것입니까? 아닙니다. 위로는 있습니다(욥 6:6-7). 싱거운 음식을 소금 없이 먹기가 쉬운가요? 안 먹히겠지요? 아무리 맛있는 음식이라도 싱거운 음식은 잘 안 넘어갑니다. 소금이 없으면 고역입니다. 그래서 나중에는 꺼리는 음식이 됩니다. 욥은 고백합니다. 친구들이 와서 나를 위로한다는 것입니다. 그런데 위로 자체는 있는데 그 위로를 내가 받아먹을 수가 없다는 것입니다. 여러분, 지금 욥이 무슨 말을 하고 있습니까?

친구들이 와서 말로는 위로를 하는데 내가 받아먹을 수 있는 위로가 아니라는 것입니다. 왜요? 왜 욥은 고난 앞에서 친구들의 위로를 받아먹을 수가 없다고 합니까? 여러분은 왜 그렇다고 생각하십니까? 위로를 자기 방식대로 하기 때문입니다. 그러므로 욥은 아무도 나를 위로할 자가 없다고 탄식을 합니다.

그러나 욥은 이 고통 속에서도 기뻐하는 게 있습니다. 그것이 무엇입니까?(욥 6:10) 고난 중에 뭐가 나의 위로가 된다는 것입니까? 하나님의 말씀을 거역하지 않고 내가 그 말씀을 붙들었던 것이 나에게 큰 위로를 준다는 것입니다. 여러분, 내가 잘못해서 벌을 받으면 할 수 없습니다. 누구를 원망하겠습니까? 그러나 내 잘못 없이 벌을 받으면, 사람들은 너무너무 억울해합니다.

그런데 믿음의 사람인 욥은 반대로 생각을 합니다. 어차피 내가 고난을 당하는데 내 죄 때문에 고난을 당하는 것보다 죄 없이 당하는 고난이 훨씬 더 위로가 된다는 것입니다. 여러분, 왜 그렇습니까? 내게 죄가 있어서 고난을 당하면 고난 당해 봤자 별 볼일 없습니다. 그러나 죄 없이 고난을 당하면 거기에는 반드시 하나님의 선한 뜻이 있습니다. 하나님이 그 고난을 통해 뭔가를 이룰 선한 뜻이기 때문입니다. 욥은 그것을 기대한다는 것입니다. 할렐루야! 그러므로 고난 가운데 하나님의 말씀이 진정한 위로가 되시길 축원합니다.

하나님의 말씀은 일점일획도 변하지 않습니다. 세상이 변하고 사람도 변하고 모든 만물이 변해도 하나님의 말씀은 절대로 변하지 않습니다.

"모든 육체는 풀과 같고 그 영광은 풀의 꽃과 같으니 풀은 마르고 꽃은 떨어지되 오직 주의 말씀은 세세토록 있도다"(벧전 1:24-25).

그러므로 고난 가운데서도 끝까지 말씀을 붙잡으시길 축원합니다. 여러분, 세상의 모든 것이 사라집니다. 그러나 저와 여러분이 말씀 붙들고 견디고 인내한 것, 말씀 붙들고 충성한 것은 영원히 변치 않는 줄 믿습니다. 그러므로 고난 가운데서도 말씀이 큰 위로가 되길 축원합니다. 사랑하는 성도 여러분, 그렇다면 인생의 고난 가운에 있는 사람들에게 우리는 어떻게 위로해 주어야 할까요?

셋째, 위로에는 세 가지 방법이 있습니다.

오늘 본문은 욥이 찾아온 친구들을 통해 고난 가운데 있는 사람을 어떻게 위로해 주어야 하는지를 세 가지로 말해 주고 있습니다.

첫 번째로 인생의 고난 중에 있는 사람의 말을 절대로 책잡거나 비난하지 말라는 것입니다. 고난 가운데 있는 사람을 판단하지 말고 동정을 해주라는 것입니다(욥 6:14). 무슨 말씀입니까? 여러분, 사람이 극심한 고난이 찾아오면 하나님을 저버릴 수 있습니다. 고통 중에 있는 사람은 마음을 다해서 하나님을 경외하기가 어렵다는 말입니다. 너무 힘들다 보니 한숨도 쉬고 넋두리도 합니다. 믿음 없는 소리를 할 수도 있습니다. 원망하기도 하고, 불평하기도 합니다. 너무 힘들다 보니 탄식도 합니다. 그럴 때 당신이 믿음의 사람이라면 동정을 해주라는 것입니다.

인생의 고난 가운데 있는 사람이 무슨 말을 해도 당신이 친구라면 비난하거나 책잡지 말라는 것입니다. "너희가 남의 말을 꾸짖을 생각을 하나"(26절)라는 말씀이 무슨 말입니까? 고난 중에 있는 사람이 말을 실수할 수 있습니다. 고통 가운데 있는 사람이 원망하고 불평할 수 있습니다. 몸이 너무너무 아프니, 그래서 별별 소리를 다 할 수 있습니다. 그런데 그런 사람의 말을 꾸짖을 생각을 하는데, 그러지 말라는 것입니다. 고난 중에 있는 사람이 뭐 그렇게 좋은 말을 하겠느냐, 얼마나 힘들면 저런 말을 할까, 책잡거나 꾸짖지 말고 동정을 해주라는 것입니다. 그래야 위로가 된다는 것입니다. 오늘 주님의 이름으로 고난 당하는 사람들에게 풍성한 위로가 있기를 축원합니다.

두 번째는 고통 가운데 있는 자에게 진정한 위로는 말로만 하지 말고 구체적으로 도와주라는 것입니다(욥 6:22-23). "어떻게 할까? 어떻게 할까?" 말만 하지 말고 구체적으로 도움을 주라는 것입니다. 지금 고통당하는 욥을 위하여 먹을 것을 주든지 쉴 수 있는 거처를 마련해 주든지 상처를 싸매 주든지 해야 하는데 욥의 친구들은 어떻게 합니까? 말만 합니다. "어떻게 할까? 돈은 얼마나 필요할까? 무엇을 해주어야 할까?" 말만 하고 앉았다는 것입니다. 그러나 성경은 뭐라고 말씀합니까? 고난 당하는 자에게는 절실히 필요한 것이 있는데 그것을 행동으로 옮기라는 것입니다. 그러므로 기뻐하는 자와 함께 기뻐하고 우는 자와 함께 우는 저와 여러분이 되길 축원합니다.

마지막 세 번째입니다. 고난 당한 사람이 목적이 되게 하라는 것입니다. 26절을 보면 고아를 제비 뽑으며 친구를 팔아넘긴다고 했습니다. 여러분, 고아가 여기 있습니다. "너 배고프지, 이리 오너라. 내가 밥 사 줄게" 불러서 밥을 사 먹이고 먹거리를 사 줍니다. 아이가 행복합니다. 아이가 안심을 합니다. 그러면 사람들을 불러 모으고 "이 아이를 종으로 팔 테니, 사 가시오" 그런다는 것입니다. 그래서 그 돈을 취한다는 것입니다. 겉으로는 이 아이를 도와주는 것 같은데 사실은 자기의 이익을 챙기는 것입니다. 그런 짓을 하지 마라는 것입니다.

여러분, 고난 당하는 사람을 돕는다고 하면서 자기 이익을 챙기는 사람이 되지 말라는 것입니다. 욥의 친구들은 지금 욥을 위로하러 왔습니다. 그런데 사실은 자기들이 하고 싶은 말만 다 합니다. 욥을 위하는 것 같은데 엄밀히 말해서는 자기의 의로움을 내세웁니다. 자기만족을 위해서 온 것 같습니다. '저 친구들은 칭찬을 들으러 온 것 같구나. 너희들이 나를 위로하기보다는 자기들의 의로움을 드러내러 왔구나! 말로는 나를 돕고 위로하는 척하지만 다 너희들 좋은 논리뿐이구나.' 그러니까 불쌍한 사람 이름을 팔아서 고난 가운데 있는 사람을 두고 자기 이득을 챙기면 안 된다는 것입니다.

사랑하는 성도 여러분, 그런데 세상에는 이런 일이 많습니다. 사람들이 덕을 베풀고 선한 일을 하지만 그것이 자기만족이라는 것입니다. 어려운 사람 자체를 위한 것이 아닙니다. '내가 이만하면 좋은 사람이지' 생각하지만 실상 가난한 사람을 도우면서 실제로 이익을 보는 사람이 자기 자신이라는 것입니다. 그러므로 너희들은 그런 짓을 하지 말라고 말씀합니다. 그것은 고난 당하는 자를 이용해 먹는 것이라는 것입니다.

그렇다면 사랑하는 성도 여러분, 우리가 고난을 당하는 자를 진정으로 위로하려면 어떻게 해야 합니까? 고난 가운데 있는 사람이 말을 좀 거칠게 하고 힘들게 하고 원망하고 불평해도 그를 동정하고, 비난하지 말고 받아 주시길 축원합니다. 사람이 고난을 당하면 웬만한 믿음이 아니고서는 원망하고 불평할 수 있습니다. 그럴 때 비난하지 말고 잘 받아 주시길 축원합니다. 둘째는 고난 가운데 있는 사람이 있다면 행동으로 도와주라는 것입니다. 말로만 하지 말고 행동으로 도와주라는 것입니다. 이런 은혜가 있기를 축원합니다. 셋째는 자신을 위해 지금 고난 당하는 사람을 절대로 이용하지 말라는 것입니다. 고난 당한 사람이 목적이 되어야 한다는 것입니다.

사랑하는 성도 여러분, 그렇다면 오늘 저와 여러분은 어떻습니까? 혹시 여러분 주변에 고난 당하는 사람이 있습니까? 그냥 지나치지 마십시오! 말이라도 따뜻하게 건네길 축원합니다. "얼마나 고생이 많으십니까?" 말이라도 따뜻하게 해주시길 축원합니다. 여러분, 인생은 다 똑같습니다. 지금 내가 고난을 당하지 않았다고 나는 언제까지나 고난이 없을 것 같지만 인생은 그렇지 않습니다. 믿음의 가족은 저 사람의 고난이 나의 고난인 것으로 여기며 사는 것이니, 이와 같이 살아가기를 축원합니다.

고난의 관점을 디자인하라
Design your perspective

고난과 위로

첫째, 인간의 죄 때문이라는 것입니다.
둘째, 위로입니다.
셋째, 위로에는 세 가지 방법이 있습니다.

고난과 두려움 (욥 7:11-21)

Design your perspective

그런즉 내가 내 입을 금하지 아니하고 내 영혼의 아픔 때문에 말하며 내 마음의 괴로움 때문에 불평하리이다 내가 바다니이까 바다 괴물이니이까 주께서 어찌하여 나를 지키시나이까 혹시 내가 말하기를 내 잠자리가 나를 위로하고 내 침상이 내 수심을 풀리라 할 때에 주께서 꿈으로 나를 놀라게 하시고 환상으로 나를 두렵게 하시나이다 이러므로 내 마음이 뼈를 깎는 고통을 겪느니 차라리 숨이 막히는 것과 죽는 것을 택하리이다 내가 생명을 싫어하고 영원히 살기를 원하지 아니하오니 나를 놓으소서 내 날은 헛 것이니이다 사람이 무엇이기에 주께서 그를 크게 만드사 그에게 마음을 두시고 아침마다 권징하시며 순간마다 단련하시나이까 주께서 내게서 눈을 돌이키지 아니하시며 내가 침을 삼킬 동안도 나를 놓지 아니하시기를 어느 때까지 하시리이까 사람을 감찰하시는 이여 내가 범죄하였던들 주께 무슨 해가 되오리이까 어찌하여 나를 당신의 과녁으로 삼으셔서 내게 무거운 짐이 되게 하셨나이까 주께서 어찌하여 내 허물을 사하여 주지 아니하시며 내 죄악을 제거하여 버리지 아니하시나이까 내가 이제 흙에 누우리니 주께서 나를 애써 찾으실지라도 내가 남아 있지 아니하리이다

성경의 수많은 인물 중에 가장 큰 시련과 고난에 부딪쳐서 절망한 자가 있었습니다. 그는 한때 동방에서 제일 잘사는 사람이었습니다. 아들이 7명이요 딸이 3명으로 10남매를 잘 키웠습니다. 그의 소유는 양이 7,000마리요, 약대가 3,000마리요, 소가 500겨리요, 암나귀가

500겨리요, 수많은 노비를 수하에 두고 당당하게 살았습니다.

그는 하나님의 자랑거리가 되었습니다. 하나님은 그만 생각하면 자랑하고 싶어서 입을 막아야만 했습니다. 왜 그렇습니까? 그는 그 많은 소유에도 불구하고 하나님을 경외하며 살았습니다. 순전하고 정직했습니다. 악에서 떠난 자였습니다. 이것은 하나님께서 친히 말씀하셨던 것입니다.

그런데 그런 그에게 어느 날 갑자기 인생의 고난이 불었습니다. 그가 가진 모든 소유가 하루아침에 날아가 버립니다. 삽시간에 집이 무너지고 10남매가 죽어 나갑니다. 도적떼들에게 짐승들을 빼앗겨 버렸습니다. 순식간에 빈손이 되었습니다. 설상가상으로 온몸에 악창이 생겼습니다. 그는 잿더미에 앉아서 기와 조각으로 상처를 긁으면서 고난을 견디고 있었습니다.

그러자 함께 믿고 살았던 아내마저 남편에게 폭언을 합니다. "하나님이 살아 계시면 이럴 수 있어요? 살아 계신다면 이런 일은 있을 수 없지요. 차라리 하나님을 저주하고 죽어 버리세요." 그런가 하면 고난 가운데 있는 욥을 위로하러 온 친구들조차 욥을 판단하고 정죄를 합니다. "욥아! 네가 이렇게 고통당하는 것은 너의 죄 때문이야. 그러니 회개하고 돌이켜라!" 친구들은 심판자가 되어서 잔인하게 욥을 몰아칩니다. 욥은 낙심하고 탄식은 했지만 끝까지 신앙을 저버리지 않았습니다.

욥은 고난 가운데서도 어떻게 고백을 합니까?

"주신 이도 여호와시요 거두신 이도 여호와시오니 여호와의 이름이 찬송을 받으실지니이다"(욥 1:21).

절대적인 하나님의 주권을 인정합니다. 사랑하는 성도 여러분, 위대한 신앙인이라고 해서 고난이 없는 것이 아닙니다. 위대한 믿음의 사람이라고 해서 인생의 고난의 바람이 없는 것은 아닙니다. 그렇다면 사랑하는 성도 여러분, 하나님을 잘 믿고 신앙생활을 잘 하는데 왜 인생의 고난이 찾아오고 불행이 찾아오고 시험과 환난의 바람이 불어옵니까? 인생의 고난은 신학적으로 세 가지 의미가 있습니다.

첫 번째, 인생의 고난은 죄로 인하여 찾아옵니다. 이것이 일반적인 해석입니다. 고난은 죄에 대한 하나님의 진노로, 모든 경건치 아니하는 자들에게와 불의한 자들에게 찾아옵니다.

두 번째, 인생의 고난은 하나님의 훈련이라는 의미가 있습니다. 학생들에게 시험은 반가운 일이 아닙니다. 시험을 좋아하지 않습니다. 그러나 시험을 통해서 객관적인 평가를 합니다. 고난도 마찬가지입니다. 성도의 신앙도 고난을 통해서 평가됩니다. 고난을 통해서 견고해집니다. 믿음이 성장합니다. 평소에는 다 신앙이 좋아 보입니다. 그러나 고난이라는 훈련을 통해서 믿음의 진위가 평가됩니다. 그러므로 고난을 잘 극복하시길 축원합니다.

세 번째, 인생의 고난은 선교적인 의미가 있습니다. 형통할 때 복음이 잘 전해질 것 같지만 그렇지 않습니다. 왜요? 모든 것이 잘될 때는 자아가 강해집니다. 그래서 부서지지 않습니다. 초대교회에 큰 핍박이 내려졌습니다. 이때 수많은 사람들이 핍박을 통해서 흩어졌습니다. 사마리아와 안디옥과 소아시아에 이르기까지 복음을 전파하게 됩니다.

우리의 믿음의 조상인 아브라함도 75세 부름을 받고 본토 친척 아버지 집을 떠납니다. 그런데 큰 환난과 고난이 기다리고 있었습니다. 아브라함이 약속의 땅인 가나안 땅에 들어가 보니 기근이 들어 마실 물조차 없었습니다. 먹을 양식이 없는 것입니다. 극심한 기근 앞에 짐승들은 죽어 나가고 종들이 떠나갑니다. 아브라함은 위대한 믿음의 사람입니다. 그럼에도 불구하고 낙심해서 애굽으로 내려갑니다. 애굽의 왕 바로가 사라의 아름다움을 보고 반해서 사라를 취하게 됩니다. 여러분, 얼마나 낙심이 되겠습니까?

하늘이 무너지는 아픔과 고난과 시련이 닥쳐왔습니다. 훗날에 하나님께서 거기에서 건져 주셨지만 위대한 믿음의 조상이라고 해서 인생의 시험과 환난을 안 당하는 것은 아닙니다. 그렇다면 인생의 환난과 시험이 주어질 때 하나님은 어디에 계십니까?

"여호와께서 홍수 때에 좌정하셨음이여 여호와께서 영원하도록 왕으로 좌정하시도다 여호와께서 자기 백성에게 힘을 주심이여 여호와께서 자기 백성들에게 평강의 복을 주시리로다"(시 29:10-11).

무슨 말씀입니까? 인생의 홍수가 나서 큰 시련과 파도가 치고 쓰나미가 일어나는 죽음과 같은 인생의 현장 속에 하나님은 어디에 계신다고 하십니까? 그 인생의 고난이나 홍수에 좌정하고 계신다는 것입니다. 인생의 고난 가운데 좌정하고 계신다는 것입니다. 인생의 풍랑 속에 좌정하고 계신다는 것입니다. 그러므로 여호와께서 자기 백성에게 힘을 주시고 평강을 주시고 복을 주십니다. 오늘 이런 은혜가 있기를 축원합니다.

그렇다면 인생의 큰 고난 가운데 환난 가운데 오늘 우리는 어떻게 해야 할까요?

첫째, 예배를 회복해야 합니다.

왜 그렇습니까? 인간은 영적인 존재이기 때문입니다. 인간의 참된 생명이 육신에 있지 아니하고 영에 있기 때문입니다. 그러므로 우리의 영은 예배를 통해서 하나님을 만나고 힘을 얻어야 합니다. 인간은 영적인 존재이기 때문에 하나님께 예배하는 시간은 다른 것으로 대체할 수가 없습니다. 우리는 예배를 통하여 하나님께 우리의 모든 것을 완전하게 맡기고 위탁하게 됩니다.

오늘 예배에 나오신 여러분 모두 모든 염려를 주님께 맡기시길 축원합니다. 자녀에 대한 염려, 사업에 대한 염려, 노후에 대한 염려, 물질에 대한 염려, 그리고 내가 소유한 모든 것도 예배를 통해서 완전히 맡기고 위탁하길 축원합니다. 하나님께 우리의 모든 것을 완전히 맡기면 여기서 오는 위로는 참으로 엄청난 축복입니다. 불안하고 두려웠던 사람이 예배와 함께 평안을 누리게 됩니다. 고난 가운데 있던 사람이 참된 위로를 얻게 됩니다. 평안을 누리게 됩니다. 오늘 이런 은혜가 있기를 축원합니다.

그런가 하면 우리는 예배를 드리면서 많은 고백을 합니다. 여러분, 우리가 예배를 드리면서 하나님께 하는 고백은 대단한 것들입니다. 코로나 이전에 우리 교회는 예배 가운데 선포가 있었습니다. 여기 저기서 주님을 향해 고백과 선포를 했습니다. "주님은 나의 소망입니다!" "아멘!" 그러면 주님은 우리의 이 고백을 들으시고 우리에게 소망을 부어 주셨습니다. 할렐루야!

"주님은 나의 기쁨입니다!" 주님은 우리의 이 고백을 통해 우리에게 즉시로 기쁨을 부어 주셨습니다. "주님은 나의 목자이십니다!" "주님은 나와 함께하십니다!" 고백하면, 요즘 코로나로 인하여 많은 분들이 두려움과 불안에 잡혀 있는데 두려움과 불안이 떠나갑니다. 이처럼 여러분들에게 진정한 평안이 있기를 축원합니다. 그러므로 예배는 모든 영역에서 우리를 회복시켜 줍니다. 그렇다면 인생의 뜻하지 않는 고난이 찾아올 때 어떻게 해야 합니까?

둘째, 기도에 전념해야 합니다.

인생의 고난이 닥쳤을 때 믿음의 사람들은 어떻게 해야 합니까? 만사 제쳐 놓고 우리는 기도해야 합니다. 오늘 고난 중에 있던 욥을 찾아온 친구들은 욥을 위로하는데 그 위로를 욥이 받아먹을 수가 없습니다. 고난을 단견적인 견해로 보고 무조건 죄 때문이라고 판단하며 정죄하는 친구들과 말이 안 통합니다.

그래서 욥이 어떻게 합니까?(욥 7:1-6) 욥이 독백을 합니다. '인생 참 힘이 드는구나! 산다는 것이 왜 이렇게 힘이 드는지 모르겠구나! 나의 생명은 이제 끝났다' 하며 살 소망을 내려놓습니다. 여러분, 욥의 고난은 그만큼 무거웠습니다. 인간의 눈으로는 도저히 회복할 수 없는 상황이었습니다. 도저히 회복의 길이 보이지 않습니다. 다 키운 열 자식이 이미 죽어 나갔습니다. 전 재산이 부서져 버렸습니다. 아내마저도 떠나 버렸습니다. 그런데 위로하겠다고 찾아온 친구들은 전혀 도움이 안 됩니다. 그들은 위로를 한다고 하는데 하나같이 받아먹을 수가 없습니다.

사랑하는 성도 여러분, 이토록 험한 고난 앞에 욥이 독백만 하는 것이 아니라 이제 어떻게 합니까? 하나님 앞에 기도하기 시작합니다. 고난이 찾아올 때 사람들은 대부분 대화를 합니다. 그런가 하면 독백도 해 봅니다. 하소연도 해 봅니다. 원망도 해 봅니다. 불평도 해 봅니다. 그러다가 믿음의 사람은 결국 어떻게 합니까? 하나님 앞에 기도를 합니다. 누구나 이런 순서대로 갑니다. 이것이 욥의 신앙입니다. 친구와 대화도 해 보고 말이 안 통하면 혼자 독백도 해 봅니다. 그러나 결국 무엇을 합니까? 모든 일을 제쳐 두고 기도를 시작합니다(욥 7:7).

"하나님, 내 생명이 한낱 바람과 같습니다. 한번 훅 불면 사라지는 연약한 존재입니다." 그런데 여러분, 욥은 이 엄청난 고난 앞에 죽고 싶다고 했는데, 진짜 막상 죽는다고 생각하니까 어떻습니까? 갑자기 죽음이 두려워졌습니다. 죽고 싶다는 말이 입에 붙어 있었는데 정말 이제 몇 시간 후에 죽는다 생각하니 두려워집니다. 내일이나 모레 내가 확실하게 죽어 하나님 앞에 가게 되었다고 진짜 죽음을 깊이 인정하는 순간에 갑자기 두려워집니다. 하나님 앞에 서야 하고 심판대 앞에 설 생각을 하니 어떻습니까? 갑자기 두려워졌습니다.

사랑하는 성도 여러분, 여러분은 이런 경험을 해 본 적이 있으십니까? 죽음이 눈앞에서 어른거릴 때, 오늘밤 내가 죽어서 하나님 앞에 선다는 생각을 해 본 적이 있으십니까? 그러면 모든 사람들에게 공통적으로 찾아오는 것이 두려움입니다. 그래서 11절에 영혼의 아픔이라는 말씀이 나옵니다. '영혼의 괴로움'이라고 표현을 합니다. 여러분, 죽고 싶을 때가 있지요? 그런데 지금 딱 이 순간에 내가 죽어서 하나님 앞에 가야 합니다. 그렇다면 우리에게 무엇이 생깁니까? 막상 지금 죽어서 하나님 앞에 내가 홀로 서야 한다고 생각하면 내 영혼의 두려움이 생겨납니다.

어떤 장로님이 계셨습니다. 그 장로님은 6·25 때 혼자 월남을 해서 고생하면서 자수성가를 했습니다. 늦게 결혼을 했는데 그럼에도 불구하고 자식을 여러 명 낳았습니다. '너무도 감사하고 행복해서 내가 오늘까지 산 것은 기적이야! 하나님의 은혜야. 그러므로 주님을 위해 일해야지. 죽도록 충성하고 살다가 하나님 품에 안겨야지.' 늘 이 생각이 장로님 마음속에 있었습니다. 그렇지만 자녀들이 커 가는 게 너무 사랑스럽고 좋아서 자녀들을 다 키우고 나서 하나님의 일을 하자고 마음을 먹었습니다. 그러다 자식들 공부를 다 시키고 나자 또 마음이 바뀌는 것입니다. '애들 결혼이나 좀 시키고 그다음부터 하나님의 일을 하자.' 그런데 애들이 다 결혼을 하자 또 마음이 바뀐 것입니다. '애들마다 집이라도 한 채씩 사 주고 하자.' 그런데 이제 거의 다 되었다고 생각했는데, 어느 날 몸이 이상해서 병원에 가 보니 암 말기라 두 달, 길어야 6개월밖에 못 산다는 진단을 받았습니다. 사망 선고를 받았다는 것입니다.

목사님이 안타까워서 병원에 심방을 가봤더니 그 장로님께서 목사님의 손을 잡고 울면서 "목사님! 저는 이제 어떡하면 좋지요? 하나님을 어떻게 뵙지요? 내가 받은 그 많은 축복 하나님이 주신 것이 너무도 많은데, 건강도 물질도 기회도 너무 너무 많았는데 계속 미루고 미루다가 여기까지 왔습니다. 이제는 하나님 앞에 서야 하는데 나는 이대로는 갈 수가 없습니다. 하나님께 죄송해서 갈 수가 없습니다. 그러니 목사님, 어떡하면 좋습니까? 목사님, 저에게 하나님을 위하여 봉사할 기회를 주십시오."

그래서 교회건축위원장을 시켰답니다. 그분은 내가 건축하다가 하나님 앞에 잘 죽으리라 결심을 하고 있는 힘을 다해 헌금을 하고 매일 공사 현장을 돌아보고 사람들을 격려하고 물건 하나라도 꼼꼼하게 살펴보고 너무 너무 행복하고 즐거운 마음으로 일을 했는데, 1년 반 교회를 짓는 동안에 생명이 유지가 되었답니다. 그리고 성전이 완공되어 입당하는 날, 이 장로님께서 너무 너무 감격을 해서 모든 성도님들 앞에서 이렇게 고백했다고 합니다. "하나님! 일할 기회 주셔서 너무도 감사합니다. 이제 저를 부르셔도 됩니다. 이제는 주님께 갈 수 있습니다." 이 고백을 듣고 정말 은혜스러운 입당 예배가 되었다고 합니다.

여러분, 내가 이제 하나님 앞에 선다고 뼈저리게 느끼는 순간 왜 우리 영혼에 두려움이 찾아올까요? 이 두려움은 무엇 때문에 찾아오는 것일까요? 이것은 구원을 받지 못해서가 아닙니다. 세상에 대한 미련이 많아서도 아닙니다. 하나님이 나를 세상에 보내셔서 사명을 맡기셨는데 그것을 마무리하지 못하고 가는 부담감 때문입니다. 내 생명이 많이 남았다고 생각할 때는 '차차 하지' 그렇게 생각을 합니다. 그런데 죽음의 순간이 다가오면 아무것도 하지 못했다는 것을 깨닫고 내 영혼이 고통을 느낀다는 것입니다. 사랑하는 성도 여러분, 오늘 여러분은 어떻습니까?

바로 욥의 고통이 계속 묘사가 됩니다(욥 7:12-14). '하나님, 왜 나를 주목하여 보고 나를 내버려두지 않는 것입니까?' 마치 작정이라도 하신 것처럼 눈을 떼지 않는다는 것입니다. 하나님께서 나를 주목하고 있다가 결정적인 순간에 작살을 쏘는 것 같다는 것입니다. 하나님이 나를 그렇게 주목하고 뚫어지게 바라보고 있는 것이 힘들다는 것입니다. 잠이라도 편하게 자면 얼마나 좋겠습니까. 그런데 고통스러워 잠도 못 잡니다. 그러다가 어떻게 잠이 들었는데 또 꿈자리가 사나워 놀라서 깬다는 것입니다. 왜 하나님은 이렇게 나를 괴롭히냐는 것입니다(욥 7:17-18). '하나님, 내가 뭐라고, 내가 대단한 사람도 아닌데 나를 내버려두세요. 왜 간섭을 하십니까? 나는 그럴 만한 사람이 못 됩니다.'

그런데 욥이 오해하는 것이 있습니다. 그는 작은 사람이 아닙니다. 하나님의 자녀이고 하나님이 그를 통하여 하실 일이 있는 존귀한 존재인 것입니다. 그래서 영혼의 두려움이 있는 것은 '너 하나님 만날 준비를 하라'는 것입니다. 하나님 앞에 서기 전에 맡겨 준 사명을 잘 감당하고 오라는 것입니다. 그러므로 주님 앞에 서기 전에 주님께서 주신 사명을 잘 감당하시길 축원합니다.

그렇다면 사랑하는 성도 여러분, 왜 사람은 심한 고난 가운데서 영혼의 괴로움을 경험하게 될까요?

셋째, 하나님 만날 준비를 안 합니다.

육신적으로 아무 문제가 없을 때에는 사람들이 어떻게 삽니까? 하나님 만날 준비를 안 합니다. 육신적으로 문제가 없을 때는 여기가 영원할 것이라고 생각하고 삽니다. 이 세상의 삶이 전부인 것처럼 생각하며 삽니다.

"우리가 여기에는 영구한 도성이 없으므로 장차 올 것을 찾나니"(히 13:14).

그런데 그냥 그렇게 살다가 인생이 끝나면 안 되지 않습니까? 그러기에는 우리 인생이 너무나 귀한 존재고 하나님 앞에 해야 할 일이 많은 존재인 것입니다.

그래서 하나님은 때때로 우리에게 죽음에 직면하는 순간을 주시는 것입니다. 영혼의 두려움을 주어서 우리를 새롭게 빚어 가는 줄 믿습니다. 인생의 큰 고난을 통해서 하나님 앞에 서는 날이 있음을 깨닫게 하고 그날을 준비하는 사람으로 살라는 것입니다. 그래서 지금까지 대충 사는 인생에서 벗어나 절대 후회하지 않는 인생을 살도록 새롭게 우리를 만드시는 줄 믿으시기 바랍니다.

이것이 바로 영혼의 두려움입니다. 그러므로 이 두려움은 저주가 아니고 하나님의 큰 축복입니다. 이 영혼의 두려움은 우리에게 소중한 경험이 되는 것입니다. 그래서 하나님 앞에 섰을 때 후회하지 않게 하는 두려움인 것입니다.

사랑하는 성도 여러분, 오늘 여러분에게 묻겠습니다. 하나님께서 오늘 밤에라도 나를 부르신다면 이대로 가셔도 되겠습니까? 이대로 하나님 앞에 서게 된다고 생각을 하면 많은 사람들이 두려워질 수 있습니다. 왜 우리 영혼에 이런 두려움이 생기는 것일까요? 여러분은 왜 그렇다고 생각을 하십니까?

하나님 앞에 설 준비를 하라는 것입니다. 하나님 앞에 서야 하는 그 순간이 있음을 인식하고 살라는 것입니다. 우리가 살다 보면 잊을 수도 있습니다. 현실이 바쁘다 보니 그럴 수도 있습니다. 그러나 순간순간 기억해야 합니다. 내가 하나님 앞에 서야 한다는 사실을 기억하셔야 합니다. 그러므로 거기에 합당한 사람으로 살아가길 축원합니다. 그렇게 자기를 깨우치게 하는 것입니다. 여러분, 이 문제가 해결되지 않은 사람들에게 영혼의 괴로움을 주어서 그날을 준비하게 만드시는 하나님의 은혜라는 것입니다.

욥은 좋은 사람입니다. 하나님께 인정받은 사람입니다. 그런데 다 잃고 나니까 영혼에 어떤 괴로움이 있습니까? '내가 이렇게 살지 않고 더 잘 살 수 있었는데' 그리고 이제 하나님 앞에 서야 한다고 생각하니까, 절박한 중에 그는 인생이 무엇인지 깨달았습니다. 어떻게 살아야 하는지를 깊이 깨닫게 됩니다.

사랑하는 성도 여러분, 오늘 여러분은 어떻습니까?

죽음과 같은 고난을 직면할 때 우리는 때때로 영혼의 두려움을 느끼게 됩니다. 저와 여러분이 하나님 앞에 홀로 서야 한다는 것을 기억하며 살기를 원합니다. 모든 인간은 하나님 앞에 홀로 서는 순간이 있다는 사실을 기억하며 사시길 축원합니다. 그렇다면 오늘 우리가 어떻게 살아야 합니까?

지난번에 수면 마취를 두 번 하고 전신마취를 한 번 할 때 이런 생각을 해 보았습니다. 제가 수술실에 들어가기 전에 다시 한번 이름를 확인하고 있는데 제 옆 자리에 수술하러 환자 한 분이 와서 앉으셨습니다. 그분은 한쪽 편마비가 되어서 담낭 제거 수술을 하러 오신 것입니다. 그분은 공무원으로 올해 5월 은퇴를 앞두고 갑자기 쓰러지셨다고 합니다. 많이 회복이 되셨지만 아직 편마비로 걷는 것이 부자연스러웠습니다. 그 상태에서 또 다시 담낭 제거 수술을 하러 오신 것입니다.

우리는 서로가 수술이 잘 될 것이라고 위로하면서 손을 마주치면서 파이팅을 외쳤습니다. 그리고 제가 먼저 수술실에 들어갔습니다. 여러분, 제가 수술실에 들어가면서 무슨 기도를 했을까요? 갑자기 만일 이것이 내 인생의 마지막이 될 수도 있다는 생각이 들었습니다. 그러면서 두 가지 생각이 들었습니다.

하나는 돌아갈 집이 있어서 좋았습니다. 받아 줄 아버지가 계신다는 것이 정말 위로가 되었습니다. 그런데 또 하나는 내가 이대로 하나님 앞에 서야 한다는 생각이 들자 영혼에 두려움이 생겼습니다. 제게 주어진 일을 다 하지 못했다는 생각이 들었습니다. 그렇게 하나님 앞에 서야 한다는 생각이 들자 갑자기 두려워지는 것입니다.

하지만 이제 와서 어떻게 합니까? 그동안 하나님 앞에서 좀 더 열심히 살지 못했던 것을 회개합니다. 좀 더 충성스럽게 살지 못했던 것을 회개합니다. 하루하루 최선을 다해서 살지 못했던 것이 미안합니다. 그리고 마지막 고백과 기도를 이렇게 드렸습니다. "주님, 내 영혼을 주님 손에 맡깁니다." 그리고 평안하게 깊은 잠이 들었습니다. 그리고 깨어 보니 수술이 끝난 것입니다.

사랑하는 성도 여러분, 부탁드립니다. 인생을 매 순간마다 감사하며 감격하며 사시길 축원합니다. 주어진 하루하루를 최선을 다해 살아가시길 축원합니다. 그리고 매일 밤, 잠자리에 들 때 이런 기도를 진지하게 고백해 보면 어떻겠습니까? 오늘 내 인생이 마지막인 것처럼 생각하면서 '하나님, 오늘 주님께서 허락하신 하루를 잘 살았습니다. 이 밤에 나의 영혼을 주님 손에 의탁합니다' 이렇게 말입니다.

고난의 관점을 디자인하라
Design your perspective

고난과 두려움

첫째, 예배를 회복해야 합니다.
둘째, 기도에 전념해야 합니다.
셋째, 하나님 만날 준비를 안 합니다.

관점을 디자인하라 1 DESIGN YOUR PERSPECTIVE

3장

감사의 관점을 디자인하라

은혜로 살아라(시 116:1-14)

주어진 인생을 누리며 살라(전 9:7-10)

섬기는 자가 되라(마 20:20-28)

현실에 순응하라(렘 29:1-11)

스데바나처럼(고전 16:15-24)

감사를 훈련하라(살전 5:18)

은혜로 살아라(시 116:1-14)
Design your perspective

여호와께서 내 음성과 내 간구를 들으시므로 내가 그를 사랑하는도다 그의 귀를 내게 기울이셨으므로 내가 평생에 기도하리로다 사망의 줄이 나를 두르고 스올의 고통이 내게 이르므로 내가 환난과 슬픔을 만났을 때에 내가 여호와의 이름으로 기도하기를 여호와여 주께 구하오니 내 영혼을 건지소서 하였도다 여호와는 은혜로우시며 의로우시며 우리 하나님은 긍휼이 많으시도다 여호와께서는 순진한 자를 지키시나니 내가 어려울 때에 나를 구원하셨도다 내 영혼아 네 평안함으로 돌아갈지어다 여호와께서 너를 후대하심이로다 주께서 내 영혼을 사망에서, 내 눈을 눈물에서, 내 발을 넘어짐에서 건지셨나이다 내가 생명이 있는 땅에서 여호와 앞에 행하리로다 내가 크게 고통을 당하였다고 말할 때에도 나는 믿었도다 내가 놀라서 이르기를 모든 사람이 거짓말쟁이라 하였도다 내게 주신 모든 은혜를 내가 여호와께 무엇으로 보답할까 내가 구원의 잔을 들고 여호와의 이름을 부르며 여호와의 모든 백성 앞에서 나는 나의 서원을 여호와께 갚으리로다

여러분, 도공은 흙으로 그릇을 만드는 사람입니다. 그래서 흙만 주어지면 원하는 그릇을 만들 수 있습니다. 사람의 모양도 만들 수 있습니다. 그런데 아무리 뛰어난 도공이라도 그릇을 만들 수 없는 경우가 있다고 합니다. 반죽해 놓은 흙이 메말랐거나 수분이 없을 때는 새로운 모양을 만들어 낼 수가 없다고 합니다. 그러나 반죽한 흙이

굳지 않고 수분이 있다면 그 흙은 도공의 손에 의해서 새로운 모습으로 변화되고 새로운 그릇으로 만들어집니다. 사랑하는 성도 여러분, 하나님은 토기장이입니다. 저와 여러분은 진흙입니다(롬 9:21).

토기장이신 하나님은 오늘 우리를 빚어 가십니다. 하나님은 어떤 인생이든 못 고칠 인생이 없습니다. 하나님은 오늘도 사람을 만들어 가십니다. 왜 그렇습니까? 하나님은 우리 영혼의 주인이시기 때문입니다. 그런데 언제까지 빚어 가십니까? 진흙 안에 수분이 있을 때까지입니다. 영적인 수분이 있을 때 하나님은 우리를 아름답게 빚으실 수 있습니다. 육신적으로 나이에 상관없이 영적인 수분이 있을 때 새롭게 빚어 갈 수 있습니다. 그렇다면 영적인 수분은 무엇을 의미합니까?

바로 하나님께서 은혜의 통로로 주신 기도와 찬양과 말씀과 성령의 감동입니다. 왜 하나님께 드리는 기도와 찬양과 말씀과 성령의 감동이 영적인 수분과 같습니까? 눈물의 기도는 우리의 영혼을 부드럽게 해줍니다. 뜨거운 찬양은 하나님의 임재를 경험하게 합니다. 하나님의 은혜는 우리의 영혼을 만족하게 합니다. 그런가 하면 불같은 말씀은 우리의 마음에 어둠을 몰아내고 우리의 영혼을 새롭게 해줍니다. 여러분, 우리의 영혼 속에 이런 하나님의 은혜가 있으면 우리의 영혼은 딱딱해지지 않습니다. 우리의 영혼이 메마르지 않습니다. 우리의 영혼이 파리해지지 않습니다.

사랑하는 성도 여러분! 그렇다면 오늘 저와 여러분은 어떻습니까? 코로나 때문에 영적인 수분이 메말라 버리진 않으셨는지요? 다시 영적인 수분을 한번 회복하길 축원합니다. 주어진 환경이 힘들수록 더욱더 하나님의 은혜가 풍성하길 축원합니다. 이 땅에 사는 성도는 늘 은혜로 살아야 합니다. 왜 그렇습니까?

인생은 배를 타고 항해하는 것과 같습니다. 그런데 암초에 걸려 버렸습니다. 진퇴양난에 빠져 버렸습니다. "하나님, 이 문제를 해결해 주세요. 이 암초를 제거해 주세요"라고 하면, "아니다. 아들아, 너의 은혜의 강물을 불리거라"라고 하십니다. 은혜의 강물을 불렸더니 일망무제합니다. 암초에서 배가 떠올라서 갑니다. 그러므로 은혜가 마르지 않기를 축원합니다. 하나님의 은혜의 도구인 기도와 말씀과 찬양과 성령의 감동을 잃어버리면 하나님께서 우리를 빚어 갈 수가 없습니다. 영적인 수분이 말라 버리면 딱딱해서 빚을 수가 없습니다. 하나님께서 우리가 요구하는 것, 우리가 원하고 바라는 것을 다 주신다고 할지라도 우리의 영적인 수분이 메마르면 영혼이 파리해집니다(시 106:15). 영혼이 파리해지면 하나님은 우리의 영혼을 빚어 가실 수가 없습니다. 그러므로 환경적으로 어렵고 힘들지라도 영혼이 메마르지 않기를 축원합니다.

요즘 실버 세대를 위한 프로그램이 많이 생겼습니다. 그런데 요즘 노인 문제가 심각하다고 합니다. 사실은 노인 문제만 심각한 것은 아닙니다. 청소년 문제, 경제 문제, 사업 문제, 아이들 문제 다 심각하지만, 왜 하필이면 노인 문제가 심각하다고 합니까? 노인은 교육이 안 된다고 합니다. 수분이 말라서 쉽게 고쳐지지 않는 세대라고 합니다.

그러나 성경에 나오는 우리 믿음의 조상들은 그렇지 않았습니다. 성경에 나오는 노인들은 죽기 직전까지 성장해 갔습니다. 하나님께서 죽기 직전까지 빚어 가셨습니다. 모세는 80세 부름을 받습니다. 그러므로 믿음의 사람들은 죽기 직전에 최고로 성숙했습니다. 하나님과 깊이 사귀었습니다. 그래서 하나님이 빚으시기에 가장 좋은 상태였습니다. 이처럼 은혜로 사시길 축원합니다.

오늘 본문은 하나님 앞에 큰 은혜를 받은 다윗이 하나님의 은혜에 감사한 내용의 시입니다. 다윗이 무엇에 대해서 감사합니까?

"여호와께서 내 음성과 내 간구를 들으시므로 내가 그를 사랑하는도 다"(시 116:1).

하나님이 다윗의 기도를 들어주셨다는 것입니다. 그렇다면 다윗이 어떤 상황에서 어떤 기도를 했을까요? 3절을 보면 "사망의 줄이 나를 두르고 스올의 고통이 내게 이르므로 내가 환난과 슬픔을 만났을 때에"라고 나오는데, '사망의 줄이 나를 두르고' 이게 무슨 말씀입니까? 육신적으로 죽음이 닥쳐왔다는 것입니다.

죽음의 영이 내게 엄습해 오고 지옥의 고통이 나를 눌렀습니다. 여러분, 이런 절박한 상황 속에서 다윗은 무엇을 발견합니까? 인생의 참된 가치를 발견합니다. 그래서 다윗이 기도를 합니다. 그런데 다윗의 기도가 어떻습니까?(4절) 여러분, 다윗이 죽음 앞에서 발견한 인생의 참된 가치가 뭡니까? 육체가 죽는 것보다 다윗에게 더 무섭고 괴로운 것이 있었습니다. 그것이 무엇이었습니까?

바로 영혼의 두려움입니다. 지금 다윗이 죽을 수밖에 없는 상황입니다. 더 이상 살 수 없는 절박한 상황입니다. 그런 상황 속에서 다윗이 무엇을 발견합니까? 인생의 참된 가치를 발견합니다. 영혼의 참된 가치를 발견합니다. 영원한 하나님 앞에서 인생의 참된 가치를 발견합니다. 그것이 무엇입니까? 다윗에게는 이 세상의 영화와 부귀가 아닙니다. 이 세상의 육신의 권세도 아닙니다. 이 세상의 공명도 아닙니다. 바로 인간의 참된 가치는 바로 나 자신의 영혼인 것을 발견합니다.

다윗이 죽음 앞에서, 그동안 그가 누렸던 세상의 모든 부귀와 영화, 왕으로서 성공과 업적들과 자신의 소유와 명예와 부와 그가 가진 모든 것들이 하나님의 선물인 것을 알게 됩니다. 이런 것들이 죽음 앞에서 아무런 힘과 도움이 안 되는 것을 압니다. 사망의 줄이 나를 두르고 스올의 고통이 내게 이를 때, 인간적인 소망이 완전히 끊어졌을 때, 살 수 있는 소망이 완전히 끊어졌을 때 그가 바랄 수 있는 마지막 한 가지 소망이 있었습니다. 그것이 뭡니까?

다윗에게는 더 오래 사는 것이 아니었습니다. 내 영혼의 주인 되신 하나님 앞에 참된 가치인 내 영혼이 어떻게 설 수 있느냐, 이것이었습니다. 여러분, 믿음의 사람 다윗이 지금 죽음의 문턱까지 간 것입니다. 그래서 다윗이 어떻게 기도를 합니까? 단 한마디입니다. "하나님! 내 영혼을 건져 주세요." 주님 앞에 내 영혼이 두려움 없이 설 수 있도록 내 영혼을 건져 달라고 기도합니다.

사랑하는 성도 여러분, 그렇다면 여러분은 이런 기도를 해 본 적이 있습니까? '하나님, 저 살 만큼 충분히 살았습니다. 이제 부르셔도 좋습니다. 다만 원하는 한 가지가 있는데 하나님, 제 영혼이 주님 앞에 두려움 없이 서게 하옵소서.' 여러분, 이것이 다윗의 기도였습니다. 이런 절박한 기도 없이 그냥 하루하루 어제의 연속으로 살아간다면 언제나 우리는 육체에 붙들리고 자존심에 붙들려서 살아갈 수밖에 없습니다. 죄에 붙들려서 살아갑니다. 어둠에 붙들려서 살아갑니다. 그런데 오늘 다윗은 어떻습니까? 정말 절박한 순간에 더 이상 생명의 길이를 생각하지 않고 마지막 하나님 앞에 내 영혼이 바로 서기만을 기도했습니다. 그런데 하나님께서 어떻게 응답하셨습니까?

하나님이 무엇을 주셨습니까? 영혼에 평안을 주셨습니다(시 116:7). '내가 너의 기도를 들었다. 내가 너를 사랑한다. 너는 내 앞에서 존귀한 사람이다.' 이런 음성을 들었습니다. 그렇다면 이제는 더 이상 바랄 것이 없습니다. 그런데 8절을 보겠습니다. 영혼을 구원해 주셨을 뿐만 아니라 내 생명의 건강도 해결해 주시고, 눈물에서 나를 구원해 주시고, 넘어짐에서 건져 주셨습니다. 무슨 말씀입니까? 하나님께서 내 삶의 모든 문제를 해결해 주셨다는 것입니다.

그렇다면 여러분, 다윗을 그 상태에서 데려가셔도 아무런 문제가 없고 그것만도 은혜인데 하나님은 왜 다윗을 다시 살리고 그를 회복시켜 주셨을까요?

"내가 생명이 있는 땅에서 여호와 앞에 행하리로다"(시 116:9).

이제부터는 정말로 나를 위한 인생이 아니라 하나님을 위한 인생으로 더 의미 있게 살겠다는 것입니다. 여러분, 다윗이 그동안 어떻게 살았습니까? 하나님 앞에 살았던 자입니다. 하나님의 은혜로 살아가는 존재임을 알았습니다. 다윗은 하나님께서 나를 왜 부르셨고 내가 이 땅에서 무엇을 해야 하는지를 잘 알았던 사람이었습니다. 그런데 다윗은 이 일을 통해서 다시 한번 확실하게 하나님 앞에 헌신을 다짐합니다.

여러분, 다윗이 그렇게 깨달으면서 그가 발견한 것이 있습니다(11절). 왜 이런 말이 나왔습니까? 다윗이 정말로 죽게 되었을 때, 사람들의 반응을 관찰해 보니 거짓되더라는 것입니다. 자기 몸으로 난 자식도 아버지가 이제는 죽는다고 했을 때 자식들의 반응이 각각이더라는 것입니다. 다윗의 죽음 앞에서 자식들은 유산에 관심이 있고 왕권에만 관심이 있을 뿐 정말 다윗이 살고 죽는 것에는 관심이 없더라는 것입니다. 충성스러운 신하들도 마찬가지더라는 것입니다. 그들이 다윗 왕 앞에서는 외칩니다. "왕이여 만세 수 하옵소서!" 충성을 맹세하는 것 같았지만 왕이 쓰러져 일어날 수 없다고 했을 때 충신들은 자신의 이익이 어디로 갈 것인가에만 몰두하더라는 것입니다.

그래서 다윗이 생각을 합니다. '인간이 어떤 존재인가?' 보니 모두 다 거짓말쟁이라는 것입니다. 왜 다윗이 이렇게 고백을 합니까? 그는 지금까지 자녀를 믿었습니다. 그는 지금까지 충성스런 신하들을 믿었습니다. 그러나 이 절박한 순간을 경험하면서 다윗은 인생의 본질을 알게 되었습니다. '인간이란 이런 존재로구나! 정말로 나를 끝까지 사랑하고 정말로 내게 끝까지 은혜를 베풀고 나를 떠나지 않고 나와 함께할 분은 오직 하나님 한 분뿐이로구나!' 이것을 다윗이 죽음과 같은 고난 속에서 알게 됩니다. 그런가 하면 다윗은 또 무엇을 발견합니까?

하나님은 성도의 죽음을 귀중하게 여기신다는 것입니다(시 116:15). 여러분, 하나님을 소망 삼고 사는 이 땅의 성도들에게 가장 위로가 되는 말씀입니다. 하나님께서 성도의 죽음을 귀중하게 여기십니다. 왜 그렇습니까? 성도는 평생 동안 하나님의 영광을 위해 사는 자들입니다. 성도는 평생을 하나님을 기쁘시게 하며 사는 자들입니다.

성도는 이 땅에서 평생을 하나님의 주신 사명과 소명을 이루기 위해 살았던 사람들입니다. 다윗은 이에 대해 확실하게 깨달은 것입니다. 그러므로 죽음 앞에서 다시 한 번 하나님의 깊은 은혜를 경험하고 은혜를 회복한 다윗은 이제 어떤 결심을 합니까? 하나님 앞에 다음과 같이 결심을 합니다.

첫째, 예배하겠다고 합니다(시 116:12-13).

여러분, 다윗은 죽음 앞에서 예배의 진정한 가치를 발견합니다. 그래서 다윗의 첫 번째 고백이 뭡니까? 하나님께 예배하겠다고 고백을 합니다. 여러분, 다윗만큼 예배를 소중하게 여겼던 왕도 없습니다. 그는 찬양을 할 때도 전심으로 합니다. 하나님 앞에 값지게 예배를 드립니다. 여러분, 왜 다윗이 예배를 그렇게 값지게 드렸을까요? 예배를 통해서 하나님의 엄청난 영광을 경험할 수 있기 때문입니다. 예배를 통해서 하나님의 은혜를 경험합니다. 예배를 통해서 인생의 문제를 해결 받습니다.

여러분, 다윗만 그러는 것이 아닙니다. 오늘 하나님께서는 공식적인 예배를 통해서 당신의 자녀들과 만나려고 모든 준비를 하고 은혜를 예비하고 계십니다. 그래서 수많은 사람들이 예배를 통해서 하나님을 만나고 인생이 변화됩니다. 이런 영적인 변화를 경험하면 인생의 뒤집어집니다. 꿈같은 일들이 일어납니다. 그러므로 인생이 변화될 수 있는 방법은 하나님을 만나는 예배뿐입니다. 은혜로 사는 사람들은 예배에 집중합니다. 예배에 집중하는 것은 내가 하는 것입니다.

사탄은 이런 예배의 위력을 알기 때문에 늘 예배를 방해합니다. 어떻게 방해를 합니까? 나로 하여금 딴 생각을 하게 만듭니다. 예배에 집중하지 못하게 합니다. 생각이 꼬리를 물고 자꾸 일어나게 하는데, 이것은 내 생각이 아니라 바로 나의 예배를 방해하는 사탄의 속임수입니다. 끌려가면 안 됩니다. 끊어 버리길 축원합니다. 선포하십시오. 예배를 방해하는 모든 요소를 굴복시키길 축원합니다. 그리고 하나님께 집중하십시오. 그럴 때 예배의 돌파가 일어납니다. 여러분, 예배는 내 영혼이 하나님께로 올라가서 그 은혜의 보좌 앞에 서는 것입니다. 이것이 하나님의 백성들에게 주신 은혜요 특권입니다.

그런가 하면 예수의 이름이 선포되는 곳마다 하늘 문이 열립니다. 예수의 이름이 선포되는 곳마다 어둠이 떠나갑니다. 저주가 떠나갑니다. 죽음이 떠나갑니다. 그래서 사탄이 예배를 방해하는 것입니다. 다른 생각을 넣어 주고, 굽어진 생각에 잡혀 있게 하고, 어두운 생각이 늘 떠나지 않게 하고, 남을 미워하거나 섭섭하게 여기거나 정죄하거나 판단하거나 하게 합니다. 늘 이런 생각에 잡혀서 하나님의 은혜를 제대로 받지 못하게 합니다. 잡생각이 자꾸 나면 선포하십시오. 성령의 생각이 아닌 산만한 생각이 자꾸 나면 여러분 스스로 내쫓으시길 축원합니다.

찬양에 여러분의 몸을 담고 기도에 여러분의 혼신을 다해서 예배를 드리길 축원합니다. 예배가 무능한 것이 아닙니다. 우리가 미련해서 마음을 드리지 못하는 것입니다. 우리는 예배를 드릴 때 내 생각과 내 문제 안에서 하나님을 바라봅니다. 그래서 내가 원하는 대로 되면 하나님이 응답하시는 것이고 그렇게 안 되면 하나님이 나를 외면하는 것이라고 착각합니다. 세상 복잡한 생각들을 다 내려놓고 오직 하나님만 바라보고 말씀 앞에 푹 잠기길 축원합니다. 이런 자에게 하늘 문이 열립니다. 그러므로 예배를 잘 드리길 축원합니다.

그런가 하면 죽음에서 참된 가치를 발견한 다윗은 하나님 앞에 무엇을 결단합니까?

둘째, 서원한 것을 갚겠다고 합니다.

서원한 것을 말로만 끝내는 것이 아니라 행동으로 보여주겠다고 합니다(시 116:14). 무슨 말씀입니까? 왜 서원을 갚겠다고 합니까? 여러분, 서원하게 된 동기가 있었을 것입니다. 인생의 결정적인 문제 앞에서 내 힘으로는 안 될 어떤 사건 앞에서 많은 사람들이 서원을 합니다. 고난 중에서 약속하지 않는 사람이 어디 있겠습니까? '하나님, 이번 한 번만 해결해 주시면 제가 이렇게 하겠습니다.' 다 약속을 합니다. 때로는 서원을 합니다.

그런데 사람들은 형편이 나아지고 고난이 지나가며 약속한 것을 잊어버립니다. 서원한 것을 잊어버립니다. 여러분, 우리가 왜 고난 중에 약속을 하는 줄 아십니까? 고난 중에 기도하다 보면 인생을 어떻게 살아야 한다는 것을 깨닫게 됩니다. 그래서 그때 마땅히 해야 할 일을 약속합니다. 그러므로 약속을 지키는 자가 되길 축원합니다.

그러므로 오늘 다윗은 고백합니다. "이제 내가 고난 중 약속했고 하나님이 나를 건져 주셨으니 하나님 앞에 서원한 것을 행동으로 지키겠습니다." 이것이 하나님의 은혜로 사는 자들입니다.

고난의 관점을 디자인하라
Design your perspective

은혜로 살아라

첫째, 예배하겠다고 합니다(시 116:12-13).
둘째, 서원한 것을 갚겠다고 합니다.

주어진 인생을 누리며 살라(전 9:7-10)
Design your perspective

너는 가서 기쁨으로 네 음식물을 먹고 즐거운 마음으로 네 포도주를 마실지어다 이는 하나님이 네가 하는 일들을 벌써 기쁘게 받으셨음이니라 네 의복을 항상 희게 하며 네 머리에 향기름을 그치지 아니하도록 할지니라 네 헛된 평생의 모든 날 곧 하나님이 해 아래에서 네게 주신 모든 헛된 날에 네가 사랑하는 아내와 함께 즐겁게 살지어다 그것이 네가 평생에 해 아래에서 수고하고 얻은 네 몫이니라 네 손이 일을 얻는 대로 힘을 다하여 할지어다 네가 장차 들어갈 스올에는 일도 없고 계획도 없고 지식도 없고 지혜도 없음이니라

여러분, 고향에 잘 다녀오셨습니까? 부모님들을 요양병원에 모신 분들도 있으실 것입니다. 요양병원에도 신분이 있다고 합니다. 그런데 사람을 판단하는 기준과 계급이 다르다고 합니다.

요양병원에서 최상류층은, 그 사람이 왕년에 권세가 있던 돈이 많은 부자였건 아무런 상관이 없다고 합니다. 누구나 똑같이 요양병원에서 주는 환자복을 입고 생활을 하는데 자녀들이나 친구들에게 안부 전화가 자주 걸려 오고 간식이나 필요한 용품들을 자주 넣어 주는 사람이 가장 인기 있는 '최상류층'이며 부러움의 대상이라고 합니다. 어떤 할머니는 지난날에 교장 선생이었고 아들도 고위 공무원이라는데, 전화도 거의 안 옵니다. 그래서인지 같은 병실에 있는 사람들이 자식들로부터 받은 과일이나 간식을 나눠 주면 할머니는 너무 감사하다면

서도 민망한 표정을 짓는다고 합니다. 결국 노후의 행복을 결정짓는 것도 바로 '관계'입니다. 관계가 좋은 사람은 노후도 행복합니다. 오늘 이런 은혜가 있기를 축원합니다.

오늘 본문은 이런 인생의 무상함을 말하며 해 아래서 수고하는 모든 것이 헛되고 헛되며 헛되고 헛되다고 선포하는 전도서입니다. 그럼에도 불구하고 우리의 삶이 얼마나 소중한가를 오늘 본문을 통해 우리에게 말씀하고 있습니다. 해 아래서 수고하는 모든 것이 헛된 인생임에도 불구하고 우리가 인생을 어떻게 사는 것이 잘 사는 길일까요? 정말 한 번뿐인 인생을 어떻게 사는 것이 잘 사는 길일까요?

첫째, 하나님께서 주신 음식을 기쁘게 먹고 마시는 것입니다.

"이는 하나님이 네가 하는 일들을 벌써 기쁘게 받으셨음이니라"(전 9:7).

여러분, 우리 인생을 어떻게 사는 것이 잘 사는 비결입니까? 음식을 먹을 때 기쁨으로 먹은 것입니다. 하나님께서 주신 음식을 기쁨으로 먹는 것 자체가 하나님께 영광을 돌리는 것입니다. 복음은 기쁨입니다. 복음을 가진 자는 음식을 먹을 때도 기쁨으로 먹어야 합니다.

"항상 기뻐하라"(살전 5:16).

항상 기뻐하시길 축원합니다. 여러분, 인간의 기쁨과 하나님의 기쁨이 어떻게 만나고 있습니까? 인간의 기쁨과 하나님의 기쁨이 어떻게 교차가 됩니까? 우리가 일하고 수고하고 그리고 음식을 기쁨으로 먹을 때 하나님께서도 이런 우리의 모습을 흐뭇하게 보면서 기쁘게 받으신다는 것입니다. 그러므로 인생을 잘 사는 비결은 하나님께서 주신 음식을 기쁨으로 먹고 마시는 것이니, 그렇게 하길 축원합니다.

여러분, 우리 인생에 수많은 기쁨이 있지만 먹고 마시는 기쁨처럼 기분 좋은 일이 어디에 있겠습니까? 이번 명절에 어떤 음식이 가장 맛이 있었습니까? 그 맛있는 음식을 먹을 때 어떠셨습니까? 행복하셨을 것입니다. 저는 제가 좋아하는 라떼 한 잔을 마시면서도 '아, 행복하구나! 하나님께서 한 잔의 커피도 기쁘고 즐겁게 마실 수 있도록 이런 음료와 시간을 내게 주셨구나!' 하며 너무 행복한 것입니다. 감사함이 솟아납니다.

그런가 하면 이번 명절에 올라온 밥상을 두고 감사를 올립니다. 음식을 주신 하나님께 감사하고 공궤한 손길에 감사하고 먹거리가 여기까지 오게 해준 많은 사람들의 수고에 감사를 합니다. 또 직접 요리하고 수고한 사람들의 정성에도 감사를 드립니다. 이것이 먹고 마시는 축복입니다.

그래서 우리는 음식을 즐겁게 먹어야 합니다. 기쁨으로 먹어야 합니다. 여러분, 예수님께서도 음식을 어떻게 드셨습니까? 예수님께서도 음식을 맛있게 잘 잡수셨던 것을 봅니다. 먹고 마시는 것이 곧 하나님의 선물인 것을 예수님께서 사람들에게 친히 보여 주셨습니다. 예수님은 5천 명이나 되는 사람들 앞에서 먹고 마시는 것을 허락하면서 하나님의 은혜를 친히 보여 주셨습니다.

그렇다면 오늘 저와 여러분은 어떻습니까? 우리에게 주신 음식을 기쁘고 즐겁게 먹은 것을 하나님이 받으신다고 말씀하십니다. 바로 우리가 음식을 기쁘고 즐겁게 먹는 것만으로도 하나님의 기쁨에 동참하는 것입니다. 그러므로 다시 한번 모든 음식을 감사로 먹고 마시면서 하나님의 기쁨에 동참하길 축원합니다.

그렇다면 왜 주님은 우리에게 음식을 기쁘고 즐겁게 먹을 것에 대해 말씀하십니까? 지금도 먹지 못하는 사람들이 있기 때문입니다. 지금도 소화 장애가 있어서 못 먹는 사람들이 있습니다. 지금도 음식이 없어서 먹고 싶어도 못 먹는 사람들이 있습니다. 지금도 질병 때문에 음식을 못 먹는 사람들이 우리 주변에 많이 있습니다. 여러분, 우리의 위장도 스트레스를 받거나 경련이 일어나거나 마비가 오면 음식을 먹을 수가 없게 됩니다. 그러므로 내가 먹을 수 있고 마실 수 있는 것이 얼마나 축복입니까? 그러므로 기쁨으로 드시길 축원합니다. 감사함으로 드시길 축원합니다.

최근 통계에 의하면 1인 사는 가구가 511만 가구가 넘었다고 합니다. 대한민국 전체 가구수 중에 27%가 1인 가구, 단독 가구입니다. 그러니까 4명 중에 1명은 혼자 사는 것입니다. 무슨 뜻입니까? 어디가 아프면 혼자 아파하고 혼자 힘들어 한다는 것입니다. 밥을 먹을 때 혼자서 먹는다는 것입니다. 이제 혼자서 모든 것을 처리한다는 것입니다.

최근에는 독거노인들의 고독사가 늘어나고 있습니다. 이 시대가 혼자서 그 모든 어려움을 고통을 당하고 있는가를 생각하면 사랑하는 사람과 함께 식사를 하는 것이 얼마나 큰 축복인지를 감사하지 않을 수 없습니다. 하나님께서 그런 우리를 보시고 마냥 기뻐하십니다. 왜 그렇습니까?

우리의 몸은 하나님께서 우리에게 주신 소중한 선물이기 때문입니다. 그런데 여러분, 밥을 먹을 때 한 가지 원칙이 있습니다. 많이 먹는 것보다 더 중요한 것은 맛있게 먹는 것입니다. 맛있게 먹는 것보다 더 중요한 것은 즐겁게 먹는 것입니다. 그러므로 먹고 마실 때 기쁘고 즐겁게 드시길 축원합니다.

둘째, 자신을 아름답게 가꾸십시오.

사람은 자신을 아름답게 꾸밀 줄 알아야 합니다. 왜 그렇습니까? 우리의 인생이 정말 소중하기 때문입니다. 우리는 하나님을 반사해

내는 빛이요 형상이요, 하나님의 현현을 나타내는 대리자이기 때문입니다. 그러므로 우리는 보통 사람이 아닙니다.

"네 의복을 항상 희게 하며 네 머리에 향기름을 그치지 아니하도록 할지니라"(전 9:8).

네 의복을 늘 깨끗하게 입으라고 합니다. 그래서 네 몸에서 좋은 향기가 나도록 너를 치장하라는 것입니다. 무슨 말씀입니까? 자기 자신에게 멋을 내고 아름답게 치장하라는 것입니다. 이것은 사치하라는 것이 아닙니다. 명품으로 치장하라는 것이 아니라 자기 자신을 소중하게 여기는 아름답고 당당한 모습으로 인생을 살라는 것입니다. 왜 그렇습니까?

여러분, 예수 믿고 영생을 가진 자는 내가 어떤 존재인지 자신의 정체성에 있어서 분명해야 합니다. 그러니 생각하는 것도 아름답게 가꾸길 축원합니다. 말하는 것도 행동하는 것도 아름답게 가꾸길 축원합니다. 우리의 옷차림도 멋지게 하고 당당하게 살아야 합니다.

"아침 빛같이 뚜렷하고 달같이 아름답고 해같이 맑고 깃발을 세운 군대같이 당당한 여자가 누구인가"(아 6:10).

여러분, 영생을 가진 하나님의 자녀인 저와 여러분이 이렇게 멋진 존재라는 사실을 인식해야 합니다. 여러분은 보통 사람이 아닙니다. 여러분 한 분 한 분이 바로 이런 분입니다. 아침에 일어날 때마다 선포하십시오. 내가 하나님 앞에서 얼마나 소중한 존재인가를 인식하고 자신을 격려하고 정체성을 확인하길 축원합니다. 이렇게 존귀한 존재이기에 내가 나 자신을 소중하게 가꿀 수가 있습니다.

오늘 저와 여러분은 하나님이 이 세상에서 유일하게 만든 이 세상에 하나밖에 없는 하나님의 진품입니다. 그러므로 남과 비교하지 말고 여러분만의 멋진 인생을 잘 꾸며 가시길 축원합니다. 이것이 저와 여러분이 자신을 꾸미고 내면의 세계를 꾸며야 할 이유인 것입니다.

셋째, 사랑하며 사는 것입니다.

사람은 지난 일을 추억하고 주어진 오늘을 사랑하며 내일을 희망하며 살아갑니다. 그러므로 하나님의 형상으로 창조된 인간은 하나님을 사랑하고 이웃을 사랑하며 살아야 합니다.

> "네 헛된 평생의 모든 날 곧 하나님이 해 아래에서 네게 주신 모든 헛된 날에 네가 사랑하는 아내와 함께 즐겁게 살지어다 그것이 네가 평생에 해 아래에서 수고하고 얻은 네 몫이니라"(전 9:9).

세월이 흘러가고 헛된 날처럼 가지만 그러나 소중하고 기쁜 것이 있습니다. 여기서부터 영원까지 남는 일이 있습니다. 그것은 사랑하며 사는 것입니다. 주님이 이 땅에 오셔서 우리를 위해 보여 주신 사랑, 저 십자가를 보십시오! 십자가는 아무도 속일 수가 없습니다. 우리를 사랑하시는 주님의 사랑을 바로 십자가에서 죽으심으로 확증하셨습니다.

그러므로 인생을 잘 사는 비결은 사랑하는 일입니다. 아내를 사랑하라는 것입니다. 남편을 사랑하라는 것입니다. 여러분, 가정은 행복의 베이스캠프입니다. 세상에서 받은 스트레스와 응어리가 풀리는 곳이 가정입니다. 사람의 마음의 고향이 가정입니다. 산다는 것이 무엇입니까? 사랑하며 산다는 것입니다. 사랑하며 살지 않으면 우리 인생이 무의미해집니다. 돈도, 명예도, 권세도, 참된 사랑을 실천하기 위해서 필요한 것입니다.

그러므로 사랑하며 살지 않으면 인생이 허무하게 됩니다. 우리 인생은 낭비가 되는 것입니다. 여러분, 죽음이란 무엇입니까? 모든 추억이 종료되는 것이 죽음입니다. 그러므로 살아 있다는 것을 좋은 기억과 추억으로 만들어 가려면 사랑하며 사는 것밖에 없습니다.

서울대학병원 내과 18년차 의사가 이런 말을 합니다. 어떤 환자가 암말기로 죽어 갑니다. 임종이 다가왔습니다. 그런데 남동생이 병문안을 왔습니다. 남동생이 사업자금으로 형에게 2억을 빌려서 사업을 했는데 사업이 여의치 못하고 망해 버렸습니다. 그래서 늘 형에 대한 송구한 마음을 갖고 있습니다. 그 형이 마지막 임종을 하기 전에 병문안에 왔습니다. 형이 숨을 헐떡이면서 동생을 손짓으로 가까이 오라고 부릅니다. 그래서 귀를 기울이고 들어 봤습니다. "너, 내 돈 2억 갚아라." 그 말을 남기고 얼마 후에 숨을 거두었습니다. 이 사람은 돈을 사랑했던 사람이었습니다.

그런가 하면 한 영혼이 부모님이 돈 때문에 그렇게 싸우는 모습만 보고 자랐습니다. 그래서 자신도 사랑할 줄 모르고 다른 사람도 사랑할 줄도 모릅니다. 머리는 좋아서 공부는 잘했지만 결국 인생을 외롭게 삽니다. 사랑에 허기가 져서 방황하다가 어쩌다 쾌락을 주는 술에 중독이 됩니다. 사랑에 굶주리면 사람은 반드시 중독에 빠지게 됩니다.

그렇다면 이 사랑은 어떻게 해야 될까요? 가장 가까운 사람부터 사랑해야 합니다. 가장 가까운 내 이웃부터 사랑하는 것입니다. 인생을 잘 사는 비결은 바로 사랑하며 사는 것입니다. 오늘 이런 은혜가 있기를 축원합니다.

넷째, 열심히 일하는 것입니다.

우리가 일하는 것은 하나님이 우리에게 주신 소명입니다. 그러므로 일은 단순한 생계 수단이 아닙니다. 직장과 직업은 다릅니다. 어떻게 다릅니까? 직장은 생계 수단이 전부일 수 있습니다. 돈벌이가 전부일 수 있습니다. 그러나 직업은 하나님께서 내게 주신 소명을, 지금 내가 하는 이 직업을 통해서 완성시켜 나가는 것입니다. 그러므로 직업은 하나님께서 내게 주신 소명이요, 직업을 통해서 하나님께서 내게 주신 사명을 이 땅에 이루어 나가는 것입니다. 그러므로 기쁘고 즐겁게 일하시길 축원합니다. 왜 그렇습니까?

> "네 손이 일을 얻는 대로 힘을 다하여 할지니라 네가 장차 들어갈 스올에는 일도 없고 계획도 없고 지식도 없고 지혜도 없음이니라"(전 9:10).

네 손이 움직일 수 있을 때 열심과 네 힘을 다해서 일하라는 것입니다. 일이 멈추는 날, 사실 우리 인생도 끝이 납니다. 그래서 우리 주님께서 이렇게 말씀하셨습니다. '하나님이 일하시니 나도 일한다'(요 5:17). 그렇다면 예수님이 일하시니 나도 일한다며 일할 수 있을 때, 기회가 주어졌을 때 열심히 일하는 저와 여러분이 되길 축원합니다.

고난의 관점을 디자인하라
Design your perspective

주어진 인생을 누리며 살라

첫째, 하나님께서 주신 음식을 기쁘게 먹고 마시는 것입니다.
둘째, 자신을 아름답게 가꾸십시오.
셋째, 사랑하며 사는 것입니다.

섬기는 자가 되라 (마 20:20-28)
Design your perspective

그 때에 세베대의 아들의 어머니가 그 아들들을 데리고 예수께 와서 절하며 무엇을 구하니 예수께서 이르시되 무엇을 원하느냐 이르되 나의 이 두 아들을 주의 나라에서 하나는 주의 우편에, 하나는 주의 좌편에 앉게 명하소서 예수께서 대답하여 이르시되 너희는 너희가 구하는 것을 알지 못하는도다 내가 마시려는 잔을 너희가 마실 수 있느냐 그들이 말하되 할 수 있나이다 이르시되 너희가 과연 내 잔을 마시려니와 내 좌우편에 앉는 것은 내가 주는 것이 아니라 내 아버지께서 누구를 위하여 예비하셨든지 그들이 얻을 것이니라 열 제자가 듣고 그 두 형제에 대하여 분히 여기거늘 예수께서 제자들을 불러다가 이르시되 이방인의 집권자들이 그들을 임의로 주관하고 그 고관들이 그들에게 권세를 부리는 줄을 너희가 알거니와 너희 중에는 그렇지 않아야 하나니 너희 중에 누구든지 크고자 하는 자는 너희를 섬기는 자가 되고 너희 중에 누구든지 으뜸이 되고자 하는 자는 너희의 종이 되어야 하리라 인자가 온 것은 섬김을 받으려 함이 아니라 도리어 섬기려 하고 자기 목숨을 많은 사람의 대속물로 주려 함이니라

여러분! 핸드폰 다 가지고 계시지요? 그 핸드폰을 꺼내서 문자 하나를 보내 보시겠어요? 이 자리에 없는 여러분의 자녀든 친구든 남편에게든 아내에게든 약 세 명 정도 여러분을 잘 아는 사람들에게 문자를 보내 보십시오. '나는 어떤 사람입니까?' 예배 끝날 때까지 답장이 오는 분이 얼마나 될까요? 답장이 안 오는 사람도 있을 것입니다.

여러분, 친구들에게 여러분 자신에 대해 물어 본 적이 있으십니까? 가끔 물어 보시길 축원합니다.

왜 그렇습니까? 수많은 사람들이 자신의 생각에 갇혀서 삽니다. 생각의 프레임에 갇혀서 다른 사람들이 나를 어떻게 생각하는지 잘 모를 때가 있습니다. 그래서 남편이 예수를 안 믿는 이유가 다른 사람이 아닌 바로 아내 때문이라고 합니다. 내 친구가 예수를 안 믿는 이유가 바로 다른 사람이 아닌 나 때문이라고 합니다.

몇 년 전에 고난 주간이 되면, 예수님의 고난에 관한 영화 〈패션 오브 크라이스트〉를 예수 믿는 사람들에게 보여 주고 영화의 어떤 장면이 가장 인상이 깊었는가에 대해 물어 보았습니다. 그러자 모두가 십자가 사건을 이야기합니다. 십자가에서 예수님이 나의 죄 때문에 고통을 당하시고 죽임을 당하신 모습을 이야기합니다.

그런데 이번에는 예수님을 믿지 아니하는 불신자들을 대상으로 그 예수님의 영화를 보여 주었습니다. 그리고 그들에게 영화의 어느 장면에서 가장 감명을 받았느냐고 물어 봤더니, 믿지 않는 사람들은 어떤 장면이라고 말했을까요? 십자가라고 대답한 사람은 한 명도 없었습니다. 왜 그렇습니까? 십자가는 단순히 로마의 처형 방법이었기 때문입니다. 그럼 그들은 어디에서 감명을 받았을까요?

여러분은 어디라고 생각을 하십니까? 바로 예수님께서 제자들의 발을 씻기시는 장면이라고 말씀합니다. 여러분, 세상 사람들은 어디에 감동을 받습니까? 자신을 섬겨 줄 때 감동을 받습니다.

사랑하는 성도 여러분, 그렇다면 오늘날 우리 주위가 왜 복음화되지 않습니까? 우리 가정이 왜 복음화되지 않습니까? 우리 직장이 왜 복음화되지 않습니까? 우리 지역이 왜 복음화되지 않습니까? 이 엄청난 복음이 왜 믿지 않는 사람들에게 전달되지 않습니까? 예수 믿으면 죽은 자가 살아나고 사망에서 생명으로 옮겨지는데, 이 엄청난 복음이 왜 우리 가족들과 내 친구들과 직장 동료들에게 전해지지 않을까요? 여러분은 왜 그렇다고 생각을 하십니까? 폐일언하고 섬기지 않기 때문입니다. 예수 믿는 사람들이 섬기지 않기 때문입니다.

그러므로 십자가를 보십시오! 무엇이 보이십니까? 100% 헌신해서 우리를 섬겨 주신 예수님의 모습이 보이시지 않습니까? 마태복음을 보겠습니다.

"인자가 온 것은 섬김을 받으려 함이 아니라 도리어 섬기려 하고 자기 목숨을 많은 사람의 대속물로 주려 함이라"(마 20:28).

그런데 왜 많은 사람들은 섬기는 삶보다는 섬김 받기를 좋아할까요? 여러분은 왜 그렇다고 생각을 하십니까? 미국의 필립엔이라고 하는 신문기자는 40년 동안 기자 생활을 하면서 나름 성공했다는 유명한 인사들을 무려 8천 명이나 만나서 인터뷰를 했습니다. 그가 각계각층 유명한 사람들을 만나서 인터뷰를 하면서 한 가지 깨달은 것이 있었습니다. 사람들을 크게 두 유형으로 나눌 수 있다는 것입니다.

한 부류는 스타형의 사람입니다. 스타형의 사람들은 기회만 되면 자기를 드러냅니다. 얼굴을 드러내거나 이름을 드러내는 일에는 물불을 가리지 않습니다. 그런데 그들의 실제 삶을 들여다보면 별로 내놓을 것도 없더라는 것입니다.

반면 섬기는 종 유형의 사람들은 가능한 한 남을 섬기려고 노력을 합니다. 나보다는 먼저 남을 먼저 생각하고 기회만 있으면 봉사하며 살려고 하더라는 것입니다. 이렇게 종 유형의 사람들에게 특징이 있더라는 것입니다. 이들은 대체로 소득은 적고 일은 오래 하고 사람들의 인정과 박수갈채는 별로 받지 못하였습니다. 그런데 중요한 것은 종 유형의 사람들이 스타형의 사람들보다 훨씬 더 행복하게 살더라는 것입니다. 그리고 삶에 대한 만족도도 높고 인생을 행복하게 보람을 느끼면서 살더라는 것입니다.

그런데 더 중요한 것은, 바로 이런 형의 사람들 때문에 사회가 돌아가고 유지가 되더라는 것입니다. 이런 의미에서 사회의 진정한 주인공은 스타형이 아니고 바로 종 유형의 사람들이더라는 것입니다.

그러므로 세상이 시끄러운 이유가 바로 무엇 때문입니까? 사람들이 자기를 알아 달라고 합니다. 자신이 높아지려고 다른 사람을 찍어 누르고 자기를 드러내려는 스타형의 사람들이 많아서 문제라는 것입니다. 스타형의 사람들은 왜 그럴까요? 목이 마르기 때문입니다. 그렇다면 도대체 그 목마름의 근원이 뭡니까? 내가 내 인생의 주인으로 사는 사람들은 나는 괜찮은 사람이라는 자기 가치를 확인하려고 몸부림치는 것입니다.

그렇다면 이런 갈망과 남들이 나를 알아주길 원하고 남에게 대접받기를 원하는 마음들은 어디서 어떻게 생겼을까요? 여러분, 우리 안에 이런 갈망들은 사실 하나님의 형상에서 온 것입니다. 인간은 존귀합니다. 천하보다 더 귀한 가치가 있는 존재입니다. 그러므로 자기 가치를 확인하고 행복해지려는 것은 나쁜 것이 아닙니다. 문제는 하나님이 주시는 정당한 방법이 아니라 다른 방법을 통해서 얻으려 하는 것입니다.

인간은 누구에게나 갈망이 있습니다. 자신이 누군가에게 꼭 필요한 존재, 사랑받는 존재라는 확증이 필요한 것입니다. 그러므로 나는 혼자가 아니라 누구와 긴밀하게 연결되어 있고 그것이 생명으로 이어져 있다는 느낌을 갈망하는 것입니다. 사람들이 진정으로 원하는 것은 사랑과 의미를 통한 존재 가치를 확인하는 것입니다. 그래서 사람들은 자기의 궁극적인 갈망이 무엇인가를 알기 전까지 어떤 일에 필요 이상으로 집착합니다. 그러나 자기가 원했던 그것이 진정한 갈망이 아니었다는 것을 깨달으면서 자유를 얻게 됩니다. 그렇다면 인간의 진정한 갈망은 무엇일까요?

첫째, 인간의 진정한 갈망은 하나님이다.

인간의 갈망은 하나님을 향해 나갈 때에 그 안에서 완성이 됩니다. 그러나 하나님이 아닌 어떤 것에서 내 갈망을 성취하려고 할 때 올바른 갈망이 아니라 잘못된 갈망을 향해 나가게 됩니다. 그래서 예수를 믿는데도 방황합니다. 하나님이 아니고는 우리의 갈망은 우리를 만족시키지 못하고 계속 목마르게 만듭니다.

인간은 하나님을 발견할 때 진정한 가치를 발견하는 것입니다. 그러므로 인간은 하나님과 세상을 섬김을 통해서 자기 가치를 찾게 되어 있습니다. 사람은 절대로 스스로 높아지려는 몸부림을 통해서는 자기 가치를 찾을 수 없는 것입니다. 성 아구스티누스는 이런 고백을 합니다. "주님, 제가 당신 안에서 쉬기까지 참된 평안이 없었습니다." 오늘도 목마름 속에 방황하는 성도님들이 계시면 돌아오시길 축원합니다.

'내가 왜 태어났는가? 나는 뭘 하면서 살아가야 하는가? 가치 있는 인생이란 어떤 인생일까?' 오늘 본문이 이런 인간의 본질적인 물음에 대한 대답입니다. 오늘 본문에 예수님과 제자들은 예루살렘으로 올라가는 중입니다. 이제 예루살렘에 올라가면 곧 예수님은 자신이 십자가에 죽는다는 것을 알고 있습니다.

그러나 제자들은 이런 상황을 전혀 모르고 예루살렘에 가시면 왕이 되실 것으로 알고 있습니다. 왜 그렇습니까? 많은 사람들이 예수님을 왕으로 모시려고 했습니다. 그들은 예수님의 능력을 보았습니다. 예수님의 소문이 널리 퍼졌습니다. 이제 예수님이 왕이 되시는 것을 기정사실로 받아들였습니다. 이제 예루살렘에 올라가시면 바로 왕이 되실 것입니다. 그러면 제자들은 어떤 생각을 할까요?

'우리도 한자리 하겠지?' 그런 생각을 할 것입니다. 당연합니다. '그럼 나는? 누가 예수님의 좌우에 앉을 것인가? 누가 좌의정 우의정이 될 것인가?' 모든 관심이 거기에 쏠려 있습니다. 마태복음 20장 20-21절에서 제자들의 반응이 뭡니까? 왜 열 제자가 두 형제에 대해서 분히 여겼을까요? 제자들도 다 그런 마음을 갖고 있는데 이것들이 어머니를 통해서 치고 들어옵니다. 그러니 화가 납니다.

그 모습을 보는 예수님의 마음은 어떠실까요? 나는 곧 십자가에 죽으러 가는데 예수님을 따르는 제자들의 관심이 다른 데 있습니다. 세상에서 높아지는 것밖에 관심이 없습니다. 그래서 예수님께서 뭐라고 말씀을 하십니까?

> **"예수께서 대답하여 이르시대 너희는 너희가 구하는 것을 알지 못하는도다 내가 마시려는 잔을 너희가 마실 수 있느냐 그들이 말하되 할 수 있나이다"(마 20:22).**

그렇게 물으시는데 제자들은 지금 예수님께서 왕이 된 다음에 축배를 드는 것인 줄 알고 마실 수 있다고 대답을 합니다.

그러자 예수님께서 하신 말씀이 23절입니다. 너희가 할 일은 뭐라고 합니까? '내 잔을 마시는 것이다. 나와 함께 고난을 받는 일이다. 너희들이 할 일은 거기까지다. 나와 함께 고난을 받는 일이다. 그러나 누가 내 좌우에 앉을 것인가는 하나님 아버지가 하실 일이다.' 이는 다시 말하면 '높아지고 존경받고 대접받는 것은 너희가 생각할 바가 아니다. 그것은 하나님께서 하실 일이고 너희들이 할 일은 제자로써 나와 함께 고난의 잔을 마시는 것이다'라는 것입니다.

그러므로 사랑하는 성도 여러분, 오늘 여러분은 어떻습니까? 만일 저와 여러분이 예수님을 따르는 제자들이라면 반드시 기억해야 합니다. 무엇을 기억해야 합니까? 세상에는 두 종류의 권력 구조가 있습니다. 세상이 원하는 권력 구조가 있고 하나님의 자녀들이 가져야 하는 영적인 권력 구조가 있습니다. 그렇다면 먼저 세상의 권력 구조를 보시겠습니다.

세상의 권력 구조의 특징입니다(마 20:25). 고관들은 권세를 부립니다. 맨 위에는 누가 있습니까? 집권자들이 있습니다. 권력을 잡은 집권자들이 있습니다. 그리고 그들을 받쳐 주는 고관들이 있다는 것입니다. 이렇게 피라미드 체제가 이루어져 있습니다.

그들의 통치 스타일은 어떻습니까? 먼저 임의로 주관합니다. 권력을 잡고 나서는 자기 마음대로 하는 것이 특징입니다. 권세를 부린다는 것입니다. 자기 명예와 자기를 과시하기 위해 권력을 휘두른다는 것입니다. 그것을 통해 행복을 추구하고 그렇게 되었을 때 사람들은 성공이라고 생각을 합니다. 군림하는 것이 그들의 목적이고 가치관입니다. 이것이 세상의 권력 시스템입니다.

그런데 26절을 보십시오. 하나님의 자녀들은 이런 가치관을 가져서는 안 된다고 합니다. 세상의 구조와는 다른 차원의 영적인 구조가 있는데 그것이 뭡니까? 하나님 나라에서 가장 큰 자는 어떤 자입니까?

둘째, 그러므로 섬기는 자가 되라.

섬기는 자입니다. 누구든지 크고자 하는 자는 섬기는 자가 되고 으뜸이 되고자 하는 자는 종이 되어야 합니다. 여러분, 이것이 하나님 나라의 질서요 시스템이라는 것입니다. 그러므로 섬기는 자가 되길 축원합니다. 섬김을 통해서 커지고 섬김을 통해서 으뜸이 되는 구조입니다. 오늘 이런 은혜가 있기를 축원합니다.

하나님의 나라는 종 됨을 통해서 으뜸 되는 시스템입니다. 이것은 만고불변의 진리입니다. 이것은 하나님께서 정하신 법칙입니다. 낮아지고 섬기는 것을 가장 가치 있게 생각하는 것이 하나님 나라의 권력 구조라는 것입니다. 그러므로 정말로 으뜸이 되고 싶으면 종이 되길 축원합니다. 이것이 하나님이 정하신 법칙입니다.

그러므로 하나님 나라는 섬김이 목적입니다. 저와 여러분이 이 땅에 존재하는 이유와 목적이 무엇입니까? 바로 섬기기 위해서 존재하는 것입니다. 하나님의 나라는 섬김이 목적입니다. 23절을 보면 높아지고 예수님의 좌우에 앉게 하는 일은 누가 하신다고 합니까? 바로 하나님이 하실 일입니다. 그것은 하나님께 맡기고 너는 섬기고 종 되는 일에 힘쓰면 된다는 것입니다. 그러면 나머지는 하나님께서 하는 것입니다. 그렇다면 여러분, 우리가 섬기는 자가 되어서 종이 될 때에 어떤 수혜가 주어집니까?

셋째, 섬기는 자가 될 때 진정으로 겸손해진다.

내 속에서 교만의 영이 빠져나갑니다. 내 안에 있는 교만의 영이 꺾입니다. 선포합니다. 여러분, 하나님을 떠난 인간에게 가장 무서운 영이 무엇입니까? 바로 교만의 영입니다. 교만의 영은 절대로 안 나갑니다. 그런데 우리 안에 있는 교만의 영이 무엇을 통해서 나가게 됩니까? 바로 섬김을 통해서 나갑니다.

또한 진정으로 섬길 때에 우리는 참 기쁨을 알게 됩니다. 진정한 나의 존재가치와 의미를 확인할 수 있습니다. 그 결과 존경도 받을 수 있습니다. 그 결과 하나님 나라에서 영광을 받겠다는 것입니다. 이것이 하나님 나라의 구조입니다.

그런데 사람들은 이 방법을 외면하고 자기 스스로 높아지려고 합니다. 높아진 다음에는 임의로 주관하고 권세를 부리고 기득권을 주장합니다. 책임은 다하지 못하고 권리만 주장합니다. 그러면서 자기 자신의 가치를 확인하려 합니다.

사랑하는 성도 여러분, 오늘 여러분은 어떻습니까? 섬기는 자들이 되길 축원합니다. 오늘날 많은 사람들이 서로 갈등하고 피곤하게 상처 주며 살아갑니다. 왜 그렇습니까? 이유는 간단합니다. 섬김을 받으려고 하기 때문이다.

요즘 청년들이 결혼을 잘 안 하려고 합니다. 왜 그렇습니까? 불편하게 살기 싫다는 것입니다. 그렇다면 사람들이 결혼하는 이유가 뭡니까? 섬김을 받으려고 결혼을 합니다. 그러나 이것은 진정한 결혼의 목적이 아닙니다. 결혼은 내가 섬기려고 하는 것입니다. 진정한 사랑은 상대방을 섬기기 위해서 결혼을 하는 것입니다. 내가 사랑하는 사람을 섬기기 위해 결혼하는 것입니다. 여러분, 마음을 다해 사람을 사랑하면 섬기게 되어 있습니다.

"사람이 나를 섬기려면 나를 따르라 나 있는 곳에 나를 섬기는 자도 거기 있으리니 사람이 나를 섬기면 내 아버지께서 그를 귀히 여기시리라"(요 12:26).

여러분, 이것이 우리 인생의 목적입니다. 당신이 주님을 사랑한다면 반드시 섬기는 현장이 있어야 합니다. 정말로 섬기려면 현장이 있어야 한다는 것입니다. 말로 섬기는 것이 아닙니다. 생각으로만 섬기는 것이 아닙니다. 교회도 안 다니면서 하나님을 섬긴다고 합니다. 이것이 말이 됩니까? 또 교회는 다니지만 교회에서 아무것도 안 하고 하는 일도 없으면서 하나님을 섬긴다고 합니다. 말이 됩니까? 아닙니다.

여러분, 교회 직분이나 봉사는 하나님과 연애를 하는 것입니다. 사랑의 교제를 하는 것입니다. 이 일을 통해서 나와 교제를 나누자는 하나님의 초청입니다. 그러니 잘 응답해야 합니다. 그 일을 잘 감당하면 그 일을 통하여 하나님과 사랑이 더욱 깊어지는 관계가 됩니다.

교회 봉사가 왜 하나님과의 연애입니까? 두 사람이 사랑하면서 성장하는 관계와 똑같다는 것입니다. 사귀는 가운데 시험도 오고 갈등도 옵니다. 그것을 극복하면서 성숙해집니다. 그래서 나중에는 끊을 수 없는 사랑으로 변하고 헌신을 통해서 기뻐하는 관계가 됩니다. 당신은 어떠합니까? 하나님의 구애를 거절하지 마십시오. 직분을 받은 모든 분들, 봉사하는 사람들은 그 일을 통하여 하나님께서 나와 사랑하자고 나와 깊이 사귀자고 구애를 하시는 것입니다.

하나님을 바라보고 일을 하면 내면에 지성소가 생겨납니다. 하나님과 나만이 아는 비밀이 생겨나는 것입니다. 남들은 몰라도 하나님은 아시지 하는 마음이 늘어나고 내 마음에 하나님에 대한 영역이 넓어집니다. 그래서 더 많은 간증이 생겨납니다. 신앙이 성장합니다. 그래서 하나님과 깊은 사랑의 관계로 들어갑니다.

사랑하는 성도 여러분, 인생의 목적, 내가 살아야 하는 이유는 대접 받고 편하게 살다가 죽는 것이 아닙니다. 예수님의 인생 목적이 섬기러 오신 것이기 때문에 우리 인생의 목적도 섬기는 것입니다. 우리는 섬기러 왔습니다. 섬기는 삶은 이 세상에서 후회 없이 사는 비결입니다. 이렇게 살 때 예수님의 인생이 우리에게 선물이었듯이 우리의 인생도 누군가에게 선물이 됩니다.

감사의 관점을 디자인하라
Design your perspective

섬기는 자가 되라

첫째, 인간의 진정한 갈망은 하나님이다.
둘째, 그러므로 섬기는 자가 되라.
셋째, 섬기는 자가 될 때 진정으로 겸손해진다.

현실에 순응하라(렘 29:1-11)

Design your perspective

선지자 예레미야가 예루살렘에서 이 같은 편지를 느부갓네살이 예루살렘에서 바벨론으로 끌고 간 포로 중 남아 있는 장로들과 제사장들과 선지자들과 모든 백성에게 보냈는데 그때는 여고니야 왕과 왕후와 궁중 내시들과 유다와 예루살렘의 고관들과 기능공과 토공들이 예루살렘에서 떠난 후라 유다의 왕 시드기야가 바벨론으로 보내어 바벨론의 왕 느부갓네살에게로 가게 한 사반의 아들 엘라사와 힐기야의 아들 그마랴 편으로 말하되 만군의 여호와 이스라엘의 하나님께서 예루살렘에서 바벨론으로 사로잡혀 가게 한 모든 포로에게 이와 같이 말씀하시니라 너희는 집을 짓고 거기에 살며 텃밭을 만들고 그 열매를 먹으라 아내를 맞이하여 자녀를 낳으며 너희 아들이 아내를 맞이하며 너희 딸이 남편을 맞아 그들로 자녀를 낳게 하여 너희가 거기에서 번성하고 줄어들지 아니하게 하라 너희는 내가 사로잡혀 가게 한 그 성읍의 평안을 구하고 그를 위하여 여호와께 기도하라 이는 그 성읍이 평안함으로 너희도 평안할 것임이라 만군의 여호와 이스라엘의 하나님께서 이와 같이 말하노라 너희 중에 있는 선지자들에게와 점쟁이에게 미혹되지 말며 너희가 꾼 꿈도 곧이 듣고 믿지 말라 내가 그들을 보내지 아니하였어도 그들이 내 이름으로 거짓을 예언함이라 여호와의 말씀이니라 여호와께서 이와 같이 말씀하시니라 바벨론에서 칠십 년이 차면 내가 너희를 돌보고 나의 선한 말을 너희에게 성취하여 너희를 이곳으로 돌아오게 하리라 여호와의 말씀이니라 너희를 향한 나의 생각을 내가 아나니 평안이요 재앙이 아니니라 너희에게 미래와 희망을 주는 것이니라

1954년 독일에 베를린 장벽이 세워지기 전 270만 동독인들이 자유를 찾아 서쪽에 있는 서독으로 이동했습니다. 수많은 사람들이 구름떼처럼 서독으로 이주했습니다. 그런데 그 가운데서 정반대로 오히려 동독이 있는 동쪽으로 떠나가는 한 가족이 있었습니다. 서독 출신의 호르스트 카스너 목사의 가족이었습니다.

  카스너 목사는 서독에서 남부럽지 않게 안정된 생활을 하고 있었습니다. 당시 그에게는 서독 함부르크에서 낳은 6주 된 신생아를 품에 안고 머나먼 동쪽으로 떠났습니다. 그곳에는 정한 거처도, 교회도 없었습니다. 이것은 누가 봐도 어리석고 무모한 일이었습니다. 하지만 그는 하나님 한 분만 믿고, 교회도 없는 공산 치하로 들어가기로 마음을 먹은 것입니다. 카스너 목사는 죽음을 무릅쓰고 그 길을 선택했습니다.

  그 당시 아버지의 품에 안겨 동독으로 갔던 6주밖에 안 되었던 어린 딸은 아버지의 엄격하고 철저한 신앙 훈련과 양육을 받으며 자랐습니다. 수학과 언어에 능력이 있었던 그녀는 동독에서 물리학자가 되었습니다. 그리고 서독과 동독이 통일되는 과정에서 그녀는 정치에 참여하여 환경부장관이 되었습니다. 그렇게 정치에 입문했던 그녀는 2005년 독일 총선에서 총리가 됩니다. 그리고 2017년 4선까지 성공을 합니다. 척박하고 황무지 같은 동독의 시골 교회에서 자란 소녀가 통일된 독일의 최고지도자가 되었습니다.

  아버지로부터 철저하게 신앙 교육을 받았던 그녀는 당대의 가치나 풍조에 흔들리지 않고 바로 통일된 독일을 16년 동안 이끌었던 앙겔라 메르켈 총리입니다. 그녀는 16년 동안 성실함으로 8천만 독일인들을 이끌었습니다. 그녀가 총리로 일하는 16년 동안 위반과 비리는 한 건도 없었습니다. 그녀는 어떤 친척도 지도부에 임명하지 않았습니다. 그녀는 영광스러운 지도자인 척도 하지 않았고 자신의 앞선 사람들을 비난하거나 싸우지 않았습니다. 그런가 하면 그녀는 어리석은 말을 하지 않았습니다.

그녀는 16년 동안 한결같이 거의 같은 옷을 입었습니다. 그래서 기자 회견에서 한 기자는 메르켈에게 물었습니다. "메르켈! 우리는 당신이 항상 같은 옷만 입고 있는 것을 보았습니다. 다른 옷이 없는지요?" 그녀는 대답했습니다. "나는 모델이 아니라 공무원입니다." 또 다른 기자 회견에서도 한 기자가 물었습니다. "메르켈! 당신의 집을 청소하고 음식을 준비하는 가사 도우미가 있는지요?"라고 물었습니다. 그녀의 대답이었습니다. "아니오, 저는 그런 도우미는 없고 필요하지도 않습니다. 집에서 남편과 저는 매일 우리끼리 일을 합니다." 그러자 다른 기자가 물었습니다. "메르켈, 세탁은 누가 합니까? 당신입니까, 남편이 합니까?" 그러자 "나는 옷을 손 보고, 남편이 세탁기를 돌립니다. 대부분 세탁은 무료 전기가 있는 밤에 합니다. 우리 아파트에는 이웃 사이에 방음벽이 있어서 이렇게 함으로 이웃에 피해를 주지 않게 되지요."

메르켈 총리는 다른 시민들처럼 평범한 아파트에 살았습니다. 총리로 선출되기 전에도 그 아파트에 살았고, 그 후에도 그 아파트를 떠나지 않았습니다. 이 여인이 바로 유럽 최대 경제대국인 독일의 총리 메르켈입니다! 그녀는 주어진 현실을 감사하며 성실하게 살았습니다.

이것이 믿음의 사람들의 삶의 태도인 것입니다. 그렇다면 사랑하는 성도 여러분, 우리가 어떻게 수많은 사람들이 요동하는 시대 속에 척박한 현실 속에서 승리하며 잘 살아갈 수 있을까요? 오늘 성경은 이렇게 말씀하고 있습니다.

"너희를 향한 나의 생각을 내가 아나니 평안이요 재앙이 아니니라 너희에게 미래와 희망을 주는 것이니라"(렘 29:11).

이것이 하나님께서 우리를 향한 계획입니다. 우리를 향한 하나님의 계획은 어떤 상황에서도 소망입니다. 우리를 향한 계획은 평안입니다. 어떤 절망적인 환경에서도 평안입니다.

그런가 하면 우리를 향한 계획은 현실적으로 캄캄한 상황일지라도 비전을 가지라는 것입니다. 장래 꿈과 비전을 가지라는 것입니다. 메르켈 총리의 아버지는 생후 6주 된 핏덩어리 딸아이를 안고 환경적으로 척박한 공산 치하인 동독으로 이주를 했습니다. 그는 이런 하나님의 말씀을 신뢰했기에 환경을 탓하지 않고 꿈같은 일들을 이루게 됩니다.

사랑하는 성도 여러분, 오늘 본문을 통해서 몇 가지를 살펴보겠습니다. 오늘 본문은 선지자 예레미야가 바벨론에 포로로 잡혀간 이스라엘 백성들에게 보낸 편지입니다(렘 29:1-4). 오늘 본문은 어떤 현실입니까? 나라가 망해 버린 상태입니다. 이미 바벨론 침략으로 1차, 2차 포로들이 바벨론으로 끌려간 상태입니다. 1차 포로 때 누가 끌려갑니까? 다니엘과 그 친구들이 끌려갑니다. 2차 포로 때 에스겔이 끌려갔습니다. 그리고 지금 이스라엘 예루살렘은 바벨론의 3차 침략으로 함락 직전에 있습니다. 모든 것이 무너진 상태입니다.

사랑하는 성도 여러분, 이스라엘이 이렇게 망하게 된 것이 우연입니까? 아닙니다. 경제적인 문제입니까? 아닙니다. 교육적인 문제입니까? 아닙니다. 이스라엘이 망해 버린 것은 하나님 앞에 불순종한 불신앙의 죄 때문이었습니다. 하나님께서 수없이 선지자들을 통해서 말씀하셨습니다. "돌아오라! 내 백성들아 방황하지 말고 돌아오너라!" 돌아오지 않으면 망한다고 수없이 말씀하셨지만 이들이 목이 곧아 불순종합니다. 말을 듣지 않습니다. 그래서 하나님은 너희들이 돌아오지 않으면 내가 이웃 나라인 바벨론을 들어서 너희를 채찍으로 치겠다고 이미 말씀하셨습니다. 예언하셨습니다. 그런데도 이들이 돌아오지 않습니다. 그러자 하나님의 말씀대로 바벨론 군대가 쳐들어 와서 1차, 2차, 3차 침략으로 나라가 망해 버립니다.

사랑하는 성도 여러분, 수많은 사람들이 전쟁의 포로로 잡혀서 끌려가면서 무슨 생각을 합니까? '우리 민족이 망해 버린 것은 경제가 아니구나! 교육이 아니구나! 내 인생이 망해 버린 것은 하나님 앞에 불순종한 불신앙의 죄 때문이구나!' 처절하게 깨닫게 됩니다. 그럼에도 불구하고 이제 마지막 3차 전쟁을 앞두고 있습니다. 그런데 하나님께서는 지금이라도 바벨론을 하나님께서 보낸 막대기로 인정하고 순응하면 이 상황에서도 살길을 주겠다고 말씀하십니다.

그런데 백성들은 외면하고 마지막 전쟁을 준비합니다. 그리고 이미 포로로 끌려간 사람들도 마지막 전쟁에서 이겨서 우리가 고국으로 다시 돌아가길 학수고대하면서 고국의 상황에 초점을 맞추고 있는 상황에서 지금 예레미야가 포로로 끌려간 동포들에게 편지를 보내는 것입니다.

사랑하는 성도 여러분, 사람들은 저마다 높은 이상을 가지고 있지만 처참하게 깨어져 버린 현실 앞에 우리는 어떻게 살아야 할까요? 인생이 내 뜻대로 안 되고 내가 원치 않는 상황과 환경이 주어졌을 때, 우리는 어떻게 살아야 합니까?

첫째, 주어진 환경에 순종해야 합니다.

지금 이스라엘 백성들은 원치 않게 포로로 끌려갔습니다. 하나님이 '내가 그렇게 말했는데도 듣지 않았기 때문에 너희들이 끌려간 것이다', 내가 보냈지만 사실은 너희들 스스로 자업자득이다, 그렇다면 내가 원하든 원치 않든 포로로 끌려간 이스라엘 백성들은 그곳에서 어떻게 살아야 합니까? 주어진 환경에 순응하며 살아야 합니다. 그런데 이들은 어떻게 삽니까? 포로로 끌려간 그곳에서 이들은 바벨론 제국에 대항하고 반항합니다. 게릴라를 조직해서 파괴합니다. 그리고 빨리 고국으로 돌아가야겠다고 초조한 마음으로 안달을 합니다.

사랑하는 성도 여러분, 하나님은 바벨론에 포로로 끌려간 그들에게 뭐라고 말씀하십니까? 지금 너희들에게 주어진 그곳에서 집 짓고 농사짓고 결혼해서 자녀들을 낳으라고 말씀합니다(렘 29:5-6). 왜 하나님께서 이런 말씀을 하십니까? 포로로 끌려간 사람들이 무슨 말을 합니까? '우리가 포로가 되어 끌려왔는데, 지금 나라가 환경이 이 모양인데 결혼은 무슨 결혼? 농사를 지을 필요가 뭐 있나?' 지금 이들은 이런 마음으로 있다는 것입니다. 이렇게 부서지고 깨어진 마음으로 지낸다는 것입니다. 여러분, 이것이 무슨 말씀입니까? 주어진 현실을 포기하고 아무런 삶의 의욕도 없이 무너져 가고 있다는 것입니다. 그런데 주님은 뭐라고 말씀하십니까? 주어진 현실을 인정하고 현실에 순응하라고 합니다. 오늘 이런 은혜가 있기를 축원합니다.

너희에게 기회를 주었는데 그 주어진 기회를 다 잃어버리고 이제 그 결과로 다가온 현실을 인정하지 않고 불평불만만 하고 살아간다면 이것은 불신앙이라는 것입니다. 지금 여기가 어디입니까? 바벨론 한복판입니다. 그런데 너희가 조급해 한다고 벗어날 수 있는 것이 아니란 것입니다. '내가 보냈고 너희들이 스스로 선택한 것이다. 그런데 이제 와서 원망하고 낙심하는 것이냐?' 그런 말입니다.

사랑하는 성도 여러분, 오늘 우리의 현실을 내가 만들었다는 것을 인정하고 하나님이 내게 주신 현실이라는 사실을 받아들이고 여기서 내가 어떻게 적응하고 살아갈 것인가를 생각해야 합니다. 사랑하는 성도 여러분, 오늘 여러분은 어떻습니까? 우리에게 주어진 상황들은 어떻습니까? 모든 것들이 우리의 마음과 뜻대로 안 될 수가 있습니다. 오늘 내가 바라는 현실이 기대와 다를 수 있습니다. 나는 이런 삶을 꿈꾸지 않았습니다. 그렇다면 이런 현실은 누구에게 원인이 있다고 생각을 하십니까? 엄밀하게 말하면 우리입니다. 내가 만든 것입니다. 내 책임입니다. 그러므로 우리의 현실을 정직하게 인정하고 받아들이길 축원합니다.

직장인들에게 설문 조사를 해 보면 30% 이상이 지금 다니는 직장에 대한 불만이 있습니다. 사표를 내고 싶다는 것입니다. '내가 이 대우 받고, 이 월급 받고 일할 사람이 아닌데' 하고 불만을 가지고 다닙니다. 여러분, 이런 마음으로 일을 하니 능률이 오를 일이 없습니다. 그런데 누가 그 직장으로 가라고 했습니까? 내가 갔습니다. 내가 선택했습니다. 많은 청년들의 기도 제목이 좋은 직장에 취직하는 것입니다. 그렇게 기도하고 그 직장에 들어갔는데 마음에 안 든다고 합니다. 왜 마음에 안 드냐고 물으면 대부분 다 비전이 없다고 합니다.

여러분의 비전을 이루어 줄 수 있는 직장이 여러분을 기다리는 것이 아닙니다. 그렇다면 여러분이 가진 비전을 이루는 가장 지름길이 뭔 줄 아십니까? 바로 있는 직장에서 최고가 되는 것입니다. 지금 있는 일터에서 꼭 필요한 사람, 가장 능력 있는 사람, 자기 일에 익숙한 사람이 되는 겁니다(잠 22:29).

사랑하는 성도 여러분, 오늘 여러분은 어떻습니까? 많은 사람들이 주어진 환경을 탓하며 늘 불평하며 인생을 대충 삽니다. 그러나 하나님이 원하시는 것은 무엇입니까? 지금 주어진 그곳에서 현실을 인정하고 최선을 다하길 축원합니다. 지금 주어진 직장에서 최선을 다하십시오. 그곳에서 두각을 나타내고 실력을 인정받게 되길 축원합니다. 그럴 때 꿈같은 일들이 일어납니다. 그러므로 지금 주어진 직장에서 최선을 다하시길 축원합니다.

사랑하는 성도 여러분, 우리는 항상 더 좋은 환경을 원합니다. 더 좋은 직장을 원하고 더 좋은 학교를 원하고 더 좋은 사업을 원하기도

합니다. 더 좋은 가정을 원합니다. 남편이 더 변화되길 원하고 아내가 더 변화되길 원합니다. 그런데 환경은 내가 원하는 대로 되지 않습니다. 그런 기대를 가지고 산다면 평생 가도 이루어지지 않을 것입니다. 만족스러운 환경이 있을까요? 없습니다. 불만스러운 현실 속에서 어떻게 하느냐에 따라서 나의 현실이 기대하는 것으로 변해 갑니다. 그러므로 현실을 인정하고 순응하길 축원합니다.

많은 사람들이 지금 다니는 직장이 마음에 안 드니까 대충대충 일하며 지냅니다. 여러분, 이것은 하나님 앞에 죄를 짓는 것입니다. 어느 날 주님이 저에게 가르쳐 주신 것이 바로 성실하심이었습니다. 내가 오늘 이렇게 숨 쉬고 살아 움직이는 것도 하나님의 성실하심 때문이라는 것입니다. 그러므로 주어진 현실에서 성실하게 최선을 다하길 축원합니다. "그러므로 순응하라! 이스라엘 백성들아 포로로 끌려간 그곳에서 순응하라!" 지금 너희들에게 주어진 그곳에서 집짓고 농사짓고 결혼해서 자녀들을 낳으라고 말씀합니다. "안달하지 말고 조급하게 생각하지 마라. 지금 주어진 현실에 순응해서 살아라!"

왜 그렇습니까? "너희가 거기서 번성하고 줄어들지 아니하게 하라"(렘 29:6하). 그런 환경에서 원망하고 불평하고 부정적으로 말하면 지치고 힘들어서 모든 것이 황폐해진다는 것입니다. 그럼 어떻게 해야 할까요? 나에게 주어진 현실에 적응하고 순응하면서 도망치지 말라는 것입니다. 여기서 오래 오래 살겠다는 마음을 가지고 뿌리를 내리겠다는 마음으로 결심을 하고 성실하게 살면 바로 거기에서 새로운 길이 열릴 줄 믿습니다.

둘째, 주어진 현실을 축복하라는 것입니다(렘 29:7).

"너희는 주어진 너희 환경과 현실을 축복하는 사람이 되어라." 주어진 사람에 대해서 축복하는 사람이 되라는 것입니다. 왜 그렇습니까? 지금 이스라엘 백성들이 있는 곳이 어디입니까? 바벨론입니다. 환경적으로 축복이 나올 리가 없습니다. 그래서 이들은 바벨론을 저주했습니다. '망해 버려라! 이 바벨론 나라여! 속히 망해 버려라!' 이렇게 저주하면서 사는데 이런 현실이 바로 너의 현실이라는 것입니다.

"바벨론의 질서와 법을 어기면서 나라를 저주하고 더 나가서 반사회적인 운동을 하면 너희들의 삶의 현실이 어떻게 되겠느냐? 그러므로 너희는 축복하라! 네가 속한 일터를 축복하고, 너희 가정을 축복하고, 너의 배우자를 축복하고, 네가 섬기는 주인을 축복하고, 네가 속한 나라 바벨론을 축복하라. 왜 이것이 너에게 주어진 현실이기 때문이다." 그러므로 오늘 우리에게 주어진 모든 환경을 축복하는 사람이 되길 축원합니다.

사랑하는 성도 여러분, 요셉이라고 하는 사람이 있습니다. 형제들 때문에 애굽에 노예로 팔려 버렸습니다. 얼마나 억울합니까? 보디발 집의 노예가 되었습니다. 그런데 요셉이 그곳에서 신세 한탄을 합니까? 주인을 저주합니까? 아닙니다. 노예였지만 최선을 다합니다. 주인이 그를 봅니다. '참 괜찮은 노예가 왔구나! 모든 노예가 너 같으면 얼마나 좋을까? 너는 믿을 수 있다.' 그래서 그 집에 가정 총무가 됩니다. 새 길이 열립니다. 오늘 이런 은혜가 있기를 축원합니다.

우리는 요즘에 갈 곳이 없다고 합니다. 청년들이 갈 곳이 없다고 합니다. 정말 갈 곳이 없습니까? 아닙니다. 갈 곳은 많습니다. 그런데 가려는 사람이 없습니다. 기업에서, 회사에서 사람을 찾습니다. 곳곳에서 사람을 찾습니다. 그런데 청년들은 일하기 좋은 환경을 찾습니다. 여러분, 좋은 환경을 찾는 사람은 필요 없습니다. 필요한 사람은 어떤 사람입니까? 어떤 환경 속에서도 최선을 다하는 사람을 필요로 합니다. 그래서 어디에 있든지 칭찬을 받는 사람이 되어야만 길이 열립니다. 오늘 이런 은혜가 있기를 축원합니다. 또한 하나님은 바벨론에 포로로 끌려간 당신의 백성들에게 뭐라고 하십니까?

셋째, 헛된 꿈에 미혹되지 말라고 하십니다(렘 29:8-9).

지금 왜 이런 말을 합니까? 많은 사람들이 조국을 떠나서 타국 생활을 하니 얼마나 고국이 그립고 하나님의 임재가 있던 성전이 그립겠습니까. 그래서 너무 사모하고 그리워하다 보니 꿈을 꾸게 됩니다. 여러분, 사람이 꾸는 꿈에는 여러 종류가 있습니다. 내 마음에 아주 갈망하는 것이 있을 때는 그것이 꿈으로 나타나기도 합니다. 이것도 꿈의 일종인데 이것을 에로스적 환상이라고 합니다.

포로로 가서 고생하는 그들에게 예루살렘이 꿈으로 나타날 수 있습니다. 성전이 꿈으로 나타날 수 있습니다. 그리운 고국산천이 꿈으로 나타날 수 있습니다. 그래서 그들이 모여서 말을 합니다. '내가 어젯밤에 예루살렘 꿈을 꾸었어.' 그 말을 듣더니 '나도 꾸었는데', '어 나도 꾸었는데', '나도 꾸었어.' 그러다 보니 '우리가 모두 꿈을 꾼 것을 보니 하나님께서 큰일을 행하실 모양이다. 우리가 곧 돌아갈 게시다, 계시야' 이렇게 착각을 한다는 것입니다.

그런데 하나님은 바벨론 포로 생활을 70년으로 확정하셨습니다. 그런데 거기에다 거짓 선지자들이 나타나서 부추깁니다. '걱정하지 마세요. 여러분, 우리는 금방 돌아갈 것입니다. 내 말을 믿으세요.' 이런 소리에 미혹이 된다는 것입니다. 두 소리가 들려옵니다. 너에게 주어진 현실에서 충성하라는 말씀과 함께 '아니야. 금방 떠날 것이니까 대충 살아' 그러면서 미혹하는 소리가 들립니다.

사랑하는 성도 여러분, 사람들이 왜 미혹을 당합니까? 마음이 안정이 안 되면 미혹됩니다. 감사하고 기뻐하는 사람은 미혹되지 않습니다. 오늘이 감사하고 이대로가 은혜라고 믿고 자족하는 사람이 헛된 욕심 부리는 것을 보았습니까? 아닙니다. 그러나 '그만두어야지, 마음에 안 드는데' 이럴 때 미혹의 말이 들려옵니다.

 미국 모 은행에 전산 담당하는 매니저에게서 이런 연락이 왔습니다. 수년 전에 한국에서 온 지질학자인 이장철이라는 사람이 미국 모 은행에 2,500만 달러(250억)를 예치했는데 2007년 이라크 사태 때 사망했다고 합니다. 그래서 그 사람과 이름이 같은 저 같은 사람을 찾았답니다. 저를 그 사람의 상속인으로 입력만 시키면 그 사람이 예치한 엄청난 돈을 상속받을 수 있다고 합니다. 본인은 은행의 모든 전산을 담당하는 매니저로서 저 같은 사람을 오랫동안 찾았다고 합니다. 옛날에 읽었던 소설 같은 일이 눈앞에 현실로 다가올 것 같았습니다. 그런데 아무리 생각해도 그 사람은 저의 친척이 아니잖아요. 그래서 거절을 했습니다. 왜요? 저는 지금 충분히 감사하고 있기 때문입니다. 제가 만약 일확천금을 꿈꾸는 사람이라면 진행을 시켰을 것입니다. 이처럼 진리가 아닌, 하나님의 약속이 아닌 미혹되는 말에 넘어가지 마시길 축원합니다. 현실 속에는 언제나 우리의 성실성을 방해하는 허황된 소리가 있습니다. 이런 것을 믿어서는 안 됩니다.

 우리가 이렇게 현실에 순응하고 진실하게 살아갈 때에 하나님은 어떻게 하십니까?(렘 29:10) 하나님의 때가 있다는 것입니다. 물론 거기서 살다가 죽어도 어쩔 수 없습니다. 왜요? 내가 갔기 때문입니다. 내가 선택했습니다. 그러나 하나님은 나보다 나를 더 잘 아시고 내 미래를 계획하는 분입니다. 오늘 비록 힘든 현실 속에 있지만 하나님 앞에서 진실되게 살아가면 하나님이 우리의 길을 인도하고 새 길을 열어주신다는 것입니다. 그런데 많은 사람들이 그것을 못 참고 난리 칩니다. 그러지 말라는 것입니다.

 사랑하는 성도 여러분, 오늘 여러분은 어떻습니까? '하나님이 나를 이렇게 힘든 현실 속에 두시는 것을 보니까 하나님은 나를 사랑하지 않는가 보다?' 아닙니다. 그렇다면 이렇게 어려운 현실 속에서 우리를 향한 하나님의 뜻이 뭡니까?(렘 29:11) 여러분, 하나님이 우리를 향해 가지고 있는 마음입니다. 복된 미래와 희망의 삶이라는 것입니다. 그것을 향해 나가는 과정에서 오늘 현실을 인정하고 받아들이고 극복하는 것이 오늘 우리의 할 일이라는 것입니다. 여러분이 원하는 꿈을 빨리 이루어 달라고 기도하는 것은 본질이 아닙니다. 하나님이 주신 현실 속에서, 먼저 여러분이 이 현실을 잘 감당하게 해 달라고 기도를 하길 축원합니다.

감사의 관점을 디자인하라
Design your perspective

현실에 순응하라

첫째, 주어진 환경에 순종해야 합니다.
둘째, 주어진 현실을 축복하라는 것입니다(렘 29:7).
셋째, 헛된 꿈에 미혹되지 말라고 하십니다(렘 29:8-9).

스데바나처럼(고전 16:15-24)
Design your perspective

형제들아 스데바나의 집은 곧 아가야의 첫 열매요 또 성도 섬기기로 작정한 줄을 너희가 아는지라 내가 너희를 권하노니 이 같은 사람들과 또 함께 일하며 수고하는 모든 사람에게 순종하라 내가 스데바나와 브드나도와 아가이고가 온 것을 기뻐하노니 그들이 너희의 부족한 것을 채웠음이라 그들이 나와 너희 마음을 시원하게 하였으니 그러므로 너희는 이런 사람들을 알아 주라 아시아의 교회들이 너희에게 문안하고 아굴라와 브리스가와 그 집에 있는 교회가 주 안에서 너희에게 간절히 문안하고 모든 형제도 너희에게 문안하니 너희는 거룩하게 입맞춤으로 서로 문안하라 나 바울은 친필로 너희에게 문안하노니 만일 누구든지 주를 사랑하지 아니하면 저주를 받을지어다 우리 주여 오시옵소서 주 예수 그리스도의 은혜가 너희와 함께하고 나의 사랑이 그리스도 예수 안에서 너희 무리와 함께할지어다

    사람들은 저마다 이루고 싶은 갈망들이 있습니다. 갈망이 다양한 것처럼 삶의 목적도 다양합니다. 많은 사람들이 인생을 통하여 이루고 싶은 것들이 있습니다. 그것이 무엇입니까? 자아실현입니다. 내가 되고 싶은 것이 되는 것입니다. 내가 공부를 하는 목적도 사업을 하는 목적도, 어쩌면 모두 내가 되고 싶고 이루고 싶은 것을 이루기 위한 것입니다. 그런 의미에서 인간 개인적인 역사나 세상 역사의 목적은 모두 자기실현입니다. 자신의 꿈을 이루는 것입니다.

그러나 성경은 역사의 목적을 '구원'이라고 말씀합니다. 인간의 갈망도, 삶의 목적도, 내가 되고 싶은 것도, 내가 이루고 싶은 것도, 사실 궁극적으로는 인간은 구원을 갈망하는 것입니다. 우리 인간은 무엇인가를 갈망합니다. 그 갈망의 궁극적인 목적이 무엇입니까? 인간이 그 갈망하고 갈망하는 갈망의 끝이 무엇입니까?

바로 '구원'입니다. 하나님을 떠난 인생은 살아가면서 계속해서 보다 나은 삶을 추구하고 보다 나은 환경을 추구하고 보다 나은 관계를 보다 나은 축복들을 원합니다. 결국 인간은 궁극적으로 구원을 갈망하는 존재입니다. 그러므로 예수 그리스도의 구원은 가장 기쁜 소식이요, 모든 인류에게 구원보다 더 크고 놀라운 축복은 없습니다.

하나님은 세상 역사 속에서 인간이 그렇게 갈망하는 구원의 역사를 이루어 가십니다. 그렇다면 하나님은 당신의 구원 역사를 어떻게 이루어 가십니까? 바로 교회를 통해서 이루어 가십니다. 그러므로 교회는 어두운 세상의 빛이요, 구원의 방주요, 예수님의 신부라고 합니다. 하나님은 그렇게 세상 사람들이 몸부림치며 갈망하는 구원을 우리에게 선물로 주시고, 이제 이 선물을 누리면서 행복하게 살기를 원합니다. 그렇다면 이 구원을 선물로 받은 우리는 어떤 사람이 되어야 인생을 잘 살 수 있을까요? 하나님이 이루어 가시는 구원의 역사 속에 우리가 어떤 사람이 되어야 할까요?

예전에 아시아 일곱 교회를 순례하면서 오늘 본문에 나오는 고린도 교회를 방문한 적이 있었습니다. 고린도 교회는 다음과 같이 오래된 교회입니다. 1대 목회자가 바울이요, 2대가 아볼로요, 3대가 실라입니다. 지금은 8, 9대 목회자가 목회를 하고 있는 교회입니다. 그런데 그 교회를 방문하고 돌아서 나오는데 기둥 3개에 프레스코화로 사람들의 얼굴이 새겨진 그림이 있었습니다. 기둥 하나는 아굴라와 브리스길라, 하나는 뵈뵈 집사, 또 하나는 이름 없는 무명의 성도의 그림이 그려져 있었습니다. 그 문제 많고 싸움 많았던 교회가 평신도들이 아름답게 헌신했기에 아름답게 세워졌던 것입니다.

오늘 본문 말씀은 교회 안에서 우리들이 본받고 따라야 할 사람이 어떤 사람인지, 우리들의 작은 수고가 어떤 가치가 있는지를 잘 설명해 주고 있습니다. 오늘 본문을 보면 어떤 한 사람을 소개하고 있습니다. 이 사람은 어떻게 하나님을 믿는 것이 잘 믿으면서 인생을 잘 사는 것인지 우리에게 롤 모델로 보여 주는 사람입니다. 누구입니까? 바로 본문에 나오는 스데바나라는 사람입니다.

이 사람은 아가야 지방의 첫 열매라고 합니다. 아가야 지방이라는 말은 우리나라로 하면 충청도, 경기도, 전라도와 같은 도를 의미합니다. 그 아가야 지방의 도청 소재지가 고린도입니다. 아가야 지역의 첫 열매라는 말은 무슨 말입니까? 고린도 교회의 초창기 멤버라는 말씀입니다. 이 스데바나는 예수를 믿고 너무 좋아서 혼자만 믿지 않고 집안이 모두 예수를 믿었습니다. 아내도 믿고 자녀들도 노예와 종들도 다 함께 예수를 믿으면서 하나님의 교회를 잘 섬기는 충성스런 그런 가정이었습니다. 그렇다면 도대체 이 사람이 하나님을 어떻게 섬겼기에 성경은 이 사람을 칭찬하며 롤 모델로 삼으라고 말씀할까요? 평생 신앙생활을 하는데 그 신앙생활을 평가하는 기준이 뭡니까? 저와 여러분이 일생 동안 예수 믿고 사는데 신앙생활을 잘 한다는 성경의 평가는 무엇입니까?

첫째, 섬기는 사람입니다. 오늘 스데바나는 어떤 사람이었습니까?

"형제들아 스데바나의 집은 곧 아가야의 첫 열매요 또 성도 섬기기로 작정한 줄을 너희가 아는지라 내가 너희를 권하노니"(고전 16:15).

스데바나는 성도 섬기기로 작정한 사람입니다.

여러분, 많은 사람들은 나름대로 작정을 하면서 살아갑니다. 그런데 오늘 스데바나는 어떤 사람입니까? 성도들을 섬기며 살기로 작정한 사람입니다. 나는 섬기며 살겠다고 굳게 결심을 하고 살아가는 사람이라는 것입니다. 여러분은 무엇을 작정하고 사십니까?

초대교회 때는 섬기는 것이 되지 않으면 교회 공동체가 이루어질 수가 없습니다. 교회 건물이 없기 때문에 가정에서 모여야 합니다. 그래서 자기 집을 내놓는 사람이 없으면 회집 장소가 없는 것입니다. 자기 집에서 예배드리게 하고 성도들이 예배를 드리고 나면 음식을 먹게도 하고 이렇게 땀 흘리며 섬기는 자세를 가지고 있었습니다. 무엇보다도 중요한 것은 스데바나는 이렇게 성도를 섬기며 살기로 아주 작정했다는 것입니다.

여러분, 우리가 예수님을 믿고 살아가면서 마음속에 반드시 작정해야 하는 것이 있습니다. 그것이 무엇일까요? 어떤 사람은 기도를 작정하는 것도 좋은 일입니다. 전도를 작정하는 것도 좋은 일입니다. 그런데 성경이 사람에 대해 어떻게 평가합니까? 성도들을 섬기는 것으로 평가를 합니다.

왜 그렇습니까? 우리 인생의 목적은 섬기는 데 있기 때문입니다. 여러분, 참된 행복이 어디에 있습니까? 섬기는 데 있습니다. 하나님 앞에 우리가 받을 상급도 섬김에 있습니다. 이 섬김을 모른다면 인생을 제대로 살아갈 수가 없습니다. 그러므로 섬기며 살아가길 축원합니다.

우리의 몸은 죽으면 다 썩습니다. 가지고 갈 것이 하나도 없습니다. 영원히 남는 것은 섬긴 것, 내가 영혼을 위해 섬긴 것밖에 없습니다. 그러므로 하루라도 젊을 때 섬기길 축원합니다. 하루라도 건강할 때 잘 섬기길 축원합니다.

사랑하는 성도 여러분, 왜 섬기며 살아야 합니까? 섬김은 수단이 아니라 섬김 자체가 목적입니다. 섬김 자체가 우리 인생의 목적입니다.

"**인자가 온 것은 섬김을 받으려 함이 아니라 도리어 섬기려 하고 자기 목숨을 많은 사람의 대속물로 주려 함이니라**"(막 10:45).

주님이 이 땅에 오신 목적도 섬김입니다.

그러므로 지금까지 내가 섬기면서 살아왔다면 인생을 잘 산 것입니다. 앞으로도 작정을 하십시오. '내가 끝까지 섬길 것이다. 내가 이 목숨 다 할 때까지 섬길 것이다.' 작정하셔야 합니다. 아직까지 섬기지 못했다면 이제부터라도 섬기면서 살리라고 작정하길 축원합니다. 이것이 하나님이 기뻐하는 결심이고 남은 인생을 제대로 살 수 있는 방법인 것입니다.

또 스데바나는 어떤 사람이었습니까?

둘째, 부족한 것을 채우는 사람입니다(고전 16:17).

스데바나는 어떤 사람입니까? 부족한 것을 채워 주는 사람입니다. 여러분, 부족한 것을 채워 준다는 말이 무엇을 의미합니까? 공동체 속에 부족한 것을 보이거나 부족한 것이 깨달아지면 그 부족한 것이 자기가 조용히 채우는 그런 사람을 의미하는 것입니다.

교회 공동체 속에 어떤 사람이 필요합니까? 부족한 것을 채워 주는 사람이 필요합니다. 예를 들면 '우리 교회 안에 부족한 것이 무엇이 있을까? 우리 가정 안에 부족한 것이 무엇일까?' 그것을 아는 방법이 있습니다. 어떻게 알 수 있을까요? 여러분이 생각 속에 불평하는 것, 그것이 부족한 것입니다. 그런데 내가 불평한다고 다 부족한 것이냐, 그렇지는 않습니다. 사람마다 다 느끼는 것이 다릅니다. 다 다양합니다. 왜냐하면 그 사람의 은사에 따라서 느끼는 부분이 다르기 때문입니다. 그렇다면 왜 하나님은 나에게 그 부족함을 보게 하셨을까요? 발견한 네가 그것을 보충하는 사람이 되라는 것입니다. 그래서 그에게 부족한 것을 볼 수 있는 눈을 열어 주시는 것입니다.

예를 들면 우리 교회가 사랑이 부족하다고 합시다. 누가 뭐라고 안 그랬는데, 내가 사랑에 대해서 불평이 생깁니다. 그렇다면 그 사람이 보기에 사랑이 부족한 것입니다. 그렇다면 어떻게 우리 교회 안에 사랑을 채울 것이냐, 첫 번째는 내가 먼저 사랑을 시작하는 것입니다. 모두가 사랑을 모른다 할지라도 나만이라도 다른 사람을 먼저 사랑하겠다고 결심하고 그 사랑을 실천하는 것입니다. 이것이 첫 번째 단계입니다.

두 번째 단계는 자기 주변에 있는 사람에게 권면하는 것입니다. '우리가 먼저 사랑합시다. 우리끼리라도 성도들을 사랑합시다. 그래서 우리가 사랑이 많은 교회로 만들어 갑시다.' 권면하는 것입니다. 자기의 생각이 확장되어 나가도록 노력하는 것입니다.

세 번째는 하나님께 기도하는 것입니다. "하나님은 우리 교회 안에 사랑이 충만하게 하옵소서. 사랑의 영이 우리를 덮어 주소서" 기도하는 것입니다.

스데바나는 또 어떤 사람이었습니까?

셋째, 마음을 시원케 하는 사람입니다.

"그들이 나와 너희 마음을 시원하게 하였으니 그러므로 너희는 이런 사람들을 알아주라"(고전 16:18).

마음을 시원하게 했다는 것입니다. 여러분, 스데바나가 누구의 마음을 시원하게 했다는 것입니까?

먼저 하나님의 마음을 시원하게 했습니다. 그다음 목사님의 마음을 시원하게 했습니다. 그리고 다른 성도들의 마음을 시원하게 하는 사람이었다는 것입니다. 여러분, 어떻습니까? 여러분도 느끼실 것입니다. 만나면 마음을 참 시원하게 하는 사람이 있습니다. 일을 맡기면 마음을 시원케 하는 사람이 있습니다.

그런데 언제 변덕을 부릴지 불안한 사람도 있습니다. 신앙생활을 자기 기분 따라 하기 때문입니다. 자기 감정 따라 하기 때문입니다. 자기 느낌 따라 하기 때문입니다. 세상의 환경과 상황에 따라서 늘 일희일비합니다. 그러나 믿음으로 사는 사람은 늘 마음을 시원케 합니다. 고난 속에서도 믿음으로 삽니다. 인생의 어떤 위기가 와도 믿음으로 삽니다. 이런 사람을 만나면 먼저 기분이 좋아집니다. 유쾌해집니다. 비전이 꿈틀거립니다. 의욕이 생겨납니다. 열정이 생겨납니다. 이런 사람이 교회에 반드시 있다는 것입니다.

그런가 하면 그 반대의 사람도 있습니다. 사람을 매우 고갈시키는 사람이 있습니다. 이런 사람을 만나면 매우 답답해집니다. 기분이 가라앉고 부담스럽고 의욕이 사라집니다. 만나고 싶지 않습니다. 그러한 사람도 교회에 얼마든지 있다는 것입니다. 사랑하는 성도 여러분, 오늘 우리는 어떤 사람일까요? 마음을 시원하게 하는 사람이 되길 축원합니다.

오늘 성경은 스데바나를 어떻게 평가를 합니까?

1. 섬기기로 작정한 사람
2. 부족한 것을 채워 주는 사람
3. 마음을 시원하게 해주는 사람

이런 사람들을 어떻게 해주라고 합니까? 교회는 이런 사람들을 알아주라고 합니다. 여러분, 교회는 이런 사람들을 알아주는 곳입니다. 이런 사람들과 함께 일하라고 합니다. 이런 사람들에게 순종하라고 합니다. 그러므로 일도 아무하고나 하는 것이 아닙니다. 사람이 없으면 그 자리를 비워 놓는 것입니다. 이 세 가지 특징을 가진 사람들과 함께 일하고 이런 사람을 알아주고 닮아 가길 축원합니다.

저에게는 다른 교회 장로님이신데 오랫동안 알고 지내 오는 장로님들이 계십니다. 한 장로님은 가끔 저를 만날 때마다 그렇게 교회에 대해서 불평하고 불만을 쏟아 놓습니다. '내가 건축할 때 우리 집 팔아서 바친 사람이야!' 그런데 한 장로님은 저희 교회 새벽예배를 오랫동안 나오시던 장로님입니다. 늘 뵐 때마다 겸손합니다. 이분이 한번은 이 지역 목사님들을 모두 초대해서 대접을 하고 싶다고 하십니다. 하나님 나라를 위해서 수고하는 목사님들을 대접하고 싶다고 해서 다 연락을 해서 모였습니다. 그렇게 모두 연락을 해서 갈비를 대접하십니다. 그렇게 교회와 담임목사님을 존경합니다. 가끔 기도 제목을 물어보면 우리 목사님 기도 제목이 자신의 기도 제목이라고 합니다. '목사님 기도 제목을 알아야 이루어지도록 제가 도와드릴 것이 아닙니까?'라고 합니다.

장로님께서 소천하시기 전까지 새벽기도를 나오셨는데요. 그날 아침도 새벽기도를 드리고 테니스를 치고 와서 아침 식사를 잘 하신 후에 잠깐 쉬면서 잠자듯이 소천을 하셨습니다. 참 인생을 아름답게 잘 살다 가신 분입니다.

여러분, 교회가 어떤 사람을 알아주어야 합니까? 돈 많은 사람을 알아주어야 합니까? 권력 있는 사람을 알아주어야 합니까? 교회에서는 어떤 사람을 알아주어야 합니까? 여기에 그 기준이 나와 있습니다. 섬기기로 작정한 사람이 되길 축원합니다. 부족함을 보충해 주는 사람이 되길 축원합니다. 마음을 시원하게 해주는 사람이 되길 축원합니다. 이런 사람을 알아주고 이런 사람을 인정해 주라는 것입니다.

진정한 신앙의 영웅은 소수의 몇 사람이 아닙니다. 바로 이런 사람들입니다. 우리 모두가 다 신앙의 영웅이 되어서 서로가 위로하고 서로가 세워주는 건강한 교회가 되길 축원합니다.

감사의 관점을 디자인하라
Design your perspective

스데바나처럼

첫째, 섬기는 사람입니다. 오늘 스데바나는 어떤 사람이었습니까?
둘째, 부족한 것을 채우는 사람입니다(고전 16:17).
셋째, 마음을 시원케 하는 사람입니다.

감사를 훈련하라 (살전 5:18)

Design your perspective

범사에 감사하라

이것이 그리스도 예수 안에서 너희를 향하신 하나님의 뜻이니라

사람의 됨됨이를 볼 때 여러분은 주로 무엇을 보십니까? 그 사람이 사용하는 언어를 보면 알 수 있습니다. 감사하는 언어를 보면 알 수 있습니다. 얼마나 감사를 하는 사람인가를 보면 알 수 있습니다. 왜 그렇습니까? 감사는 인생을 풍요롭게 하는 능력이요, 감사는 모든 고난을 이기는 능력이요, 감사는 어둠을 이기는 능력이기 때문입니다. 감사는 은혜의 표현이요 하나님 앞에 영적인 태도이기 때문입니다.

그러므로 감사하는 사람은 그렇지 못한 사람보다 인생을 건강하게 삽니다. 감사하는 사람은 그렇지 못한 사람보다 삶의 질이 훨씬 좋아집니다. 감사하는 사람은 그렇지 못한 사람보다 인생을 훨씬 더 행복하게 삽니다. 그러므로 감사지수가 높으면 건강지수도 높아집니다. 감사지수가 높으면 행복지수도 높아집니다. 감사지수가 높으면 인간관계도 아주 풍요롭습니다. 그러므로 감사하며 살아가길 축원합니다. 범사에 감사하며 살아가길 축원합니다.

오늘은 추수감사절입니다. 지난 1년을 돌아보면서 하나님께서 베풀어 주신 은혜를 헤아려 보면서 하나님 앞에 뜨겁게 감사를 드리는 날입

니다. 그런가 하면 우리 자녀들에게 감사를 가르치는 날이기도 합니다.

사랑하는 성도 여러분, 우리가 자녀들을 열심히 가르치고 공부시키는 목적이 무엇입니까? 우리가 인생을 열심히 사는 이유와 목적이 무엇입니까? 왜 그렇게 바쁘게 열심히 살아갑니까? 우리 학생들이 왜 그렇게 열심히 공부해야 합니까? 인생을 좀 더 행복하게 살기 위해서 열심히 공부하고 저와 여러분이 열심히 일을 합니다. 그러나 우리는 기억해야 합니다. 우리가 인생을 행복하게 잘 살기 위해서는 가장 중요한 삶의 스펙이 있습니다. 행복은 외부적인 환경에 있는 것이 아닙니다. 인생을 행복하게 잘 살기 위해서는 배우고 익혀야 할 가장 중요한 삶의 스펙이 있습니다. 그것이 무엇입니까? 바로 모든 일에 감사하며 사는 것입니다.

여러분, 행복은 삶의 태도가 중요합니다. 하나님의 뜻대로 인생을 살기를 원하십니까? 인생을 행복하게 살기를 원하십니까? 감사를 배우시길 축원합니다. 인생을 의미 있게 살기를 원하십니까? 감사를 배우시길 축원합니다. 인생을 재미있게 살기를 원하십니까? 감사를 배우시길 축원합니다. 여러분의 자녀가 인생을 좀 더 행복하게 잘 살기를 원하십니까? 감사를 가르치시길 축원합니다. 인간의 행복을 연구하는 어떤 사람이 이런 말을 했습니다. "지금 당신의 마음속에 감사하는 마음이 없으면 당신은 지금 파멸의 노를 젓고 있습니다." 그러므로 감사하시길 축원합니다. 범사에 감사하시길 축원합니다. 크고 작은 모든 일에 감사하시길 축원합니다.

사람들은 행복하기 위해서 많은 것들을 배우고 익힙니다. 그래서 학위를 소유하고 자격증을 취득하고 여러 스펙을 취득하는 데 많은 시간을 보냅니다. 그러나 그것 때문에 행복한 것은 아닙니다. 세상의 모든 것을 소유해도 감사를 잃어버리면 불행한 사람이 됩니다. 그러므로 하나님께 깊이 감사하는 저와 여러분이 되시길 축원합니다. 그렇다면 하나님은 오늘 우리에게 왜 범사에 감사하라고 말씀하실까요?

첫째, 감사는 영적인 태도이기 때문이다.

사람은 영적인 존재입니다. 개나 돼지 같은 짐승이 아닙니다. 감사는 거듭난 우리의 영의 태도(삶의 태도)입니다. 내가 예수 믿기 전에는 모든 것이 불만이었습니다. 왜 그렇습니까? 세상의 영을 가졌기 때문입니다. 그래서 만족한 것이 없었습니다. 늘 비교하고 원망하고 불평했습니다. 이처럼 세상의 영은 우리로 하여금 불평하게 합니다. 원망합니다. 감사하지 못하게 합니다. 부모에 대해서도 감사가 없었습니다. 그래서 늘 다른 사람과 비교하고 교만하고 만족하지 못한 채 살았습니다. 그런데 예수 믿고 거듭난 이후 모든 것이 감사로 바뀌었습니다. 선포합니다. "어둠은 떠나갈지어다. 가난도 떠날지어다. 저주도 떠날지어다. 질병도 떠날지어다. 감사의 영이 임할지어다."

미국의 데이비드 소페르(David Wesley Soper) 목사님이 쓰신 《피할 수 없는 하나님》에 나오는 이야기입니다. 여러분, 교도소와 수도원은 어떤 차이가 있을까요? 교도소와 수도원은 엄청난 차이가 있는가 하면 공통점도 많이 있습니다. 어떤 공통점이 있을까요? 교도소와 수도원은 담장이 높고 세상과는 격리되어 있습니다. 그 공간은 어둡고 서로 대화도 많이 나눌 수가 없습니다. 그리고 힘든 노동을 해야만 합니다. 음식도 좋은 음식이 아닙니다. 겨우 건강을 유지할 만큼만 음식을 줍니다. 자유도 없고 고립되어 있고 불편하기가 짝이 없습니다. 그러나 차이점이 있습니다. 교도소는 죄를 짓고 억지로 끌려온 곳입니다.

반면에 수도원은 자원해서 내가 내 발로 걸어 들어가는 곳입니다. 그래서 교도소는 불평이 많습니다. 세상에 대하여 불평이 많습니다. 운명에 대하여 불평이 많습니다. 모든 사람에 대하여 불평이 많습니다. 자기 자신에 대하여도 원망과 불평이 많은 곳이 교도소입니다. 반면에 수도원은 감사하는 곳입니다. 하나님에 대해서 감사하고 모든 사람에 대해서 감사하고, 심지어 자연에 대해서 감사하고 만물에 대해서도 감사가 넘쳐나는 곳이 수도원입니다.

그렇다면 교도소와 수도원의 차이가 뭡니까? 감사하느냐, 불평하느냐, 이것이 차이입니다. 교도소에 갇힌 죄인이라도 감사하는 마음을 가지면 그곳은 자기 자신을 변화시키는 수도원으로 변하는 것입니다. 그러나 자원하는 마음으로 들어온 수도원이라도 그 마음에 불평이 생기기 시작하면 그곳이 감옥으로 변하는 것입니다. 불평은 장소와 상관없이 우리를 보이지 않는 감옥에 가두어 버립니다. 불평은 창살 없는 감옥에 우리를 가두어 버립니다. 그러므로 많은 사람들이 창살 없는 감옥에 갇혀서 원망하고 불평하며 절망한 채로 살아갑니다.

누가 이런 창살 없는 감옥에서 우리를 해방시켜 줄 수 있습니까? 누구입니까? 누가 우리를 창살 없는 감옥에서 해방시켜 주겠습니까? 저 십자가를 보십시오. 바로 십자가의 예수님입니다. 예수님의 보혈의 피가 오늘 우리를 창살 없는 감옥에서 완전히 해방시키셨습니다. 우리에게 당신의 영인 감사의 영을 부어 주셨습니다. "그러므로 감사의 영이 풀어질지어다!" 여러분, 인간은 영적인 존재입니다. 그래서 십자가의 예수님을 만나면 어떻게 됩니까? 그 특징이 뭡니까? 모든 일에 감사가 됩니다. 내가 구원받은 것이 감사하고 내게 부모 주신 것이 감사하고 내게 주신 모든 것에 감사합니다. 어떤 상황에서도 감사하게 됩니다. 여러분, 이것이 우리를 향하신 하나님의 뜻입니다. 그러므로 감사는 인간으로서 가장 기본이 되는 삶의 태도입니다.

사랑하는 성도 여러분, 그런데 오늘날 사람들은 어떻습니까? 우리 인간의 본성은 감사에 인색합니다. 감사하기를 싫어합니다. 러시아의 대문호 도스토예프스키는 이런 말을 합니다. "인간이란 감사할 줄 모르는 두 발을 가진 동물이다." 여러분, 우리가 자녀들을 키워 보면 압니다. 부모님들이 온갖 정성을 다해서 키웁니다. 그런데 그렇게 애지

중지 키운 자식일수록 나중에 부모의 은혜를 잘 모릅니다. 저절로 큰 것처럼 행동하며 부모에게 감사하지 않습니다. 자녀들은 모든 것을 당연하게 여깁니다. 여러분, 세상에 당연한 것이 어디 있습니까? 당연한 것은 하나도 없습니다. 그런데도 자녀들은 부모가 해주는 것을 당연하게 여깁니다. 왜 그렇습니까?

인간은 본성이 죄인이기 때문입니다. 이 죄의 특성이 지극히 나 중심적이고 나밖에 모르는 사람으로 만들어 버립니다. 감사를 망각하게 만들어 버립니다. 그러므로 인간은 부모가 백 번 잘해 주어도 한 번 잘못하면 그것을 기억하며 부모에 대해서 감사하지 않습니다. 원망하며 불평합니다. 그러므로 성경은 이렇게 말씀합니다.

"사람들이 자기를 사랑하며 돈을 사랑하며 자랑하며 교만하며 비방하며 부모를 거역하며 감사하지 아니하며 거룩하지 아니하며"(딤후 3:2).

사랑하는 성도 여러분, 이것이 현대인들의 특징입니다. 그렇다면 왜 하나님께서는 오늘 범사에 감사하라고 하셨을까요? 사람은 인생을 관계 속에서 살아갑니다. 세상에는 경제적으로 궁핍한 사람이 있는가 하면 정서적으로 궁핍한 사람이 있습니다. 예수를 믿어도 정서적으로 궁핍한 사람은 어떤 사람일까요? 감사를 모르는 사람입니다. 감사를 모르는 사람은 자기밖에 모르는 사람입니다. 감사를 모르는 사람은 사랑할 줄도 모릅니다. 인내심이 없습니다. 항상 원망하고 불평을 합니다. 감사를 모르는 사람은 남을 용서하지 못하는 사람입니다. 이런 사람은 정서적으로 궁핍한 사람들입니다.

사랑하는 성도 여러분, 오늘 저와 여러분이 코로나로 인하여 경제적으로 어려울 수 있습니다. 그럴지라도 정서적으로 풍요로운 사람이 되길 축원합니다. 정서적으로 풍요로운 사람이 되기 위해서는 범사에 감사하길 축원합니다. 내게 주어진 모든 사람에 대해서 감사하길 축원합니다(살전 5:18). 그렇다면 하나님은 왜 우리에게 범사에 감사하라고 명령을 하셨을까요?

둘째, 감사는 하늘 문을 여는 열쇠이기 때문이다.

여러분, 하나님은 세상을 만드시고 이 세상을 통치하십니다. 우리의 생사화복을 주관하십니다. 하나님은 우리의 목자이시며 우리는 그분의 어린양입니다. 모든 인생을 돌보시는 목자이십니다. 이런 하나님께서 우리에게 왜 감사하라고 하셨습니까?

> "여호와가 우리 하나님이신 줄 너희는 알지어다 그는 우리를 지으신 이요 우리는 그의 것이니 그의 백성이요 그의 기르시는 양이로다 감사함으로 그의 문에 들어가며 찬송함으로 그의 궁정에 들어가서 그에게 감사하며 그의 이름을 송축할지어다"(시 100:3-4).

무슨 말씀입니까? 감사가 하늘 문을 여는 열쇠입니다. 제가 잘 아는 친구 목사님 교회에서 한 남편 집사님이 어느 날 뇌출혈로 쓰러져서 병원에 입원했습니다. 동탄 한림대병원에서 어려워서 삼성병원으로 전원을 했습니다. 그런데 의식이 돌아오지 않는 것입니다. 그런데 그때 영혼이 천국과 지옥을 경험하고 하나님의 은혜 가운데 의식이 돌아왔습니다. 부인 되는 집사님께서 남편이 호흡기를 끼고 있어서 말을 못하지만 의식이 희미하게 돌아왔기에 남편의 귀에 대고 가장 먼저 무엇인가를 물어 봅니다. 여자 집사님께서는 남편의 귀에 대고 말을 합니다. "통장 비밀번호가 뭐예요?" 왜 그렇습니까? 은행 계좌에 돈이 있어도 그 돈을 인출하기 위해서는 반드시 비밀번호가 있어야 합니다. 바로 암호가 있어야 합니다.

사랑하는 성도 여러분, 영적인 세계도 마찬가지입니다. 하나님께로 나가는 암호가 있습니다. 하나님의 임재와 면전에 나가는 암호가 있습니다. 하나님이 계신 궁전에 들어가는 암호가 있습니다. 그것이 무엇입니까? 바로 감사입니다. 여러분이 예수를 믿고 거듭나서 하나님의 자녀가 되었습니다. 엄청난 축복입니다.

그렇다면 이제 우리가 하나님께서 예비하신 유업들을 누리려면 천국의 창고를 열어야 합니다. 그 천국 창고를 열 수 있는 암호가 무엇입니까? 바로 감사입니다. 예수님은 이 땅에 와서 가난하셨지만 언제나 하늘 문을 여는 비밀을 알고 계셨습니다. 그것이 무엇이었습니까? 감사였습니다.

예수님은 하늘 문을 여는 비밀을 알고 계셨습니다. 그래서 예수님은 언제든지 절박할 때나 긴박할 때나 언제든지 감사로 하늘 문을 열어서 역사를 일으키셨습니다. 예수님은 암호를 알고 있으셨기에 수많은 군중들을 먹이셨습니다. 예수님은 암호를 알고 있으셨기에 병든 자를 치유하셨습니다. 예수님은 하늘 문을 여는 암호를 알고 있으셨기에 언제든지 어둠의 세력들을 물리치셨습니다. 예수님은 암호를 알고 있으셨기에 천군 천사를 동원하실 수가 있으셨습니다. 이처럼 하늘을 문을 열 수 있는 사람은 항상 모든 일에 감사하는 사람이었습니다. 그러므로 범사에 감사하길 축원합니다.

그렇다면 우리가 범사에 감사하려면 먼저 어떻게 해야 합니까?

셋째, 그리스도가 우리의 마음을 주장해야 한다.

많은 사람들의 마음은 돈이 주장합니다. 자식이 주장합니다. 자기 감정이 주장합니다. 그래서 늘 마음이 롤러코스터와 같습니다. 그러나 오늘 우리는 어떻게 해야 합니까? 그리스도의 평강이 우리 마음을 주장해야 합니다.

"그리스도의 평강이 너희 마음을 주장하게 하라"(골 3:15).

너희는 또한 감사하는 자가 되라고 합니다. 여러분, 그리스도의 평강이 뭘까요? 우리 예수님께서 세상에 살 때 가지셨던 그 마음을 말씀합니다. 예를 들어 예수님이 배를 타고 가시는데 풍랑이 몰아칩니다. 제자들은 놀라고 두려워서 걱정하는데 예수님은 편하게 주무셨습니다. 아무런 걱정도 하지 않으셨습니다. 그런가 하면 예수님은 십자가 사건을 앞에 두고도 그 마음에 평강을 잃지 않았습니다. 오히려 제자들에게 "평안을 너희에게 주노니" 하면서 평안을 빌어 주셨습니다.

예수님이 누리셨던 평안, 이것이 그리스도의 평강입니다. 이것은 세상이 줄 수도 없고 알 수도 없는 절대 평강입니다. 그렇다면 여러분, 이 평강이 어떻게 예수님께 있었을까요? 예수님께서는 자신의 노력과 의지를 붙잡고 반드시 이렇게 되어야 된다고 말하지 않았습니다. 모든 것을 하나님의 뜻에 맡겼습니다. 하나님이 나를 사랑하시고 나와 함께하시고 그리고 내 기도를 들으신다는 것을 확실하게 믿으셨습니다. 하나님의 뜻에 순종하는 것이 예수님의 유일하신 관심사였습니다. 예수님의 이런 삶의 모습을 보면 모든 것이 합력해서 선을 이루신다는 분명한 고백이 있었습니다.

여러분, 이것이 있을 때 우리에게 평강이 임하는 것입니다. 이것이 하나님의 사랑에 대한 확신입니다. 그 속에서 누리는 안정감, 이것이 주님이 누리셨던 평강이었습니다. 오늘 우리 모두에게 이러한 평강이 있기를 축원합니다. "평강이 있을지어다."

사랑하는 성도 여러분, 그렇다면 우리가 왜 범사에 감사하는 자가 되어야 합니까? 감사는 구원받은 하나님의 백성들이 가져야 할 삶의 태도이기 때문입니다. 구원받은 이스라엘 백성들이 광야 길을 갑니다. 광야에서 어려움이 주어지자 이들은 어떻게 합니까? 원망과 불평이 쏟아집니다. 그래서 그들이 원망하고 불평한 대로 40년의 광야 생활이 시작됩니다.

"그의 행위를 모세에게 그의 행사를 이스라엘 자손에게 알리셨도다" (시 103:7).

사랑하는 성도 여러분, 이것이 무슨 말씀입니까? 여기서 행위란 무엇이고 행사가 무엇일까요? 행위란 하나님의 행동 속에 나타난 하나님의 본마음입니다. 그러나 행사란 겉으로 드러난 사건 자체를 의미하는 것입니다. 다시 말하면, 하나님의 사건을 보면서 모세는 그 속에서 무엇을 보았습니까? 그 사건 속에 들어 있는 하나님의 본마음을, 속뜻을 보았다는 것입니다. 그 환경 속에서 하나님의 본마음을 보았다는 것입니다. 그러나 이스라엘 백성들은 어떻게 합니까? 하나님의 본마음은 못 보고 사건 자체만을 보았습니다. 여러분, 왜 이런 말을 합니까?

하나님께서 이스라엘 백성들을 출애굽시켜서 어디로 인도하십니까? 홍해 바다 건너 광야 길로 인도를 하십니다. 앞에는 홍해입니다. 하나님은 그 바다를 건너서 광야 길로 인도하셨습니다. 왜 하나님께서 이스라엘 백성들을 그 험한 길로 인도하셨을까요? 죽이려고 그러셨을까요? 홍해를 건넌 다음에 다시는 애굽으로 돌아오지 못하게 하시려는 것이었습니다. 더 나가서 이스라엘 백성들을 추격하는 바로의 군대를 끊어 버림으로써 다시는 이스라엘 백성들을 추격하지 못하도록 쐐기를 박으려고 그 길로 인도하셨던 것입니다.

그런데 이런 하나님의 마음을 모르는 이스라엘 백성들은 그 길로 가면서 앞에 홍해가 나오자 불평하기 시작합니다. 원망하기 시작합니다. 광야가 나오자 하나님을 원망합니다. 불평합니다. 하나님이 우리를 죽이려고 이곳으로 데려왔냐고 모세를 부르며 불평하고 원망을 합니다. 똑같은 사건이지만 모세는 그 속에서 하나님의 의도를 보았습니다. 하나님의 마음을 보았던 것입니다. 그런데 이스라엘 백성들이 원망하는 이유가 뭡니까? 하나님의 마음을 알지 못하고 하나님의 행위를 보지 못하고 겉으로 나타난 사건만을 보았기 때문입니다. 겉으로 드러난 문제만 보았기 때문입니다.

사랑하는 성도 여러분, 오늘 이스라엘 백성들만 그럴까요? 아닙니다. 부모가 자식을 위하여 여러 가지 일을 합니다. 그런데 그 근본 동기가 뭡니까? 부모 된 여러분은 잘 압니다. 부모가 자식을 꾸짖든 때리든 화를 내든 밥을 주든 안 주든 그 속에 들어 있는 부모의 마음은 무엇입니까? 사랑입니다. 그래서 성숙한 자녀는 자기를 향한 부모님의 모든 것 속에서 사랑을 봅니다. 그러나 성숙하지 못한 자녀들은 부모의 말과 행동과 사건만 보면서 그것을 자기중심적으로 해석하고 나만 미워한다고 원망하고 불평하는 것입니다.

여러분, 하나님과 우리와의 관계도 똑같습니다. 하나님께서 행하시는 모든 행위는 우리를 위한 사랑입니다. 그러므로 우리가 아직 죄인 되었을 때 하나님께서는 십자가에서 우리를 향한 자기의 사랑을 확증하셨습니다. 할렐루야! 그러므로 이런 하나님의 마음을 아는 사람은 폐일언하고 감사하시길 축원합니다. 모든 사건 속에서 감사하시길 축원합니다. 모든 관계 속에서 감사하시길 축원합니다.

그렇다면 우리가 늘 감사가 마르지 않고 능력 있게 살기 위해서는 어떻게 해야 합니까? 우리의 삶속에서 감사를 자꾸만 연습해야 합니다. 어떻게 연습을 합니까? 작고 사소한 것에 감사를 하십시오. 작고 사소한 것에 지금 감사하시길 축원합니다.

　작고 사소한 것에 감사하는 습관이 그 사람의 건강지수를 높여 줍니다. 작고 사소한 것에 감사하는 습관이 그 사람을 정서적으로 풍성하게 해줍니다. 작고 사소한 것에 감사하는 습관이 그 사람의 심혈관 질환에 도움을 줍니다. 그러므로 모든 일에 감사하시길 축원합니다.

　사람들은 남에게 받는 것에만 감사를 하는 경향이 있습니다. 그러나 여러분 자신이 행복하시려면 받는 것보다 베푸는 삶을 사시길 축원합니다. 남에게 베푸는 것은 더 큰 행복이며 감사한 일입니다. 진실한 마음으로 누군가에게 베풀 때 우리 안에 감사와 행복이 찾아옵니다. 작은 것이지만 남에게 베푸는 삶은 우리의 삶을 행복하게 합니다. 감사가 넘치게 합니다. 그러므로 작은 것이지만 자꾸만 나누고 베푸시길 축원합니다.

　지난주에 교회로 출근하는데 아파트 앞쪽에 큰 탑 차가 길을 막고 이삿짐을 싣고 있었습니다. 우리 교회에 오신 지 5년쯤 된 권사님께서 평택으로 이사를 가는 날이셨습니다. 그런데 그 권사님께서는 평생을 살아오면서 남편을 전도하지 못한 그것이 늘 큰 부담이요 기도제목이셨습니다. 남편을 도저히 어떻게 해볼 수 없는 사람이라고 늘 손사래 치셨습니다. 남편은 수원에서 조상 대대로 유교적인 전통을 지키며 숭조라는 신을 믿어 오셨습니다. 숭조란 조상신을 숭배한다는 말입니다. 저와는 오며가며 길거리에서 한두 번 정도 선걸음에 만나 수인사를 드린 적이 있었습니다.

　이삿짐 차량 옆에 서서 용 선생님께서 이삿짐을 싣는 것을 보고 계셨습니다. 제가 다가가서 "안녕하세요? 용 선생님! 오늘 이사를 가시나 봐요?" 인사를 드리고 손을 잡고 거리에 앉았습니다. 이제 헤어지면 다시는 만날 수 없습니다.

하나님께서 얼마나 이 영혼이 돌아오기를 오랜 세월 동안 애타게 기다리셨는지 간절한 마음으로 손을 잡고 3분 브릿지를 전했습니다. 복음을 전하는데 하늘 문이 열렸습니다. 구원 초청을 하자 용 선생님은 잠시 머뭇거리시더니 예수님에 대해 또박또박 따라하며 영접을 했습니다. "목사님, 저는 유교적인 가정에서 불의하거나 부당하게 살아 본 적이 없습니다." 그렇게 말씀하시던 분이 "하나님, 저는 죄인입니다. 오랜 세월 방황하다가 이제 돌아옵니다." 영접 기도를 진심으로 또박또박 따라하며 영접하셨습니다. 하나님께서 이 한 영혼을 얼마나 기다리셨는지, 79년을 기다리셨던 것입니다. 순간적으로 감격해서 얼마나 눈물이 쏟아지는지 뜨거운 눈물이 흘렀습니다. 하나님께서 이 영혼을 얼마나 애타게 기다리셨던지 주님이 감격해 하셨습니다. 눈물을 손등으로 훔치며 봉투 하나를 주머니에 넣어 드렸습니다. "용 선생님, 잘 가세요! 우리가 이 땅에서 다시 만나지 못해도 이제는 천국에서 만나요." 평생 잊을 수 없는 만남이 되었습니다.

평택 개발지에 아파트가 되어서 이사를 가시지만 2-3년 후에 다시 오겠다고 하십니다. 얼마나 하나님께 감사를 드렸는지 모릅니다. 이번 추수감사절은 이웃들과 작은 감사를 나누는 복된 감사절이 되시길 축원합니다.

감사의 관점을 디자인하라
Design your perspective

감사를 훈련하라

첫째, 감사는 영적인 태도이기 때문이다.
둘째, 감사는 하늘 문을 여는 열쇠이기 때문이다.
셋째, 그리스도가 우리의 마음을 주장해야 한다.

관 점 을   디 자 인 하 라 1   DESIGN YOUR PERSPECTIVE

4장

가정의 관점을 디자인하라

명절에는 기억하라(신 26:1-11)

네 부모를 공경하라(엡 6:1-4)

결혼의 목적(요일 4:7-11)

장막집이 무너지기 전에(고후 5:1-10)

참된 사랑은 인내한다(고후 12:11-21)

개척자가 되라(시 126:1-6)

명절에는 기억하라 (신 26:1-11)

Design your perspective

네 하나님 여호와께서 네게 기업으로 주어 차지하게 하실 땅에 네가 들어가서 거기에 거주할 때에 네 하나님 여호와께서 네게 주신 땅에서 그 토지의 모든 소산의 맏물을 거둔 후에 그것을 가져다가 광주리에 담고 네 하나님 여호와께서 그의 이름을 두시려고 택하신 곳으로 그것을 가지고 가서 그때의 제사장에게 나아가 그에게 이르기를 내가 오늘 당신의 하나님 여호와께 아뢰나이다 내가 여호와께서 우리에게 주시겠다고 우리 조상들에게 맹세하신 땅에 이르렀나이다 할 것이요 제사장은 네 손에서 그 광주리를 받아서 네 하나님 여호와의 제단 앞에 놓을 것이며 너는 또 네 하나님 여호와 앞에 아뢰기를 내 조상은 방랑하는 아람 사람으로서 애굽에 내려가 거기에서 소수로 거류하였더니 거기에서 크고 강하고 번성한 민족이 되었는데 애굽 사람이 우리를 학대하며 우리를 괴롭히며 우리에게 중노동을 시키므로 우리가 우리 조상의 하나님 여호와께 부르짖었더니 여호와께서 우리 음성을 들으시고 우리의 고통과 신고와 압제를 보시고 여호와께서 강한 손과 편 팔과 큰 위엄과 이적과 기사로 우리를 애굽에서 인도하여 내시고 이곳으로 인도하사 이 땅 곧 젖과 꿀이 흐르는 땅을 주셨나이다 여호와여 이제 내가 주께서 내게 주신 토지 소산의 맏물을 가져왔나이다 하고 너는 그것을 네 하나님 여호와 앞에 두고 네 하나님 여호와 앞에 경배할 것이며 네 하나님 여호와께서 너와 네 집에 주신 모든 복으로 말미암아 너는 레위인과 너희 가운데에 거류하는 객과 함께 즐거워할지니라 여러분, 명절 하면 여러분은 가장 먼저 누구의 얼굴이 떠오르십니까? 바로 고향에 계신 부모님의 얼굴일 것입니다. 먼저 "아버지께 편지 쓰기" 공모 대상작 한 편을 소개함으로 오늘 설교를 시작할까 합니다.

내 땅이라고는 한 뼘도 없는 가난한 소작농의 셋째 딸로 태어난 제가 남편과의 결혼을 며칠 앞두고 식구들이 모인 자리에서, 차마 입에 담지 못할 말로 부모님의 가슴에 처음으로 피멍을 들게 했습니다. "엄마, 아빠! 딱 한 번만 부탁드릴게요. 결혼식장에서 만큼은 큰아버지 손잡고 들어가게 해주세요." 철썩! 채 말이 끝나기도 전에 옆에 앉아 있던 오빠한테 뺨까지 얻어맞았지만 저는 단호할 만큼 막무가내였습니다. 그러잖아도 친정의 넉넉하지 못한 형편 때문에 부유한 시댁에 행여나 흉잡힐까 봐 잔뜩 주눅 들어 있었는데 곱추 등을 하신 아버지의 손을 잡고 많은 손님 앞에 선다는 것은 정말 생각하기조차 싫었습니다. "걱정 말그래이… 요즈음 허리가 하루가 다르게 아파 오니, 내… 그날은 식장에도 못 갈 것 같구나. 그러니 마음 아파하지 말고 그렇게 하거라…" 행여나 시집가는 딸이 마음에 상처라도 입을까 봐 거짓말까지 하신 아버지!

상앗빛 순결한 웨딩드레스를 입고 결혼식장에 오신 손님들의 축하를 받으며 큰아버지의 손을 잡고 행진하는 순간부터 북받쳐 오르기 시작한 오열로 결혼식 내내 저는 눈물범벅이 되고 말았습니다. 덩그러니 골방에 홀로 남아 쓴 소주잔을 기울이고 계실 아버지를 떠올리며 다시는 아버지를 배반하지 않겠다고 다짐을 했건만, 저는 또다시 용서받지 못할 불효를 저지르고 말았습니다.

허니문 베이비를 가져 시집가자마자 심한 입덧으로 고생을 하면서도 어려운 시어머니께는 감히 내색도 제대로 못 하고 늦은 밤 친정집에 전화로 고통을 하소연하곤 했었죠. 잔정 많은 남편이 사다 주는 음식들은 냄새만 맡아도 구역질이 났고, 친정어머니가 투박한 손으로 무쳐 주시던

겉절이와 텁텁한 청국장이 먹고 싶어 흉내도 내 봤지만, 실패의 연속이었습니다.

그러던 어느 햇볕 따스한 일요일 오후, 화사하게 치장한 채 시어른들을 모시고 바깥 나들이하기 위해 승용차에 몸을 싣고 골목 어귀를 빠져 나갈 무렵 제 눈을 의심하고 말았습니다. 얼굴을 잔뜩 숙인 채 곱추 등에 보자기를 들고서 건너편 슈퍼에서 두리번거리는 한 노인네는 분명 나의 아버지 같았습니다. '아버지…한 번도 와 본 적이 없으신데 설마…' 하면서 아버지가 아니길 간절히 바랐습니다.

그러나 그날 저녁 무렵, 피곤한 몸을 이끌고 집에 도착한 후 슈퍼로 물건 사러 나갔던 남편이 슈퍼 아줌마가 전해 주더라며 조그만 보따리를 내밀었습니다. "야야! 네 어미가 올라카다가 일 나가서 못 오고 내가 대신 가지고 왔대이. 하나는 청국장이고 하나는 거쩔이[겉절이]다. 배골찌[배곯지] 말고 마싯게[맛있게] 먹그래이." 맞춤법도 틀리게 어렵사리 쓰셨을 쪽지를 보면서 사돈댁에게 흠 잡힐까 봐 들어오지도 않고 전해만 주고 가실 생각이었음을 짐작하고도 남았습니다. "장인어른도 참! 여기까지 오셔서 왜 그냥 가셨지?" 남편도 미안해하는 눈치였습니다.

버스를 세 번이나 갈아타야만 올 수 있는 길을, 언젠가 한 번 들른 적이 있는 큰언니한테 묻고 또 물어서 찾아오셨던 아버지! 딸네 집이 눈앞이면서도 물 한 모금 얻어 마시지 못하고 쓸쓸히 발길을 돌렸을 아버지를 생각하면 지금도 눈가에 이슬이 맺힙니다. 시집가서 자식을 낳아 봐야 부모 마음 반이나 깨닫는다고 했던가요…. 늦게나마 철이 든 저는 이제야 그 의미를 알 것 같습니다. 하지만 한 번 뱉은 말은 주워 담을 수 없듯이 한 번 저지른 불효는 그 어떤 효도로도 깨끗이 치유될 수 없는지 날이 갈수록 한스러워집니다. 더군다나 얼마 전에 남편 직장 때문에 따로 이사해서 친정과는 300킬로나 떨어진 곳에 살고 있으니 느는 건 눈물뿐이랍니다. 오늘처럼 이렇게 부슬부슬 가랑비라도 내리는 날엔 사진첩을 벗 삼아 뒤

적다가 아버지 없는 결혼사진을 대할 때면 황량한 바람이 몰아칩니다. 아버지! 정말 죄송합니다. 지난날의 불효자식이 이제야 철이 들었나 봅니다. 부디 건강하게 오래오래 사세요. 앞으로 잘 할게요….

[김경연 33세, 성남 거주]

서울출판문화회관에서 열린 시상식에서 대상을 수상한 김경연 씨가 그 주인공입니다. 그녀는 결혼식 때 '몸이 편찮으셔서 아버지가 올라오지 못했다'라고 시댁에 둘러댄 핑계 때문에 지난 7년간 죄책감에 시달렸다고 합니다. 김 씨는 아버지에게 용서를 구하며 자신의 죄를 고백하면서 울었습니다. 딸의 수기 당선 소식을 모르고 있는 그녀의 아버지 김춘생 씨(60세, 경북 성주군 성주읍)는 "아비의 마음 아픔은 말로는 다 이야기할 수는 없습니다. 나는 아무래도 좋으니 시집간 딸자식이 행복하기만 하면 그것으로 그만입니다"라며 혹 이 일로 딸의 시댁에 누를 끼칠까봐 몸 둘 바를 몰라 했습니다.

"아버지는 태어나실 때부터 곱추는 아니셨어요. 제가 대구에서 대학을 졸업하고 직장 생활로 자주 뵙지 못하던 85년경 허리에 물이 차는 늑막염과 심한 열병을 앓아 등이 굽어 버렸지요."

김 씨는 '어버이날'을 전후해 틈나는 대로 남편과 함께 어머니와 아버지를 찾아뵈어야겠다면서 눈물을 훔쳤습니다.

사랑하는 성도 여러분, 하나님께서는 우리들에게 이런 좋으신 부모님을 주셨습니다. 그리고 그리운 부모형제를 찾아뵈올 수 있는 아름다운 명절을 주셨습니다. 올 구정 명절은 가족들과 함께 행복하고 즐거운 명절이 되길 축원합니다. 그렇다면 여러분! 하나님은 왜 우리에게 명절이라는 절기를 주셨을까요?

우리 삶의 회복과 리듬을 위해서입니다. 때가 되면 고향에 계신 부모님을 찾아뵙고 삶의 회복과 치유를 경험하라고 명절을 주셨습니다. 음악에도 리듬이 있듯이 우리의 삶에도 리듬이 필요합니다. 인생은 날 때가 있으면 죽을 때가 있습니다. 열심히 일할 때가 있으면 쉴 때가 있습니다. 그러므로 성경은 모든 것이 다 때가 있다고 말씀합니다(전 3:1-8).

그렇다면 우리에게 매년 주어지는 구정이나 추석 명절은 우리에게 어떤 유익이 있습니까? 개인적으로는 삶의 의욕을 북돋아 줍니다. 가족과 친척들이 서로 만나 화목하게 교제하며 서로의 안부와 건강을 묻고 서로의 정을 나눕니다. 그런가 하면 신앙적으로는 하나님께 감사하며 우리 인생의 목적과 은혜를 다시 한번 회복하며 새롭게 다짐하기도 합니다. 이것이 명절을 우리에게 주신 목적이기도 합니다.

그래서 명절을 통하여 우리는 삶의 활력을 얻고 회복되고 치유가 되기도 합니다. 왜 그렇습니까? 인생의 수직적인 측면과 수평적인 측면이 이런 명절을 통하여 많은 사람에게 엄청나게 치료하는 효과를 가져 오기 때문입니다. 그런 뜻에서 하나님은 우리에게 구정 명절과 절기를 주셨습니다.

그렇다면 우리는 이런 명절이나 절기를 어떻게 보내야 합니까?

첫째, 제사 대신 하나님께 예배해야 합니다.

그런데 사랑하는 성도 여러분, 하나님을 믿지 않는 사람들은 이런 절기나 명절이 되면 어떻게 합니까? 조상님들께 감사하며 소중한 정성과 곡식과 열매들을 바칩니다. 우리는 이런 예식을 '차례'라고 부릅니다. 그러니까 추석이나 구정 명절은 하나님을 모르는 사람들이 정성을 다해서 떡을 하고 술을 담고 과일을 모아서 조상님께 드리며 감사하고 즐거워했던 것입니다. 그렇다면 이제 하나님을 믿는 사람들은 이 절기를 어떻게 지내야 합니까?

"네 하나님 여호와께서 네게 주시는 땅에서 그 토지의 모든 소산의 맏물을 거둔 후에 그것을 가져다가 광주리에 담고 네 하나님 여호와께서 그 이름을 두시려고 택하신 곳으로 그것을 가지고 가서 그때의 제사장에게 나아가 그에게 이르기를 내가 오늘 당신의 하나님 여호와께 아뢰나이다 내가 여호와께서 우리에게 주시겠다고 우리 조상들에게 맹세하신 땅에 이르렀나이다 할 것이요"(신 26:2-3).

소산의 맏물이 뭡니까? 바로 이 맏물이 첫 번째 소산입니다. 이것을 광주리에 담아 가지고 하나님께 나아오라는 것입니다. 나와서 어떻게 하라고 하십니까? 3절을 보면 이렇게 고백하라는 것입니다. "하나님, 제가 하나님께서 약속하신 곳에 이르렀습니다. 지금 내가 가나안 땅에 있습니다." 농경문화 속에서 약속의 땅이란 것은 무엇을 말씀합니까? 지금 내가 발을 밟고 있는 땅만이 아니라 지금 내 삶의 모든 영역을 총칭하는 말입니다. "하나님, 지금 내가 누리고 있는 이 모든 것이 하나님의 선물입니다. 지금 제가 이 자리에서 삶을 누리고 있는 모든 것은 하나님이 주신 것입니다. 하나님, 감사해서 이렇게 가지고 왔습니다." 이렇게 고백하면 제사장은 내 손에서 광주리를 취해서 하나님의 단 앞에 놓습니다.

그런데 여러분, 하나님을 믿지 않는 사람들은 명절이 되면 어떻게 합니까? 고향으로 가서 조상들에게 제사를 지냅니다. 조상에게 제사를 드리는 이유가 뭡니까? 조상님께 제사를 드리는 이유가 세 가지 정도 있습니다.

첫 번째 제사를 드리는 이유는 살아 있는 조상은 힘이 없지만 죽으면 능력 있는 귀신이 된다는 것입니다. 두 번째는 그 귀신은 떠돌아다니다가 자기의 이름을 부르는 곳으로 달려온다는 것입니다. 그래서 그 달려온 귀신이 어떻게 합니까? 세 번째는 자기를 섬기는 자들을 도와 준다는 것입니다. 여러분, 중요한 것은 우리가 제사를 이해해야 합니다. 제사의 핵심은 초혼입니다. 죽음의 세계를 부른다는 것입니다.

제사는 좋은 점도 있고 아주 위험한 것도 있습니다. 좋은 점은 뭡니까? 조상을 기억하고 효도를 생각하는 것입니다. 감사할 줄 안다는 것입니다. 그러나 위험한 요소는 뭡니까? 죽음의 세계를 불러들인다는 것입니다. 어둠의 권세가 임합니다. 제사는 효도라고 하는 아름다운 미풍양속을 빌미로 어둠의 권세가 우리의 삶으로 침투하도록 문을 여는 것입니다. 제사는 귀신을 불러들이는 것입니다. 더 정확하게 말하면, 제사 지낼 때 우리의 조상이 오는 것이 아니고 악한 영과 귀신인 어둠의 권세가 들어와서 우리를 지배하는 것입니다. 그래서 성경은 제사를 강력하게 금지했던 것입니다.

> "무릇 이방인이 제사하는 것은 귀신에게 하는 것이요 하나님께 제사하는 것이 아니니 나는 너희가 귀신과 교제하는 자가 되기를 원하지 아니하노라"(고전 10:20).

이방인의 제사는 귀신에게 하는 것입니다. 그러므로 귀신과 교제하는 자가 되지 마시길 축원합니다.

그런가 하면 오늘 본문은 뭐라고 말씀하고 있습니까? 신명기 26장 14절은 무슨 말씀입니까? 여러분, 음식물은 살아 있는 자를 위한 것입니다. 죽은 자를 위해 사용하는 것이 아닙니다. 살아 있는 자를 위해 주신 하나님의 선물이기 때문입니다. 그러므로 죽은 자를 위해서는 음식을 사용하면 안 된다고 말씀하고 있습니다.

사랑하는 성도 여러분! 사실 조상님들은 고마운 분들입니다. 우리를 사랑해 주신 분들입니다. 그러나 우리에게 복을 주시는 분은 하나님이십니다. 그러므로 우리는 조상에게 제사 지내는 대신 명절에 어떻게 해야 합니까? 바로 하나님께 예배하시길 축원합니다. 이것이 오늘 본문의 첫 번째 가르침입니다.

우리 성도님들의 가정 안에서도 부득이한 사정으로 제사를 지내는 가정이 있을 수 있습니다. 그런 가정들은 기도하시기 축원합니다. "하나님, 지금은 우리 가정이 제사를 지내고 있지만 우리 가정이 언젠가는 하나님께 돌아와서 하나님께 감사의 예배를 드릴 날이 속히 오길 바랍니다."

그런가 하면 예배드리는 가정에서는 예배를 드릴 때 고백해야 할 것이 있습니다. '내가 하나님이 맹세하신 땅에 있습니다. 내가 가나안 땅에 있습니다. 오늘의 내 형편 또한 하나님이 주신 은혜의 현실임을 믿습니다.' 감사하면서 예배를 드리라는 것입니다. 우리는 좀 더 나은 상황을 꿈꾸며 그때가 되면 감사하겠다고 생각을 하지만 아닙니다. 지금 이 현실 이대로를 감사하는 것이 예배의 시작입니다. 그래서 하나님이 명절 때 바라시는 것은 불평하지 말라는 것입니다. 내일 일은 하나님께서 도와주실 것을 믿고 오늘 이 모습 이대로 감사하며 즐기는 것이 우리에게 주신 명절의 참뜻입니다. 그러므로 이번 명절도 이런 은혜가 있기를 축원합니다.

둘째, 하나님께서 베푸신 은혜를 나누어야 합니다.

여러분, 왜 성경은 명절 때마다 절기 때마다 하나님께서 베푸신 은혜를 나누라고 말씀하고 있습니까? 많은 가정들이 명절 때 보면 하나님의 은혜를 나누기보다는 집안 자랑들을 많이 합니다. 사업에 성공한 이야기, 투자해서 성공한 이야기, 그런가 하면 가문 자랑을 많이 합니다. 그러나 성경은 그러지 말라고 합니다. 우리 가정에 베푸신 하나님의 은혜를 나누라고 말씀을 합니다. 우리 가문은 뼈대가 있는 가문이라고 가문 자랑하지 말고 "우리 가정과 나의 과거는 참 어렵고 힘들었단다. 그러나 하나님이 도우셔서 오늘 이렇게 살아가고 있단다" 이렇게 말하라는 것입니다.

신명기 26장 5-9절에 하나님 앞에 감사의 예물을 가지고 드린 후에 입으로 고백하는 말이 있습니다. '내 조상은 애굽에서 노예로 살았는데 하나님이 구원해 주셨습니다, 우리 조상들은 초라한 조상이었습니다' 하며 자기 가문에 비천함을 자식들 앞에서 고백하라는 것입니다. 그래서 우리 인생이 하나님의 은혜로 산다는 것을 가르치라는 것입니다. 십자가 예수의 은혜를 잊지 말고 잘 가르치라는 것입니다.

이런 이야기를 들으면서 자녀들은 '하나님께서 우리 부모님에게 이런 은혜를 베풀었구나!' 깨닫고 우리의 삶에도 하나님의 은혜가 베풀어지길 원한다는 것입니다. '얘들아! 아버지 어머니를 믿는 것이 아니고 아버지 어머니를, 오늘이 있게 하신 하나님을 바라보아야 한다' 하며 자식들이 부모가 아닌 하나님을 바라보게 한다는 것입니다. 이런 교육을 명절 때 해야 하는 것입니다.

사랑하는 성도 여러분, 이렇게 교육하는 것이 내 재산 일부를 나눠 주는 것보다 훨씬 크고 값진 것입니다. 그래서 하나님은 이런 고백을 하나님과 자녀들 앞에서 분명히 하라고 교육시키는 것입니다.

Q. 아들아 너는 지난 1년 동안 가장 힘들었던 때가 언제였니? 어떻게 극복했니?

Q. 아빠 엄마는 지금까지 살면서 가장 힘들었던 순간이 언제예요? 하나님의 도우심이 아니면 극복할 수 없었던 일은 어떤 일이 있었나요?

이런 질문을 하고 대답해 보라는 것입니다. 우리가 어떻게 살아왔는지를 물으며 나눌 때 하나님의 은혜가 거기에 임하는 것입니다. 지금도 많은 한국의 부모님들이 자식을 위해서라면 아낌없이 희생합니다. 그래서 자식이 뭘 달라면 거절하지 못합니다. 그런데 부모는 사실상 하우스 푸어입니다. 집밖에 가진 것이 없어요. 그런데 자식들은 부모님이 꽤나 가지고 있다고 생각을 합니다. 그러니까 부모가 주는 것은 당연하고 앞으로도 더 받을 것을 기대하며 삽니다. 그래서 부모님께 감사도 하지 않는다는 것입니다. 여기에 대한 부모의 대안이 뭡니까? 솔직하게 고백하라는 것입니다. 자녀들이 부모를 의지하지 못하게 부모님들은 상황을 있는 그대로 이야기해야 합니다.

사랑하는 성도 여러분, 모든 부모는 잘났든 못났든 자기 자녀에게 존경받고 싶고 그것이 모든 부모의 소원입니다. 어떻게 하면 부모인 우리가 자녀들에게 존경받을 수 있을까요? 무엇인가를 이루었다고 여러분의 강함을 드러내면 자녀들이 여러분을 높여 줄까요? 아닙니다. 나를 높이지 않고 오늘의 나를 있게 하신 하나님의 은혜를 높이는 것입니다. 할렐루야! 그러면 하나님이 영광을 받으시고 다시 그 부모를 자식들 앞에서 높여 줍니다. 이런 저와 여러분 모두가 되기를, 자녀들로부터 진정한 존경을 받기를 축원합니다. 여러분, 스스로가 강해져서가 아닙니다. 여러분이 하나님을 높일 때 하나님은 여러분을 자녀들 앞에서 존귀케 하실 줄 믿습니다.

그런가 하면 명절 때 우리는 자연스럽게 툭툭 던질 이야깃거리가 있습니다. 그것이 무엇입니까? 바로 죽음에 관한 것입니다. 우리나라 사람들은 죽음에 관한 이야기를 잘 하지 못합니다. 그래서 끝내 말하지 못하고 임종을 하는 경우가 많습니다. 여러분, 1년 중에 죽음에 대해서 가장 말하기 쉽고 자연스럽게 말할 때가 언제입니까? 바로 명절 때입니다.

성묘를 할 때 자연스럽게 조상들 이야기가 나옵니다. "너희 할아버지 할머니는 이런 분이셨다. 이렇게 사시다가 이렇게 돌아가셨다." 먼저 돌아가신 분들에 대해 이야기를 하는 시간을 갖습니다. 그리고 내가 지금까지 어떻게 살아왔는지 말하면서 앞으로 내가 어떻게 살다가 하나님께로 가고 싶은지 말할 수 있는 아주 좋은 기회입니다. 죽음에 대해서 말하기 가장 좋은 때가 바로 명절 때입니다. 사실 명절 때 아니면 자식들 앞에서 자신의 죽음과 미래에 대해서 말할 기회가 많지 않습니다.

그래서 죽음을 전공하는 전문가들은 강력하게 권고합니다. 가족들이 다 모였을 때 부모님이 자신의 죽음과 미래에 대해서 언급하라는 것입니다. 완벽하게 유언을 하라는 이야기가 아닙니다. "얘들아, 아빠가 엄마가 죽기 전에 다만 이런 일을 하다가 하나님 앞에 가고 싶다" 하며 마음의 소원을 표현해 보라는 것입니다. 그런 이야기를 자녀들이 처음 들을 때는 낯설어 합니다. "엄마! 왜 그래? 이렇게 좋을 때 죽는 이야기를 해" 이렇게 말하겠지만, 이렇게 받으면 됩니다. "뭐 어떠니? 사람은 언제가 하나님 앞에 가야 하는데, 내가 나이 먹으면 기억이 더 약해질 수도 있으니 이렇게 건강하고 정신이 좋을 때 너희들에게 부탁할 수도 있는 거지. 얘들아, 엄마는 이 찬송가 참 좋다. 내가 죽으면 이 노래를 장례식 때 불러 다오." 이런 교육을 하라는 것입니다.

여러분, 어떠세요? 명절에 죽는 이야기를 하면 어두워지지 않을까요? 죽음에 대해서 말하는 부모가 하나님에 대한 확실한 소망이 없으면 어두워집니다. 그러나 부모님의 믿음이 확고하게 하나님께 서 있고 소망이 하나님께 있으면 절대로 어두워지지 않습니다. 내가 언젠가 하나님 앞에 가야 하는데, 우리의 삶이 여기가 끝이 아니고 영원한 하나님 나라가 있다고 하는 것을 보게 함으로 온가족이 현실을 넘어 영원한 하나님의 나라를 바라보게 하는 귀중한 교육의 시간이 됩니다.

신앙인들은 어떤 주제라도 하나님에 대한 소망으로 이어지게 되어 있습니다. 이제 이런 이야기를 들으면서 자녀들은 인생을 막 살면 안 된다는 사실을 깨닫게 되고 내 마음대로 인생을 끝내거나 평가할 수 없고, 하나님 앞에 진지하게 바르게 살아가야 한다고 하는 의식을 하게 된다는 것입니다.

여러분, 죽음이라고 하는 것은 모든 인간의 최종적인 가치입니다. 인간의 모든 가치의 결정판입니다. 우리 부모가 어떻게 살았고, 어떻게 살다 죽기를 원한다는 것을 알 때에 자녀들은 부모의 가치를 계승해 나갑니다. 그리고 인생을 깊이 생각하게 됩니다. 부모 자신은 그런 말을 하면서 하나님 앞에 서는 준비를 하고, 자식들은 부모의 그런 가치를 계승하게 됩니다. 인생을 진지하게 바라보게 하는, 모두에게 아주 소중한 시간이며 인생의 성숙을 위한 소중한 시간이 되는 것입니다. 이번 명절이 이런 복된 명절이 되길 축원합니다.

셋째, 이웃과 함께 즐겁게 보내야 합니다.

우리가 명절을 어떻게 보내야 잘 보내는지 알 수 있습니다. 신명기 26장 11절을 보겠습니다. 거류하는 객과 함께 즐거워하라고 명령하셨습니다. 명절 때 가능하면 주변에 고독한 자가 없게 하라는 것입니다. 가능하면 더 많은 사람들과 함께 즐거운 시간을 가지라는 것입니다. 그럴 때 우리 자신이 치유되고 거기에 행복이 싹트는 것입니다.

지난 1월 18일 서울역 앞에서 있었던 일입니다. 눈이 펑펑 오는 날 한 남자가 자신이 입고 있던 방한 점퍼를 벗어 다른 남자에게 입혀 주고 주머니 속에서 뭔가를 꺼내 쥐어 줍니다. 점퍼를 벗어 주던 남자는 지나가는 시민이었고, 그 점퍼를 받은 남자는 노숙인이었습니다. 이 광경을 목격한 사진 기자가 달려가서 노숙인에게 물었습니다. "무슨 일이시죠?" 그러자 노숙인은 눈물을 흘리며 기자에게 대답합니다. "너무 추워서 커피 한 잔을 사 달라고 부탁했는데 아무런 대꾸도 없이 내 어깨를 잡더니 입고 있던 외투와 장갑을 줬습니다. 정말 고맙고 눈물이 납니다." 그리고 남자가 노숙인에게 건네준 것은 외투와 장갑뿐만 아니라 5만 원짜리 지폐도 있었습니다. 사진 기자가 바로 주위를 둘러보았지만 자신이 가진 걸 노숙인에게 선뜻 내어준 남자는 하얀 눈 속으로 홀연히 사라졌습니다[한겨레신문].

명절에는 이웃들과 함께 나누며 즐겁게 보내라는 것입니다. 명절은 가족의 가치관이 공유되는 시간입니다. 그리고 이웃과 함께 즐거워하는 것입니다. 그럴 때 몸과 마음과 영혼이 회복됩니다. 그래서 축복이 됩니다. 이렇게 명절을 잘 보낼 때 주시는 하나님의 약속이 있습니다. 신명기 26장 19절의 은혜가 우리 모두에게 있기를 축원합니다.

가정의 관점을 디자인하라
Design your perspective

명절에는 기억하라

첫째, 제사 대신 하나님께 예배해야 합니다.
둘째, 하나님께서 베푸신 은혜를 나누어야 합니다.
셋째, 이웃과 함께 즐겁게 보내야 합니다.

네 부모를 공경하라(엡 6:1-4)

Design your perspective

자녀들아 주 안에 서 너희 부모에게 순종하라 이것이 옳으니라 네 아버지와 어머니를 공경하라 이것은 약속이 있는 첫 계명이니 이로써 네가 잘되고 땅에서 장수하리라 또 아비들아 너희 자녀를 노엽게 하지 말고 오직 주의 교훈과 훈계로 양육하라

　사람들은 나름대로 소원이 있고 꿈이 있습니다. 그런데 부모가 되면 소원이 단순해집니다. 목회를 하면서 많은 성도님들의 기도 제목이나 가장 큰 소원 하나를 물어 보면 많은 부모님들이 모두다 자식이 잘되는 것입니다. 부모라고 왜 꿈이 없겠습니까? 부모라고 왜 소원이 없겠습니까? 그런데 부모가 되면 소원이 딱 하나가 된다는 말이 있습니다. 많은 꿈과 소원을 가졌던 그 사람이 부모가 되는 순간 최고의 소원이 바뀌어 버립니다. 그것이 뭘까요? 여러분은 무엇이라고 생각을 하십니까? 내 자식이 잘되는 것입니다. 그것이 최고의 소원으로 변합니다.

　사랑하는 성도 여러분, 그렇다면 부모의 최고의 기쁨은 어디서 옵니까? 바로 자식에게서 오는 것입니다. 부모의 최고의 슬픔도 자식에게서 옵니다. 야곱은 사랑하는 아들 요셉이 죽은 줄로만 알았습니다. 그런데 그 아들이 늘 아버지의 가슴속에 잊을 수 없던 그 아들 요셉이 애굽의 총리가 되었다는 말을 듣고 애굽으로 갑니다. 야곱이 꿈에도 잊지 못했던 사랑하는 아들 요셉을 보는 순간에 야곱이 흐느끼며 이렇게 고백을 합니다.

"이스라엘이 요셉에게 이르되 네가 지금까지 살아 있고 내가 네 얼굴을 보았으니 지금 죽어도 족하도다"(창 46:30).

이렇게 감격해서 외칩니다. 그리운 아들의 모습, 죽은 줄로만 알았던 아들이 살아서 잘되어 있는 모습은 부모의 생명을 바꿀 만큼 가치 있고 아름답고 기쁘다는 것입니다.

이처럼 자식이 잘되는 것은 부모의 가장 큰 소원이요 기쁨입니다. 그런가 하면 자식의 죽음은 부모에게 가장 큰 슬픔을 안겨 줍니다. 다윗의 아들 압살롬이 아버지를 몰아내고 왕권을 차지하기 위해서 반란을 일으켜서 예루살렘으로 쳐들어옵니다. 이때 아버지 군대와 아들 압살롬 군대의 싸움이 벌어집니다. 그러나 결국은 아버지를 대적해서 죽이겠다고 반란을 일으킨 압살롬이 요압에게 잡혀 죽습니다. 아버지 가슴에 칼을 들이댄 그 못된 아들이 죽었다는 소식을 다윗이 듣습니다. 다윗이 아들이 죽었다는 소식을 듣고 어떻게 합니까? "내 아들 압살롬아 내 아들 내 아들 압살롬아 차라리 내가 너를 대신하여 죽었더면"(삼하 18:33) 하며 패역한 자식이지만 자식의 죽음 앞에 슬피 울며 통곡을 합니다. 이것이 부모입니다.

여러분, 자식은 키워 놓으면 자기 혼자 큰 줄 압니다. 그런데 오늘의 내가 있기까지 나를 사랑하고 희생하신 분이 계시지요. 그분이 없으면 결코 내가 자랄 수 없었다는 것을 알 수 있습니다. 이 세상에는 수많은 사람들이 있습니다. 그런데 여러분을 낳고 길러 주신 분, 나를 가장 사랑해 주고 나에게 모든 것을 주고 더 주길 원하시는 분, 그런 분은 딱 한 분밖에 없습니다. 그분이 누구십니까? 바로 저와 여러분의 부모님뿐이십니다. 나의 어머니요 아버지뿐입니다.

이러한 부모에 대한 자녀의 자세를 가리켜서 뭐라고 합니까? 효도라고 합니다. 여러분, 인간이 가진 가장 기본적인 가치를 윤리라는 말로 표현을 합니다. 그런데 윤리의 기준은 각 나라마다 민족과 역사와 종족과 문화마다 각기 다 다릅니다. 윤리의 기준이 다 다릅니다. 그러나 모든 나라, 모든 문화, 사람이 살아온 모든 역사 속에서도 예외 없이 가장 강조되는 윤리가 뭡니까? 효도입니다. 왜 그렇습니까. 효도는 모든 윤리의 뿌리가 되기 때문입니다.

이렇게 인간의 모든 윤리의 뿌리인 효도를 성경은 어떻게 가르칩니까? 성경은 부모에 대한 효도는 윤리가 아니라 하나님의 명령이요 계명이라고 말씀합니다(엡 6:2). 부모를 공경하는 것이 첫 계명이라고 합니다. 여러분, 성경에는 십계명이 있습니다. 하나님이 인간에게 주신 가장 위대한 가르침입니다. 그런데 이 십계명을 2개의 돌판에 주셨습니다. 한 돌판에는 4개의 계명이 적혀 있습니다. 그것은 하나님과 우리와의 수직적인 관계를 나타내는 계명입니다. 두 번째 돌판에는 5계명부터 10계명까지 인간 상호간에 지켜야 할 수평적인 계명이 기록되어 있습니다. 부모를 공경하라는 5계명은 두 번째 돌판 중 첫 번째에 기록되어 있습니다. 그래서 첫 계명입니다.

그런데 다른 계명들은 이렇게 하라 명령으로 끝이 납니다. 그런데 부모 공경에 대한 계명에는 단서가 붙습니다. '부모를 공경하면 내가 너에게 복을 주겠다. 땅에서 장수하고 네가 잘될 것이다'라는 단서를 달아 놓았습니다. 그래서 부모 공경을 뭐라고 부릅니까? 약속 있는 첫 계명이라고 부릅니다.

이 부모 공경을 다른 말로는 중간 계명이라고 부릅니다. 왜일까요? 하나님의 계명과 인간의 계명을 이어 주는 계명이기 때문입니다. 부모 공경의 계명이 하나님과 인간을 이어 주는 위치에 있기 때문입니다. 부모님은 하나님이 아닙니다. 부모님은 신이 아닙니다. 우상처럼 섬기면 안 됩니다. 그러나 부모님은 모든 인간 중에 가장 앞에 섭니다. 어느 인간보다도 나에게는 가장 소중한 분이지요. 그러므로 어느 인간의 계명보다도 부모 공경이 가장 앞에 있는 첫 번째 계명이라는 것입니다.

이렇게 소중한 부모에 대해서 우리는 어떻게 해야 합니까? 오늘 성경은 뭐라고 말씀을 하고 있습니까?

첫째, 부모님께 순종해야 한다.

순종해야 합니다(엡 6:1). 세상 사람들은 부모로부터 받은 은혜가 많으니까 당연히 공경해야지 하며 보답의 의미를 가지고 공경할 수 있습니다. 효도할 수 있습니다. 그러나 성경은 그렇게 말씀하지 않습니다. 세상에서 말하는 보답이나 보은의 차원에서 공경하는 것보다 더 높은 차원의 이유가 있습니다.

첫째는 부모님을 위한 것입니다. 여러분, 자녀가 부모를 공경하지 않으면 늙은 부모를 누가 돌보겠습니까? 하나님께서는 늙은 부모 자신을 위해서 부모 공경을 명하신 것입니다. 이렇게 해석하는 것을 사회경제적 해석 방법이라고 합니다. 여기서 말하는 부모 공경이란 늙은 부모가 돌아가실 때까지 의식주를 공궤하는 것을 의미하기도 합니다. 그렇다면 부모가 자식 신세를 지고 살 필요 없을 정도라면 부모 공경이 필요 없는 것일까요?

그래서 두 번째 계명이 등장합니다. 부모 공경의 이유는 행복한 가정을 위한 것입니다. 이것을 공동체적 해석 방법이라고 부릅니다. 여러분, 우리는 행복한 가정이라고 하면 부부 두 사람이 서로 사랑하면 행복한 가정이 된다고 생각을 합니다. 그러나 그렇지 않습니다. 행복한 가정의 가장 중요한 비결은 부모 공경입니다. 부모 공경이 없는 가정은 절대로 행복할 수가 없습니다. 왜 그렇습니까? 부모와 나와의 관계가 모든 관계를 결정짓는 첫 번째 단추이기 때문입니다. 많은 사람들이 부부 문제가 있을 때 너와 나의 부부 문제라고 생각하지만 그렇지 않습니다. 나와 내 부모와의 관계, 저 사람과 부모와의 관계가 얽혀서 부부의 관계를 어렵게 만드는 것입니다.

사랑하는 성도 여러분, 왜 그럴까요? 부모님과의 관계를 저 사람에게 투사시키기 때문입니다. 부모와의 관계가 바르게 되어 있지 않은 사람은 부부 관계가 바로 되지 않습니다. 그뿐 아닙니다. 부모와 관계가 바로 되어 있지 않으면 나와 자식의 관계도 바로 될 수 없습니다. 그 상처가 그대로 무의식 속에 남아서 나타나기 때문입니다. 부모님과 나와의 바른 관계는 올바른 부부 관계의 기초요 나와 자식 관계에 있어서도 올바른 관계의 기초가 됩니다.

그래서 행복한 관계의 전제가 뭡니까? 부모님과 사이가 좋아야 합니다. 부모님과 나와의 관계가 좋아야만 가정이 질서가 잡힙니다. 정서가 안정이 됩니다. 그래서 행복해지는 것입니다. 부모님과 나와의 관계가 좋은 사람이 배우자와의 관계도 좋고 자식과의 관계가 좋습니다. 그래서 자녀들의 과제가 뭡니까? 부모님을 사랑하는 것입니다.

부모님을 사랑하는 것이 공경하는 것입니다. 동시에 부모로부터 독립해야 합니다. 그런데 여러분, 부모를 사랑해야만 제대로 독립을 할 수 있습니다. 행복한 가정을 위해서는 부모 공경이 절대적으로 필요합니다. 그런데 이것보다 더 중요한 부모 공경의 이유가 있습니다. 그것이 무엇입니까?

진정한 인간이 되기 위해서 부모 공경이 중요합니다. 진정한 인간이 되게 하기 위해서 부모 공경은 반드시 필요합니다. 이것이 존재론적 해석 방법입니다. 여러분, 인간은 어떤 존재입니까? 인간은 죄인입니다. 그 죄의 뿌리가 뭡니까? 교만함입니다. 그 교만함이 어떻게 표출이 됩니까? 내 위에 아무도 없다는 것입니다. 하나님도 없고 부모도 필요 없고 나를 다스리는 사람도 필요 없고 '내가 내 인생 주인이다 내 인생 내 것이다' 이런 교만이 하나님으로부터 우리를 떠나게 했습니다. 이 교만의 결과가 무엇으로 나타납니까? 바로 거역으로 나타납니다. 그래서 인간은 근본적으로 교만하고 거역을 좋아하는 존재입니다. 애들도 조금만 자라면 말을 듣지 않게 됩니다.

사랑하는 성도 여러분, 우리에게 있는 이 거역을 치료하는 치료제가 있습니다. 그것이 뭡니까? 바로 순종입니다. 순종은 교만을 치료하는 치료제입니다. 순종은 거역을 치료하는 치료제입니다. 오늘 이런 은혜가 있기를 축원합니다.

그러면 우리가 어떻게 순종을 가르칠 수 있습니까? 가장 쉬운 방법이 부모에게 순종하는 것입니다. 왜 그렇습니까? 부모는 눈에 보이는 분입니다. 부모님은 추상적인 존재가 아닙니다. 내 앞에 계신 나를 가장 사랑하시는 나를 위해서 무엇이든지 하실 수 있는 분, 나를 위해 실제로 희생하시는 분입니다. 누구보다도 순종하기 좋은 대상이 부모님입니다.

그러면 그 부모님에게 순종하지 않은 인간이 누구에게 순종을 잘하겠느냐는 것입니다. 나를 위해 자신의 모든 것을 다 내주는 부모님인데 그 부모에게 순종하지 않으면서 어떻게 하나님을 잘 섬길 수 있겠느냐는 것입니다. 그리고 다른 사람들에게 잘 할 수 있겠느냐는 것입니다.

사랑하는 성도 여러분, 오늘 여러분의 생각은 어떻습니까? 부모에게 불순종하는 사람이 다른 사람에게 순종을 잘할 것 같습니까? 그렇지 않습니다. 그래서 하나님은 우리가 가장 순종하기 좋은 부모님을 놓고 순종을 훈련시키는 것입니다. 부모 공경은 종교적으로는 하나님에 대한 순종을 가르칩니다. 동시에 사회적으로는 모든 인간관계에서 질서와 순종하는 인간관계로 만들어 가는 것입니다. 다시 말하면, 부모에 대한 자세가 잘못되면 하나님을 똑바로 믿을 수 없고 다른 인간에게 좋은 인간이 될 수가 없다는 것입니다. 그러므로 부모를 공경하십시오.

이것은 내 속에 있는 교만과 거역의 영을 깨뜨려서 진정한 인간, 올바른 인간이 되게 하는 훈련입니다. 그래서 그 인간이 제대로 되어서 하나님께도 순종할 줄 알고 다른 사람도 사랑할 줄 아는 인간으로 만드는 것입니다. 그러므로 부모 공경이 이렇게 중요한 것입니다. "네 부모를 공경하라 이것이 약속 있는 첫 계명이니라"는 말씀처럼 부모님을 공경하시길 축원합니다.

이는 거역하는 자기를 내려놓고 순종하는 자기를 회복하는 길입니다. 교만을 극복하고 겸손을 훈련하는 길이요, 하나님께로 돌아가는 지름길이 부모 공경입니다. 이것이 부모를 공경하라고 하신 이유입니다. 그러므로 부모님께 순종하길 축원합니다.

그러면 부모님께 순종하지 않는 자는 하나님께서 어떻게 하십니까?

둘째, 부모님께 순종하지 않는 자녀는 죽였다.

말씀을 보면 죽였다고 나옵니다. 출애굽기 21장 15절을 보면 부모를 때리는 자는 반드시 죽이라고 했고, 출애굽기 21장 17절을 보면 부모를 저주하는 자, 뒤에서 욕하는 자는 반드시 죽이라고 했으며, 신명기 21장 18-21절을 보면 패역한 자녀는 돌로 쳐서 죽이라고 나옵니다.

요즘에 부모를 거역했다고 해서 누가 죽이겠습니까? 여러분, 그러나 하나님의 계명이 없어지겠습니까? 아닙니다. 인간이 돌을 들어 치지는 않지만 그 계명을 만드신 하나님이 직접 치십니다. 부모 거역에 대한 심판은 하나님께서 약속을 하셨다는 것을 기억해야 합니다. 그렇다면 자녀가 성년이 되고 결혼을 했습니다. 그러면 그때는 우리가 부모에게 어떻게 해야 합니까? 어떻게 효도를 합니까?

셋째, 부모 공경이다.

공경해야 합니다(엡 6:2). 왜 그렇습니까? 공경은 부모님의 권위를 언제나 인정하고 그분을 사랑하고 존경하는 것을 말합니다. 부모와 자식 간에 가장 큰 문제가 뭡니까? 경계선의 문제입니다. 무슨 문제입니까? 부모와 자식의 경계선을 어떻게 그을 것이냐가 가장 중요한 문제입니다. 가정 안에서 모든 상처가 어디서 옵니까? 경계선이 분명치 않아서 옵니다. 모든 상처가 거기서 옵니다.

옛날처럼 부모가 자식을 위해서 희생하고 헌신하지만 요즘 자녀들이 옛날처럼 부모에게 순종하나요? 안 합니다. 그렇게 하고 살 수가 없습니다. 유교적인 틀 안에서는 부모나 자식이 성숙할 수가 없습니다. 이 경계선의 문제를 해결할 수 있는 문제가 뭡니까? 순종과 공경입니다. 이 두 단어의 개념이 그렇게 중요합니다. 확실하게 알고 있으면 많은 부분에서 자유케 됩니다.

순종과 공경의 차이가 뭡니까? 부모님의 명령입니다. 순종은 명령을 듣는 것입니다. 그런데 공경은 명령과는 상관이 없습니다. 왜냐하면 자녀가 이미 다 성장했기 때문에 부모가 명령하지 않습니다. 이제 독립된 가정을 이루었기 때문에 명령도 하지 않으며, 그때는 순종하는 것이 아니라 부모님을 공경하는 것입니다. 결혼하고 나서도 부모님께 순종해야 한다고 생각하기 때문에 많이 힘들어지는 것입니다.

순종을 통해서 효도하다가 공경으로 바뀐다는 개념을 이해하지 못해서 많은 부모님들과 자녀들이 상처를 받고 서로 간에 힘들어 합니다. 여러분, 우리가 자녀를 결혼시키는 것은 결혼이라는 것을 통해 자녀를 떠나보내는 것입니다. 그런데 결혼을 시켜 놓고도 떠나보내지 않고 뒤에서 '내 말대로 하라' 그렇게 조종하는 부모가 있습니다. 자녀에 대한 집착이라고 말을 합니다. 심리학적으로는 우리 부모가 성숙하지 못해서 그런 것입니다. 보내지를 못했기 때문입니다.

보내 놓고도 뒤에서 명령하고 조종하는 부모의 말씀을 그대로 따라가야 한다고 믿고 그것이 효도라고 생각하는 사람들이 많은데, 그것은 효도가 아닙니다. 순종과 공경의 개념을 몰라서 그런 것입니다. 많은 마마보이들이 심리학적으로는 효자라고 착각을 하고 있습니다. 여러분, 그렇다고 부모님을 무시하라는 말이 아닙니다. 가능하면 부모님의 말씀에 순종하십시오. 부모입니다. 그러나 내 의견과 다르거나 내 배우자와의 관계를 파괴하면서까지 따라가면 안 됩니다. 이것이 경계선입니다.

부모의 말씀을 따르지 않으면 불순종이지만, 순종하지 않으면서도 공경을 잊지 말라는 것입니다. 그러니까 부모와 자식이 함께 알아야 할 것은 순종하지 않으면서도 공경할 수 있다는 것입니다.

예를 들어 고부간에 갈등이 있을 때 남편들은 누구 편을 들어야 합니까? "어머니, 감사합니다. 그런데 저희들 살림이니까 걱정하지 마세요. 저희들이 알아서 할게요" 이렇게 경계선을 그어 주어야 한다는 것입니다. 이것이 불효가 아닙니다. 이렇게 어머니의 말씀에 감사하면서도 공경하면서도 자기의 가정을 지켜 가야 하는 것입니다.

어버이 주일을 맞이해서 주님은 말씀하십니다. '네 부모를 공경하라. 그것이 네가 사는 길이다. 그것이 네가 인간이 되는 길이다. 그것이 네가 잘되고 장수하는 길이다. 그것이 하나님 앞에서 그리고 다른 사람들 앞에서 사람답게 사는 길이다. 그것이 바로 부모 공경이다.'

가정의 관점을 디자인하라
Design your perspective

네 부모를 공경하라

첫째, 부모님께 순종해야 한다.
둘째, 부모님께 순종하지 않는 자녀는 죽었다.
셋째, 부모 공경이다.

결혼의 목적(요일 4:7-11)
Design your perspective

사랑하는 자들아 우리가 서로 사랑하자 사랑은 하나님께 속한 것이니 사랑하는 자마다 하나님으로부터 나서 하나님을 알고 사랑하지 아니하는 자는 하나님을 알지 못하나니 이는 하나님은 사랑이심이라 하나님의 사랑이 우리에게 이렇게 나타난 바 되었으니 하나님이 자기의 독생자를 세상에 보내심은 그로 말미암아 우리를 살리려 하심이라 사랑은 여기 있으니 우리가 하나님을 사랑한 것이 아니요 하나님이 우리를 사랑하사 우리 죄를 속하기 위하여 화목 제물로 그 아들을 보내셨음이라 사랑하는 자들아 하나님이 이같이 우리를 사랑하셨은즉 우리도 서로 사랑하는 것이 마땅하도다

여러분, 부자들은 왜 계속 부자가 됩니까? 그들은 돈 버는 방법을 알기 때문입니다. 행복한 사람은 왜 계속 행복하게 살까요? 그들은 행복하게 사는 방법을 알기 때문입니다.

하나님은 죄와 사망의 법이 왕 노릇 하는 세상에서 우리에게 행복하게 사는 법을 가르쳐 주셨습니다. 그것이 무엇입니까? 여러분은 무엇이라고 생각을 하십니까? 사람이 사는 곳에는 필요한 것들이 많습니다. 그러나 그중에서도 가장 필요한 것이 있다면 그것이 무엇일까요? 저와 여러분의 가정에 가장 필요한 것이 무엇입니까? 재정입니까? 물론 필요합니다. 취업입니까? 물론 필요합니다. 건강도 필요합니다. 자녀가 이번 시험에 합격하고 잘되면 좋겠습니다. 원하는 것이 많습니

다. 그러나 그중에서 가장 절실하게 필요한 것이 있습니다. 그것이 무엇입니까?

바로 사랑입니다. 사랑이 없어서 인생이 힘이 듭니다. 사랑이 없어서 인생이 불행한 것입니다. 사랑만 있다면 사람은 어떤 고난도 능히 극복할 수 있습니다. 사람은 사랑으로 태어나서 사랑으로 변화되고 사랑을 먹고 살아갑니다. 사랑하는 성도 여러분, 자녀들이 행복하길 원하십니까? 자녀들이 변화되길 원하십니까? 남편이나 아내가 변화되길 원하십니까? 결혼을 할 때는 저마다 꿈꾸는 가정이 있었습니다. 그런데 꿈꾸는 가정과 상관없이 살아가게 됩니다. 아내나 남편이 그리고 자녀들의 원치 않는 모습 때문입니다.

사랑하는 성도 여러분, 여러분이 꿈꾸는 가정이 되길 원하십니까? 그렇다면 오늘 비결을 가르쳐 드리겠습니다. 사람은 변하지 않습니다. 인간은 완고합니다. 인간의 마음에는 견고한 진이 있습니다. 그렇다면 이런 인간이 언제 변화됩니까? 참사랑을 경험하면 변화가 됩니다. 이것이 사랑의 능력입니다. 인간의 가장 무서운 이기심과 자기중심성이 언제 무너집니까? 바로 사랑 앞에 깨어지게 됩니다. 사랑 앞에 헌신적인 사람이 됩니다. 오늘 이런 은혜가 있기를 축원합니다.

그러므로 인간은 무엇으로 살아가나요? 사랑으로 태어나서 사랑에 의하여 양육 받고 사랑의 힘으로 살아갑니다. 그러므로 성경은 말씀합니다. 하나님이 우리를 사랑하신 이유는 우리를 살리려 함입니다. 사랑이 있어야 인간은 산다는 것입니다. 그런데 많은 사람들이 이 사랑을 모르고 이 사랑에 목말라서 오늘도 방황을 합니다. 이 사랑 때문에 우리 자녀들이 방황합니다. 이 사랑 때문에 남편들이 방황합니다.

그렇다면 사랑하는 성도 여러분, 사람은 사랑으로 살아갑니다. 그런데 우리가 이런 사랑을 어떻게 알 수 있고 어떻게 할 수 있느냐는 것입니다. 우리가 이 사랑을 알아야 방황하지 않고 우리 자녀들에게도 가르쳐서 방황하지 않게 할 수 있지 않습니까? 그렇다면 참사랑이 빈곤한 시대에 사랑이 무엇인지 우리 자녀들에게 잘 가르쳐야 합니다.

성경은 사랑을 무엇이라고 말씀합니까? 사랑은 첫 번째로 하나님께 속한 것입니다.

> "사랑하는 자들아 우리가 서로 사랑하자 사랑은 하나님께 속한 것이니 사랑하는 자마다 하나님으로부터 나서 하나님을 알고"(요일 4:7).

여러분, 여기서 핵심 단어가 뭡니까? 사랑은 하나님께 속한 것, 하나님이 사랑이시라는 것입니다. 사랑은 십자가를 통하여 나타난 것입니다(요일 4:9-10). 사랑은 서로 사랑하는 것이 마땅하다는 것입니다(요일 4:11). 그래서 사랑은 응답이라는 것입니다.

하나님은 사랑이십니다. 여러분, 사랑의 시작이 하나님이라는 것입니다. 우리는 내가 사랑을 시작한다고 생각하는데 아닙니다. 사랑은 우리에게서 시작된 것이 아닙니다. 그래서 우리가 사랑에 대하여 갈등할 때 누가 먼저 할 것인가, 먼저 하는 게 손해라고 생각을 합니다. 그런데 여러분, 인간은 사랑의 근원자가 아닙니다. 사랑은 어디서부터 옵니까? 하나님으로부터 옵니다. 그러므로 모든 인간은 하나님으로부터 엄청난 사랑을 받은 것입니다. 조건 없이 엄청난 사랑을 받은 것입니다. 이것이 하나님은 사랑이라는 말의 의미입니다.

두 번째로 이런 하나님의 사랑이 십자가를 통해서 나타난 것입니다. 하나님의 그 사랑이 십자가를 통해서 나타났다는 것입니다. 우리가 하나님의 사랑을 많이 받았고 그 사랑의 종류가 많지만, 그 모든 사랑을 압축해서 우리에게 나타내 보여 주신 사랑이 바로 십자가입니다. 그래서 우리가 십자가 사건을 이해하고 십자가의 예수를 만나면 그 사람은 가장 중요한 사랑을 알게 될 것입니다.

그러면 하나님의 이 사랑을 알고 경험한 사람은 어떻게 사랑해야 합니까? 이 사랑을 경험하고 거듭난 하나님의 자녀들은 이제 어떻게 살아야 합니까? 사랑은 응답입니다(고전 16:14). 하나님의 사랑을 알고 십자가의 사랑을 깨달은 사람은 이제 그 사랑의 응답으로 서로 사랑하는 자가 되는 것입니다. 그러므로 우리의 사랑은 하나님의 사랑에 응답으로서 우리는 형제를 사랑하게 되는 것입니다.

사랑하는 성도 여러분, 5월은 가정의 달입니다. 우리가 서로 만나 행복한 가정을 꿈꾸며 결혼을 했습니다. 그런데 예수 믿고 살아가는 우리 가정 안에 왜 많은 갈등과 문제가 생길까요? 우리가 예수님의 사랑도 알고 그 사랑도 경험하고 믿음 생활을 하는데 왜 부부간에, 부모와 자식 간에 갈등이 생길까요? 여러분은 왜 그렇다고 생각을 하십니까?

첫째, 사람에게서 완전한 사랑을 기대하지 말자.

모든 사람은 완전한 사랑을 꿈꾸며 기대하며 살아갑니다. 그런데 완전한 사랑이 어디에 있습니까? 여러분, 완전한 사랑을 만나 보셨습니까? 사람들은 내가 사랑하는 사람이 나에게 완전한 사랑을 해주길 기대합니다. 배우자에게 혹은 부모님께 그 사랑을 기대합니다. 그러나 그렇게 되던가요? 아닙니다. 인간은 아무도 완전한 사랑을 할 수 없는 존재입니다.

그러면 완전한 사랑은 어디에 있습니까?

"우리가 사랑함은 그가 먼저 우리를 사랑하셨음이라"(요일 4:19).

하나님이 우리를 먼저 조건 없이 사랑하셨습니다. 완전한 사랑은 오직 하나님께만 있다는 것입니다. 아무리 좋은 남편도, 아무리 좋은 아내도 완전한 사랑을 보여 줄 수 있는 사람은 세상에는 아무도 없습니다. 왜 그렇습니까?

인간은 불완전한 존재이며 죄인이기 때문입니다. 그런데 많은 사람들은 사람에게서 완전한 사랑을 기대합니다. 남편에게서 완전한 사랑을 기대합니다. 아내에게서 완전한 사랑을 기대합니다. 부모에게서 완전한 사랑을 기대합니다. 그래서 계속해서 실망하고 상처를 받습니다. 부모가 아무리 잘해 주어도 이기적인 자식은 가슴에 상처가 쌓여 갑니다. 사람에게서 완전한 사랑을 찾지만 발견할 수 없어서 사람들의 가슴속에는 상처만 쌓여 갑니다. 하나님을 떠난 사람들에게 사랑의 상처는 영원히 씻어질 수 없는 것입니다. 우리는 상대방에게 완전한 사랑이 있다고 생각하고 불가능한 것들을 때로는 요구하고 기대합니다. 그래서 상처를 받게 됩니다. 그러나 온전한 사랑은 하나님께만 있습니다.

사랑하는 성도 여러분, 그렇다면 이 온전한 사랑의 결과가 뭡니까? 온전한 사랑에는 두려움이 없습니다.

"사랑 안에 두려움이 없고 온전한 사랑이 두려움을 내쫓나니 두려움에는 형벌이 있음이라 두려워하는 자는 사랑 안에서 온전히 이루지 못하였느니라"(요일 4:18).

사랑 안에 두려움이 없습니다. 온전한 사랑이 두려움을 몰아냅니다. 선포합니다. "두려움은 떠나갈지어다. 어둠은 떠나갈지어다." 사랑 안에 두려움이 없고 완전한 사랑의 결과가 뭡니까? 두려움이 없어지는 것입니다.

그렇다면 사랑하는 성도 여러분, 인간은 왜 두려움이 생기는 것일까요? 인간을 가장 두렵게 하는 것이 무엇일까요? 심리학적으로 말하면 '나는 아무런 가치 없는 존재야' 하며 나는 무가치한 존재라는 것이 우리를 두렵게 합니다. 나는 쓸모없는 인간이라는 것이 우리를 두렵게 합니다. 나는 완전하지 않다는 것, 이것이 우리를 두렵게 합니다.

인간은 이런 두려움에 잡혀 일생을 삽니다. 이런 인간의 영혼 속에 하나님의 사랑이 부어지면 두 가지 큰 확신을 갖게 됩니다.

첫째로 나는 정말 가치 있고 소중한 사람이라는 자존감이 생깁니다. '나는 정말 쓸모 있는 소중한 사람이다.' 이는 나 자신의 자존감을 높여 줍니다. 바로 우리 자신의 정체성을 알게 됩니다. 우리가 하나님의 사랑을 알게 되면 나는 정말 가치 있는 소중한 존재라는 것을 확신하게 됩니다. 불안하고 두려운 인간의 영혼 속에 하나님의 사랑이 부어지면 둘째로 나는 안전하다는 것을 확신하게 됩니다. 내가 하나님을 믿고 주 안에 있기 때문에 안전하다는 것을 확신하게 됩니다.

여러분, 왜 이 두 가지가 우리에게 중요합니까? 인간이 두려워하는 본질적인 이유는 이 두 가지이기 때문입니다. 이 두 가지 문제를 해결할 수 있는 것은 바로 완전하신 하나님의 사랑으로부터 옵니다. 그런데 사람들은 이 두 가지를 사람들로부터 구합니다. 때로는 남편에게 구합니다. 때로는 아내에게 구합니다. 불완전한 부모에게 구합니다. 그러나 정체성과 안전감은 누구로부터 옵니까? 바로 하나님께로부터 옵니다. 그러므로 완전한 사랑의 결과는 내게 있는 두려움이 물러가고 나는 참으로 소중하며 나는 어떤 경우에도 완전하다는 것을 확증해 주는 것입니다.

사랑하는 성도 여러분! 하나님의 사랑을 믿으십니까? 하나님은 이 세상에 아무도 없고 오직 나 혼자만 있어도 사랑하는 아들 예수님을 보내셨을까요? 하나님은 그러셨을 것입니다. 그러므로 여러분은 그만큼 소중한 존재요 가치 있는 존재요 완전하신 하나님께 소중한 사람입니다. 이런 하나님의 사랑에서 우리를 끊을 수 있는 것은 이 세상에는

결혼의 목적(요일 4:7-11) • 233

아무것도 없습니다(롬 8:35). 그러므로 이 사랑을 믿으시길 축원합니다.

하나님을 아는 사람은, 십자가를 경험한 사람은, 이 사랑을 알기 때문에 이제는 충만해져서 다른 사람을 사랑할 수 있는 사람이 되는 것입니다.

그렇다면 오늘 우리는 어떻게 가정을 세우며, 부부는 어떻게 서로 성장해 갈 수 있을까요?

둘째, 사랑은 자신을 내어 주는 것이다.

우리 인간의 사랑은 불완전합니다. 그런데 우리가 어떻게 완전한 사랑 가운데로 나갈 수 있습니까? 두려움을 물리치고 자신을 내어 주는 훈련을 해야 합니다. 이것이 완전한 사랑을 향해 나가는 단계입니다(요일 4:20).

> "누구든지 하나님을 사랑하노라 하고 그 형제를 미워하면 이는 거짓말하는 자니 보는 바 그 형제를 사랑하지 아니하는 자는 보지 못하는 바 하나님을 사랑할 수 없느니라"(요일 4:20).

왜 그렇습니까? 십자가에서 하나님의 완전한 사랑을 경험한 사람은 반드시 형제를 향한 수평적 사랑으로 나가야 합니다.

하나님이 내 사랑에 대한 욕구를 완전히 채워 주셨다면 나와 다른 사람과의 관계는 뭡니까? 인간은 완전한 사랑을 할 수 없으므로 어떤 사람에게 완전한 사랑을 요구하는 것도 잘못이고, 완전한 사랑은 하나님만이 하실 수 있기 때문에 너는 필요 없다는 것도 잘못이라는 것입니다. 왜 그렇습니까? 우리는 하나님의 형상을 가진 동시에 육체를 가진 몸이기 때문에 사람을 통해서도 나의 안전감과 가치를 확인해야만 하는 존재입니다. 이것을 해주는 사람이 누구입니까? 바로 남편과 아내라는 것입니다.

사랑하는 성도 여러분, 남녀가 만나서 가정을 이룹니다. 결혼의 진정한 목적은 내가 사랑하는 사람을 섬기기 위해서입니다. 그런데 신혼부부들은 아직 신혼이기 때문에 사랑에 불타서 성숙한 결혼의 진정한 의미와 목적을 잘 모를 수도 있습니다. 그러다 우리가 신앙생활을 하면서 하나님을 더 알게 되고 신앙이 성장하게 되면 결혼의 진정한 목적을 알게 됩니다.

하나님께서 우리에게 보여 주신 십자가의 사랑이 깊이 경험되기 전까지는, 하나님의 완전한 사랑을 경험하기 전까지는 자기 속에 있는 공허감을 채우기 위해 결혼을 합니다. 그리고 항상 사랑받기를 원하고 섬김 받기를 요구합니다. 그래서 이것이 이루어지지 않을 때 상처를 받습니다. 상처가 너무 아파서 보호막을 형성하고, 그렇게 살아가는 것이 일반적인 모습입니다. 그러나 이제 하나님의 완전한 사랑을 경험하고 고백하는 사람은 자기 존재 속에 있는 가장 깊은 갈망이 채워졌기 때문에 이제 그 사랑을 다른 사람으로부터 공급받을 필요가 없습니다. 그러므로 결혼의 목적이 달라지는 것입니다.

여러분, 부부가 되어 한 가정을 이루며 살면서 정말 오묘한 것은 '어떻게 이 사람이 내 아내가 되었을까? 어떻게 많고 많은 수많은 남자 중에 이 남자가 내 남자가 되었을까?'입니다. 여러분, 그런 생각을 해 보셨습니까? 이것은 엄청난 하나님의 섭리가 들어 있습니다. "하나님! 왜 이 사람을 저에게 아내로 남편으로 주셨습니까?"라고 물으면 하나님께서 뭐라고 대답을 하실 것 같습니까? "아들아! 지금 이 사람이 너에게 가장 잘 맞는 짝이다. 지금 너를 세상에서 가장 행복하게 해 줄 사람이 바로 지금 너의 아내요 남편이다."

여러분, 하나님이 보실 때는 이 세상에 수십억 명의 사람들 가운데 저와 여러분을 가장 잘 섬겨 줄 수 있는 사람이 누구입니까? 바로 내 남편이고 내 아내입니다. 현재 그렇지 못한다 할지라도 원리적으로 그렇다는 것입니다. 지금 우리 부부의 사랑이 완전하지 못하지만 서로 섬기는 것이 하나님이 우리에게 바라시는 결혼의 진정한 목적입니다. 그 가능성이 우리 부부에게 있다는 것을 인정하시길 축원합니다.

저는 유교 집안에서 유교적인 문화와 가치 속에 자랐습니다. 그래서 어릴 때부터 부부가 유별입니다. 결혼을 하면 당연히 섬김을 받으려는 목적과 동기로 결혼을 했습니다. 그런데 십자가의 사랑을 경험하고 복음이 내면화되면서 결혼의 목적이 변했습니다. 사랑을 받으려는 것에서 사랑을 주려는 것으로, 섬김을 받으려는 것에서 섬겨 주려는 것으로 변하였습니다.

성령으로 충만해지고 결혼의 목적을 알게 되면 부부지간에 가장 큰 관심사가 무엇입니까? '내가 어떻게 하면 이 사람을 더 잘 섬길 수 있을까?'입니다. 분명히 이 세상에서 내가 이 사람을 제일 잘 섬길 수 있는 사람인데 어떻게 섬김을 요구하지 않고 잘 섬길 수 있는가를 생각하게 되는 것입니다. 다시 말하면, 나의 배우자는 하나님의 형상을 가진 존재이며 예수님 안에서 참으로 소중하고 완전한 존재라는 것을 생각합니다. 그리고 나는 그 사람의 그 근본적 가치를 더욱 그 사람이 풍성히 느낄 수 있도록 도와주는 남편이고 아내라는 것입니다. 성경은 이것이 결혼의 목적이라고 말씀하는 것입니다.

이것이 결혼의 목적이라면 우리는 어떻게 섬기며 살아야 할까요?

셋째, 너희 모든 일을 사랑으로 행하라.

사랑으로 행해야 합니다(고전 16:14). 어떻게 하는 것이 사랑으로 행하는 것일까요? 먼저 말투가 중요합니다. 우리가 대화할 때도 항상 스스로 생각할 것은 '내가 하는 이 말은 이 사람을 섬기려고 하는 말인가, 아니면 이 사람을 조종해서 내가 섬김을 받으려고 하는 말인가?' 입니다. 내가 이 사람을 섬기는 것을 목적으로 할 때는 언제나 연합이 이루어집니다. 그러나 내가 섬김을 받으려 하고 상대방을 조종하려고 합니다. 상대방을 바꾸려고 합니다. 상대방을 고치려고 합니다. 그래서 지적하고 비난하고 부정적인 말을 합니다. 그럴 때는 반드시 불화가 일어납니다. 그런데 중요한 것은 이런 우리의 의도를 상대방이 아주 귀신같이 안다는 것입니다.

사랑하는 성도 여러분, 그렇다면 늘 대화 중에도 그렇게 상대방을 섬기는 것에 초점을 두려면 어떻게 해야 합니까? 먼저 잘 들어야 합니다. 예수 믿는 저와 여러분은 왕 같은 제사장입니다. 그래서 구약 제사장들의 위임식을 할 때는 숫양을 잡아서 그 피를 제사장 오른쪽 귓부리와 오른손 엄지와 오른발 엄지발가락에 발라 주었습니다(레 8:22-24). 예수 믿고 제사장으로 사는 저와 여러분이 사랑으로 실행하려 할 때 중요한 것이 우리의 삶의 목표와 갈망입니다.

여러분, 목표라는 것은 내 힘으로 이룰 수 있는 것을 말합니다. 그러나 갈망이라고 하는 것은 간절하게 원하고 바라지만 내가 소망을 하지만 내 힘으로만 이룰 수 없는 영역입니다. 예를 들면 내 남편이 나에게 좀 더 다정하게 대해 주고 우리 아이들에 대해서 조금만 더 관심을 가져 주었으면 좋겠다는 것, 이것은 갈망입니다. 이것은 상대방이 협조를 해주어야만 달성될 수 있기 때문입니다. 그런데 이 갈망은 실패할 수 있습니다. 남편이 그렇게 안 해주면 실패합니다. 그래서 우리의 갈망은 언제든지 실패할 수 있습니다. 이런 나의 갈망이 이루어지지 않았다고 해서 실망하거나 다툴 필요가 없습니다. 그래서 갈망의 최고 선택은 기도하는 것입니다.

반면에 목표는 상대방과 상관없이 내가 마음먹은 대로 행하는 것입니다. 이 목표의 최고 행동은 실천입니다. 남편이 퇴근하고 오면서 '아, 오늘 피곤한 일이 많았는데 내가 문을 열고 들어가면 아내가 반갑게 뛰어나와 반갑게 맞이해 주고 정성껏 준비한 식탁으로 나를 인도해 주겠지?' 이런 갈망을 가지고 퇴근할 수 있습니다. 그런데 웬걸 아내가 한마디 툭 쏘아 붙입니다. "왜 이렇게 늦게 와요!" 이때 내 갈망의 실패입니다. 이것은 늘 일어나는 일입니다.

그러나 내 목적이 변하면 안 됩니다. 그런 순간에도 나는 이 사람을 섬겨야 한다는 목적을 바꿔서는 안 된다는 것입니다. '내 갈망이 이루어지지 않는다 해도 나는 계속해서 이 사람을 섬길 것이다.' 이렇게 할 때 자기의 목표가 성취가 됩니다. 그러므로 내 갈망이 이루어지지 않는다고 해도 흔들리지 말고 내가 섬겨야 한다는 목표를 성취하다 보면 내 갈망이 저절로 이루어진다는 것입니다.

그러므로 사랑으로 행하길 축원합니다. 오늘 우리는 하나님으로부터 완전한 사랑을 받았습니다. 나는 하나님 안에서 소중한 존재이고 가치 있는 존재이며, 그리고 나는 행복합니다. 이 사랑은 완전합니다. 그런데 여기서만 머물면 안 됩니다. 왜 그렇습니까?

> "누구든지 하나님을 사랑하노라 하고 그 형제를 미워하면 이는 거짓말하는 자니 보는 바 그 형제를 사랑하지 아니하는 자는 보지 못하는 바 하나님을 사랑할 수 없느니라"(요일 4:20).

하나님을 사랑한다면 그 사랑을 경험했다면 하나님의 사랑으로 자신을 내어 드리길 축원합니다.

하나님을 사랑하는 자는 나머지 사랑의 영역으로 뛰어 내려야 합니다. 나와 남편의 사랑의 영역은 저 아래 있습니다. 내 아내가 저 아래 있고 내 남편이 저 아래 있다고 나는 위에서만 있으면 안 됩니다. 여기서 충만함을 공급받고 어떻게 해야 합니까? 저리로 내려가야 합니다. 상대를 향해 나를 던져야 한다는 것입니다.

그런데 이것을 방해하는 것이 있습니다. 그것이 무엇입니까? 바로 두려움입니다. 이 두려움을 어떻게 이길 수 있습니까? 온전한 사랑이 두려움을 내어 쫓습니다. 선포합니다. "두려움의 영은 떠나갈지어다!" 하나님은 지금도 완전한 사랑으로 저와 여러분을 붙들고 계신다는 것을 믿어야 합니다. 그래서 상대방에게 거절당하고 무시 받고 외면 받을 것에 대한 두려움을 극복하고 그에게 나를 내어 주는 던짐의 일이 일어나길 축원합니다.

3년 전인가요? 아내 환갑 때 아이들이 엄마 환갑 기념으로 스카이다이빙을 예약해 놓았습니다. 두 사위와 두 딸과 함께 경비행기를 타고 상공 2만 피트에서 뛰어내려야 합니다. 그런데 혼자 뛰어내리는 것이 아니라 마스터들이 우리와 함께 함께 뛰어내립니다. 맨몸으로 떨어지는 것이 아니라 낙하산을 메고 뛰어내립니다. 두렵지만 몸을 던졌습니다. 안전하게 착지를 했습니다.

사랑하는 성도 여러분, 우리 몸을 사랑에 던져야 합니다. 우리 허리에 굵은 밧줄을 묶어 주시고 결코 떨어져 깨지지 않는다는 하나님의 약속과 함께 하나님은 오늘 우리에게 뛰어내리라고 말씀하십니다. 그렇다면 이제 서로의 성장을 위해서 우리는 어떻게 해야 할까요? 뛰어내려야 합니다(고전 16:14). 완전한 사랑을 믿고 두려움을 극복하고 나를 그 사람에게 내어 주는 도전을 하시길 축원합니다.

두려움을 이기고 먼저 당신을 내어 주십시오. 사랑이 성장하는 과정에는 언제나 이러한 모험이 필요합니다. 이제까지는 많은 부부들이 어떤 모습으로 살아갑니까? '나를 좀 사랑해 봐. 나를 좀 더 섬겨 봐. 나는 당신이 섬겨 주지 않기 때문에 비참해' 투덜대고 싸웁니다. 그런데 여러분, 나의 진정한 가치는 누가 줍니까? 상대방이 주는 것이 아닙니다. 나는 이미 하나님의 완전한 사랑을 받았으므로 나는 소중하고 완전한 것입니다. 이 사랑을 가지고 이제 상대를 향해 나가야 합니다.

내 남편이, 내 아내가 얼마나 소중하고 완전한가를 나를 통해 그 가치가 확인될 수 있도록 섬기고 돕는 것이 결혼의 진정한 목적입니다. 물론 인간은 이기적이기 때문에 지금도 때로는 나를 방어하고 싶고 상대방을 공격하고 비난하고 조종하고 싶지만, 그런 순간에도 다시 마음을 바꾸어 진정한 목표인 섬기는 자세로 돌아와야 합니다.

주님께 그 힘을 구하고 도우심을 구하며 나가길 축원합니다. 이것이 무엇입니까? 예수의 이름으로 자신을 내어 주는 것입니다. 예수의 이름으로 나를 내어 주는 것은 두려운 일입니다. 그러나 온전한 사랑을 경험한 사람은 그 두려움을 내쫓고 그 일을 할 수 있습니다. 믿음으로 그 일을 시작할 때 하나님이 능력도 부어 주시고 결과도 책임져 주실 줄 믿습니다.

가정의 관점을 디자인하라
Design your perspective

결혼의 목적

첫째, 사람에게서 완전한 사랑을 기대하지 말자.
둘째, 사랑은 자신을 내어 주는 것이다.
셋째, 너희 모든 일을 사랑으로 행하라.

장막집이 무너지기 전에(고후 5:1-10)

Design your perspective

만일 땅에 있는 우리의 장막집이 무너지면 하나님께서 지으신 집 곧 손으로 지은 것이 아니요 하늘에 있는 영원한 집이 우리에게 있는 줄 아느니라 참으로 우리가 여기 있어 탄식하며 하늘로부터 오는 우리 처소로 덧입기를 간절히 사모하노라 이렇게 입음은 우리가 벗은 자들로 발견되지 않으려 함이라 참으로 이 장막에 있는 우리가 짐 진 것같이 탄식하는 것은 벗고자 함이 아니요 오히려 덧입고자 함이니 죽을 것이 생명에 삼킨 바 되게 하려 함이라 곧 이것을 우리에게 이루게 하시고 보증으로 성령을 우리에게 주신 이는 하나님이시니라 그러므로 우리가 항상 담대하여 몸으로 있을 때에는 주와 따로 있는 줄을 아노니 이는 우리가 믿음으로 행하고 보는 것으로 행하지 아니함이로라 우리가 담대하여 원하는 바는 차라리 몸을 떠나 주와 함께 있는 그것이라 그런즉 우리는 몸으로 있든지 떠나든지 주를 기쁘시게 하는 자가 되기를 힘쓰노라 이는 우리가 다 반드시 그리스도의 심판대 앞에 나타나게 되어 각각 선악 간에 그 몸으로 행한 것을 따라 받으려 함이라

6월입니다. 여러분, 세월이 참 빠릅니다. 6월은 호국의 달입니다. 나라를 지키기 위해 순국하신 선열들을 기리는 달이기도 합니다. 우리는 늘 그분들에게 빚을 지고 삽니다. 그분들의 희생이 없었으면 오늘 우리가 없었을 것입니다. 나라를 위해 순국하신 선열께 늘 감사하며 사는 저와 여러분이 되길 축원합니다.

영국의 처칠 수상은 2차 세계대전 이후 사람들의 도덕성이 땅에 떨어진 것을 개탄하면서 이런 고백을 했습니다. "여러분, 대영 제국이 이렇게 무너지고 문란해진 것은 교회에서 더 이상 천국과 지옥이 선포되고 있지 않기 때문입니다." 확실하게 천국과 지옥이 선포되지 않기 때문에 사람들이 타락을 합니다. 사람들이 갈등하고 죄에 빠지고 휘청거립니다. 그러므로 사람들의 가치관을 확실하게 붙잡아 줄 천국과 지옥에 대한 분명한 메시지가 선포되어야 합니다.

그런데 사람들은 그렇게 중요한 천국과 지옥에 대한 이야기를 저마다 듣고 싶어 하지 않습니다. 사람들은 천국과 지옥 이야기를 하면 아주 싫어합니다. 그래서 언제부턴가 교회에서도 천국과 지옥 이야기를 하지 않게 되었습니다. 성경에서 가장 중요한 주제인 천국과 지옥 이야기가 천대 받고 무시하고 듣기 싫어하는 이야기로 전락했습니다.

사랑하는 성도 여러분, 그렇다면 왜 사람들은 천국과 지옥 이야기를 싫어할까요? 여러분은 왜 그렇다고 생각을 하십니까? 천국과 지옥 이야기는 사탄이 가장 싫어하기 때문입니다. 천국과 지옥 이야기는 어둠이 싫어하기 때문입니다.

"짐승이 입을 벌려 하나님을 향하여 비방하되 그의 이름과 그의 장막 곧 하늘에 사는 자들을 비방하더라"(계 13:6).

여러분, 이 세상의 원수 마귀가 가장 싫어하는 세 가지가 있습니다. 첫 번째는 하나님 존재 자체를 싫어합니다. 두 번째는 예수의 이름과 그의 장막인 천국을 싫어합니다. 세 번째는 앞으로 그곳에 가서 살 천국 백성들을 싫어합니다. 사탄은 이 세 가지를 말하는 것 자체를 아주 싫어합니다. 하나님과 예수의 이름과 하나님의 백성과 그의 나라인 천국에 대해서 말하는 것을 사탄은 너무너무 싫어합니다.

여러분, 왜 그렇습니까? 사탄의 실패를 가장 정확하게 드러내는 현장이기 때문입니다. 그래서 사탄은 절대로 하나님에 대해서, 천국에 대해서 듣지 못하게 합니다. 그 결과 우리의 마음을 천국에 두지 못하게 합니다. 선포합니다. "어둠은 떠나갈지어다." 그러므로 멈추지 말고 복음을 전하길 축원합니다. 천국과 지옥에 대한 선포를 멈추지 말기를 축원합니다.

사랑하는 성도 여러분, 그렇다면 오늘 우리가 이 땅에 살아가는 동안, 인간의 연수가 70이요 강건하면 80입니다. 이렇게 우리가 이 땅에서 살다가 죽으면, 저와 여러분이 죽은 후에 어떻게 될까요?

첫째, 영원한 집이 있다.

"만일 땅에 있는 우리의 장막집이 무너지면 하나님께서 지으신 집 곧 손으로 지은 것이 아니요 하늘에 있는 영원한 집이 우리에게 있는 줄 아느니라"(고후 5:1).

여러분, 땅에 있는 장막집이 무너지면, 이 말씀이 무슨 뜻입니까? 우리의 육신의 죽음을 의미합니다. 우리 육신을 성경은 장막이라고 합니다. 우리 육신을 장막집이라 합니다. 내 영혼이 사는 집이라는 뜻입니다. 나는 영입니다. 혼을 가지고 몸 안에 삽니다. 여러분, 장막은 텐트와 같은 말입니다. 육신의 장막은 마치 텐트와 같은 집이라고 말씀합니다. 텐트는 임시 처소입니다. 육신은 우리의 영혼이 잠시 잠깐 머무는 임시 처소입니다. 인생이란 며칠 동안 소풍 나와서 임시적으로 텐트 치고 사는 것과 같다는 것입니다. 그래서 인생은 때가 되면 누구나 본래 자기의 집으로 돌아가야 합니다.

나 하늘로 돌아가리라. 새벽빛 와 닿으면 스러지는 이슬 더불어 손에 손을 잡고 나 하늘로 돌아가리라… 아름다운 이 세상 소풍 끝내는 날 가서 아름다웠다고 말하리라.

천상병 씨의 '귀천'이라는 시입니다. 여러분, 이처럼 눈에 보이는 인생은 바로 텐트 살이와 같습니다. 그래서 육신의 장막이 무너지면 돌아가는 것입니다. 그러므로 성경은 말씀합니다.

**"우리가 여기에는 영구한 도성이 없으므로 장차 올 것을 찾나니"
(히 13:14).**

이 땅에는 영구한 도성이 없기에 인생은 때가 되면 떠나야 합니다. 이것이 인생입니다.

그런데 수많은 사람들이, 인생의 목적지를 잃은 사람들이 이 땅에서 천년만년 살기를 원합니다. 중국의 천하를 통일한 진시황은 부국강병책으로 세 가지 업적을 추진합니다. 첫째로 북방의 흉노족들을 대비해서 만리장성을 쌓습니다. 둘째로 영원히 죽지 않는 불로초를 구하려 동방으로 사람을 보냅니다. 셋째로 아방궁 같은 엄청난 궁궐을 짓습니다. 그는 여산 기슭에 자신의 능묘를 만들어서 거대한 지하 궁전을 만들어 죽어서도 부귀영화를 누리고자 했습니다. 그런데 그가 천하를 순방하다가 49세에 객사를 합니다. 죽은 진시황 시신을 싣고 함양으로 돌아오는 길에 시체가 부패해 버립니다. 시체 썩는 냄새가 아주 심하게 나서 생선 절인 마차를 써서 은폐했다고 합니다.

사랑하는 성도 여러분, 불세출의 영웅들도 이처럼 죽음 앞에 무릎을 꿇었습니다. 그리고 한 줌의 흙이 됩니다. 한 줌의 재가 됩니다. '그러므로 인생아, 네가 무엇이냐? 너는 잠깐 보였다가 사라지는 안개니라!' 사랑하는 성도 여러분, 이처럼 이 땅에 있는 모든 장막집은 무너집니다. 그렇다면 인생의 장막이 무너지면 그것으로 끝일까요? 육신의 장막이 무너지면 오늘 우리에게는 무엇이 있습니까?

영원한 집이 있습니다. 오늘 본문 말씀을 보겠습니다.

"하나님께서 지으신 집 곧 손으로 지은 것이 아니요 하늘에 있는 영원한 집이 우리에게 있는 줄 아느니라"(고후 5:1).

여러분, 인생은 죽음으로 끝나는 것이 아닙니다. 육신의 장막이 무너지는 것으로 끝나는 것이 아닙니다. 하늘에 있는 영원한 집이 있습니다. 인간의 손으로 짓지 아니한 영원한 집이 있다는 것입니다. 우리가 살아가는 이 땅보다 더 좋은, 하나님께서 직접 만드시고 설계하신 나라가 있습니다.

그러므로 천국은 우리의 머릿속에만 있는 나라가 아닙니다. 천국은 관념 속에만 존재하는 나라가 아닙니다. 어떤 성도님이 "목사님, 천국과 지옥이 진짜 있습니까? 솔직하게 말씀해 주세요"라고 하기에 "천국과 지옥이 있지요. 우리가 무엇을 믿고 삽니까? 그것을 믿고 살지요. 천국과 지옥은 확실히 있습니다"라고 했더니 "목사님, 확실히 있지요? 그러면 됐습니다. 예수 믿고 천당과 지옥이 확실하다면 저는 세상의 어떤 모순도 극복할 수 있습니다. 어떤 환경에서도 흔들리지 않고 믿을 수 있습니다. 천당과 지옥만 확실하다면 원수도 사랑할 수 있을 것 같습니다. 천당과 지옥만 확실하다면 용서 못 할 사람이 없을 것 같습니다"라고 했습니다.

여러분은 천당과 지옥이 있는 것을 확실하게 믿습니까? 그런데 사탄은 죽으면 끝이라고 속삭입니다. 이것은 사탄이 우리의 생각 속에 심어 놓은 거짓말입니다. 이런 거짓된 사탄의 가르침에 속아서 오늘

도 수많은 사람들이 멸망으로 가고 있습니다. 그러나 오늘 주님은 뭐라고 말씀하십니까?(요 14:1-3)

성경을 보면 사람은 죽음으로 끝나는 것이 아닙니다. 우리의 장막집이 무너지면 하나님께서 지으신 집, 천국에 있는 집으로 우리가 가게 됩니다. 그렇다면 우리의 육신의 장막이 무너지면 우리가 가게 될 하나님께서 준비해 놓으신 그 집은 어떤 집입니까? 4절을 보면 "참으로 이 장막에 있는 우리가 짐 진 것같이 탄식하는 것은 벗고자 함이 아니요 오히려 덧입고자 함이니 죽을 것이 생명에 삼킨 바 되게 하려 함이라"고 나오는데, 죽을 것이 생명에 삼킨 바 되었기 때문입니다.

여러분, 우리 육신의 장막이 무너지면 우리가 가는 천국은 어떤 곳입니까? 죽음이 생명에 삼킨 바 되었다는 것입니다. 이 말씀이 무슨 뜻입니까?

그곳은 죽음이 없다는 것입니다. 영원한 생명만 있는 곳입니다. 죽음이 없고 슬픔이 없고 영원한 생명으로 충만한 곳입니다. 여러분, 이것이 천국의 모습입니다. 그러므로 천국은 엄청난 곳입니다. 생명만 있는 곳입니다. 왜 그곳은 생명만 있습니까? 생명의 근원 되시는 우리 주님과 함께 있기 때문입니다. 그러므로 천국은 주님과 영원히 함께 하는 곳입니다(계 21:1-8).

이 세상의 모순과 갈등이, 의심들이 완전히 극복된 완전한 곳입니다. 그러므로 인생을 재미있게 사시길 축원합니다. 의미 있게 사시길 축원합니다. 행복하게 사시길 축원합니다.

그렇다면 우리는 어떻게 그곳에 갈 수 있을까요? 육신의 장막이 무너지면 갑니다. 시간적으로는 육신의 장막이 무너지면 가는 곳입니다. 죽은 다음에 가는 곳입니다.

그러면 어떻게 우리가 그곳에 갈 수 있습니까? 믿음으로 갑니다. 그렇다면 그곳에 들어가는 방법이 뭡니까?

둘째, 오직 믿음으로 간다.

"이는 우리가 믿음으로 행하고 보는 것으로 행하지 아니함이로라"
(고후 5:7).

천국은 어떻게 가는 것입니까? 믿음으로 갑니다. 천국은 선한 일 많이 해서 가는 곳이 아닙니다. 오직 믿음으로 가는 곳입니다. 십자가를 보십시오. 십자가의 예수를 구주로 믿고 가는 곳입니다.

여러분, 우리가 가끔 전도를 하다가 구원의 확신을 물어볼 때가 있습니다. "집사님! 오늘 밤에라도 죽으면 천국에 갈 수 있습니까?" "네. 저는 부족해도 예수님 때문에 갈 수가 있습니다." 이렇게 자신 있게 대답하는 사람이 많지 않습니다. "글쎄요? 죽어 봐야 알지요." 연세 드신 분들은 기분이 나쁘면 천국도 안 가신다고 합니다.

사랑하는 성도 여러분, 오늘 여러분은 어떻습니까? 여러분 스스로에게 질문해 보시길 축원합니다. '나는 오늘 밤이라도 주님이 날 부르시면 나는 확실하게 천국 간다.' 이런 확신이 있으십니까? 잘 모르겠다고 하시면 복잡해집니다. 그런 분들에게 질문을 해 봅니다. "왜 못 간다고 생각하세요?" "뭐 제가 한 일도 별로 없고 착하지도 않아서요." "그러면 다시 묻겠습니다. 착한 일을 얼마나 많이 해야 할까요? 당신이 얼마나 선한 일을 많이 하면 갈 수 있을까요? 영원한 하나님의 나라를 당신의 능력으로 갈 수 있다고 생각하세요?" 인간의 방법은 없습니다. 불가능합니다. 여러분, 천국은 착한 일을 많이 하면 갈 수 있다고 생각하지만 이것은 엄청나게 교만한 것입니다.

천국은 오직 예수 그리스도의 은혜로만 들어갈 수 있습니다. 천국은 오직 그 믿음으로 갑니다. 천국은 오직 믿음으로 갈 수 있는 곳입니다. 고린도후서 5장 10절에서 설명을 합니다. 우리가 죽은 다음에 그리스도의 심판대 앞에 선다는 것입니다. 그렇다면 성경에서 말씀하는 죽음 이후의 순서가 어떻게 됩니까? 우리가 죽은 다음에 바로 천국에 가지 않습니다. 어디로 갑니까?

예수님께서 십자가 상에서, 한 편의 강도가 '주여 당신의 나라에 임하실 때 나를 기억해 달라'고 합니다. 그때 예수님께서는 "오늘 네가 나와 함께 낙원에 있으리라"고 합니다. 하나님 믿고 사랑했던 사람은 낙원으로 갑니다. 그리고 죄 가운데 살았던 사람은 음부라는 곳에 갑니다. 그곳에 머뭅니다. 그런데 때가 되어 예수님께서 재림하시면 모든 살아 있는 자와 죽은 자가 부활하여 그때에 모두가 일어나서 그리스도의 심판대 앞에 서게 됩니다(계 20:11-15).

그래서 그곳에서 심판을 받고 영원한 천국과 지옥으로 가게 됩니다.

많은 성도님들이 예수 믿으면 심판을 받지 않는다고 하시는데 과연 그럴까요? 그렇지 않습니다. 심판을 받습니다. 정확하게 심판을 받습니다. 그러므로 고린도후서 5장 10절 끝을 봅시다. "각각 선악 간에 그 몸으로 행한 것을 따라 받으려 함이라." 무슨 말씀입니까? 천국은 믿음으로 가는데 여기서 심판은 무슨 심판입니까? 구원은 믿음으로만 받습니다. 그러나 상급은 행위로 받습니다. 구원은 공짜입니다. 오직 믿음으로 받습니다. 오직 은혜로 받습니다. 그러나 우리가 가는 천국은 레벨이 다릅니다. 내가 행한 대로 주님은 정확하게 판단하시고 심판하시고 행한 대로 갚아 주십니다. 그러므로 예수님을 확실하게 믿고 면류관을 받길 축원합니다. 면류관을 주시기로 작정하신 하나님께 충성을 다하길 축원합니다.

미국의 최고 신학자로 손꼽히는 조나단 에드워즈 목사님이 교회 성도들과 갈등이 있었습니다. 성도들이 신앙생활을 하는 것을 보니까 시험에도 들고 낙심도 많이 하고 늘 다투고 싸웁니다. 기복이 심합니다. 그래서 조나단 에드워즈 목사님이 이런 설교를 했습니다.

"여러분, 심판 날에 목사와 성도는 모두 하나님의 심판대 앞에 설 것입니다. 그렇다면 주님 앞에서 어떤 심판을 받을까요? 저 목사는 '하나님의 말씀을 성도들에게 바르게 가르쳤는가? 성도들을 하나님이 맡겨 주신 양으로 생각하고 진심으로 사랑했는가? 그들의 영혼들을 위해서 깨어서 기도했는가?' 여기에 대해서 하나님은 정확하게 심판을 하실 것입니다. 그렇다면 성도들에게는 어떤 심판을 하실까요? '목사님을 하나님이 보내신 사람으로 영접하고 그분에게 순종하였는가? 그리고 성도들 각자에게 맡기신 기회를 아름답게 사용하여 충성했는가?' 그들이 행한 말과 행위에 대하여 하나님은 정확하게 심판을 하실 것입니다. 내가 그때 무슨 말을 했고 무슨 행동을 했는지, 그 결과는 어떠했는지 숨겨진 동기와 의도와 파생 효과까지 다 드러내서 하나님은 분명하게 밝혀 주실 것입니다. 그래서 한 사람도 애매하거나 의심스러운 상태로 하나님 나라에 절대 들어가지 않도록 하나님은 공정하게 심판하실 것입니다."

할렐루야! 그러므로 사랑하는 성도 여러분, 판단을 하나님께 맡기길 축원합니다. 심판을 하나님께 맡기시길 축원합니다. 억울하다고 생각하지 마시길 축원합니다. 공정하게 심판하시는 주님 앞에 맡기고 열심히 섬기시길 축원합니다. 충성을 다하시길 축원합니다. 주님의 심판대 앞에서 주님이 내리시는 심판은 오늘 충성스러운 성도들에게는 위로가 되고 기쁨이 되고 소망이 될 것이기 때문입니다.

조나단 에드워즈의 설교처럼 하나님은 우리의 행동과 말 한마디까지, 내가 한 말에 누가 어떻게 상처를 받아서 어떻게 어디로 번져 갔는지까지도 우리는 몰라도 하나님은 다 아시고 깨끗하게 드러내시고 판단하실 것입니다. 그에 맞는 평가를 내리실 것을 믿고 그 공의로우신 심판 앞에 맡기고 주님 앞에 충성하시는 저와 여러분이 되시길 축원합니다.

그렇다면 이 사실을 우리가 어떻게 믿을 수 있습니까? 우리에게 보증으로 성령님을 주셨습니다(고후 5:5). 성령께서 이 모든 것을 보증해 주신다는 것입니다. 내가 누군지 누가 보증을 해주십니까? 성령이 보증해 주십니다. 내가 하나님의 자녀라는 것을 누가 보증해 줍니까? 성령이 보증해 줍니다. 우리에게 하나님의 나라가 있다는 것을 누가 보증을 해줍니까? 성령님이 보증을 해주십니다. 목사님이 아닙니다. 장로님이 아닙니다. 성령님께서 보증을 해주십니다.

내가 죽으면 나를 기다리시는 하나님 나라에 들어간다고 나에게 확증을 시켜 주시는 분이 누구십니까? 바로 성령입니다. 그래서 성령이 충만하고 그 은혜 가운데 있을 때에 의심스럽지 않습니다. 확실하게 믿게 됩니다.

그렇다면 이런 확증을 받은 저와 여러분은 이제 이 세상을 어떻게 살아가야 합니까?

셋째, 천국을 사모하며 목표로 살아야 한다.

"참으로 우리가 여기 있어 탄식하며 하늘로부터 오는 처소를 덧입기를 간절히 사모하노라"(고후 5:2).

천국을 사모하는 저와 여러분이 되길 축원합니다. 천국을 자꾸 사모하시길 축원합니다. 천국을 자꾸 묵상하면 어떻게 될까요? 사모하는 마음이 불같이 일어납니다. 주님을 사랑하고 사모하면 생각지도 못할 일을 경험시켜 주십니다.

사랑하는 성도 여러분, 코로나보다 무서운 것이 있습니다. 그것이 무엇입니까? 육신의 질병은 무서워하는데 영혼의 질병은 무서워하지 않는 것입니다. 육신의 죽음은 무서워하는데 영혼의 죽음과 영벌은 무서워하지 않는 것입니다. 그러므로 전도하시길 축원합니다. 요즘 교회들이 전도하지 않습니다. 예수 모르는 사람들의 고통을 외면하고 자신의 힘든 것, 자신의 상처만 바라보고 매달리는 것이 요즘 교회의 모습입니다. 그러나 복음을 가진 자는 자신의 상처가 아니라, 자신의 문제가 아니라 다른 영혼들을 살려 내는 자이니 열심히 전도하시길 축원합니다.

이미 예수님을 만난 사람은 모든 것을 회복한 자들입니다. 상처가 있더라도 그 상처를 부여안고 전도하세요. 천국에서 상급을 받게 됩니다. 장막이 무너지기 전에 천국을 사모하며 목표를 삼고 사는 사람은 사나 죽으나 주님을 기쁘시게 합니다. 그것이 무엇입니까? 천국과 지옥을 확신한다면 영혼을 구원하는 일에 최선을 다하시길 축원합니다.

사랑하는 성도 여러분, 이제 육신의 장막이 무너지면 현실보다 더 영적인 세계가 주어집니다. 그때 저와 여러분이 만날 분이 바로 우리 주님이십니다. 그렇다면 사랑하는 성도 여러분, 오늘 우리는 어떻게 살아야 하겠습니까? 천국과 지옥이 실재하는데 듣기 싫어하는 현대인들에게 오늘 우리는 어떻게 전해야 하겠습니까? 천국을 목표로 두고 주님을 위해 사시길 축원합니다. 사나 죽으나 주님을 기쁘시게 하시길 축원합니다.

가정의 관점을 디자인하라
Design your perspective

장막집이 무너지기 전에

첫째, 영원한 집이 있다.
둘째, 오직 믿음으로 간다.
셋째, 천국을 사모하며 목표로 살아야 한다.

참된 사랑은 인내한다 (고후 12:11-21)

Design your perspective

내가 어리석은 자가

되었으나 너희가 억지로 시킨 것이니 나는 너희에게 칭찬을 받아야 마땅하도다 내가 아무것도 아니나 지극히 크다는 사도들보다 조금도 부족하지 아니하니라 사도의 표가 된 것은 내가 너희 가운데서 모든 참음과 표적과 기사와 능력을 행한 것이라 나 자신이 너희에게 폐를 끼치지 아니한 일밖에 다른 교회보다 부족하게 한 것이 무엇이 있느냐 너희는 나의 이 공평하지 못한 것을 용서하라 보라 내가 이제 세 번째 너희에게 가기를 준비하였으나 너희에게 폐를 끼치지 아니하리라 내가 구하는 것은 너희의 재물이 아니요 오직 너희니라 어린아이가 부모를 위하여 재물을 저축하는 것이 아니요 부모가 어린아이를 위하여 하느니라 내가 너희 영혼을 위하여 크게 기뻐하므로 재물을 사용하고 또 나 자신까지도 내어 주리니 너희를 더욱 사랑할수록 나는 사랑을 덜 받겠느냐 하여간 어떤 이의 말이 내가 너희에게 짐을 지우지는 아니하였을지라도 교활한 자가 되어 너희를 속임수로 취하였다 하니 내가 너희에게 보낸 자 중에 누구로 너희의 이득을 취하더냐 내가 디도를 권하고 함께 한 형제를 보내었으니 디도가 너희의 이득을 취하더냐 우리가 동일한 성령으로 행하지 아니하더냐 동일한 보조로 하지 아니하더냐 너희는 이때까지 우리가 자기 변명을 하는 줄로 생각하는구나 우리는 그리스도 안에서 하나님 앞에 말하노라 사랑하는 자들아 이 모든 것은 너희의 덕을 세우기 위함이니라 내가 갈 때에 너희를 내가 원하는 것과 같이 보지 못하고 또 내가 너희에게 너희가 원하지 않는 것과 같이 보일까 두려워하며 또 다툼과 시기와 분냄과 당 짓는 것과 비방과 수군거림과 거만함과 혼란이 있을까 두려워하고 또 내가 다시 갈 때에 내 하나님이 나를 너희 앞에서 낮추실까 두려워하고 또 내가 전에 죄를 지은 여러 사람의 그 행한 바 더러움과 음란함과 호색함을 회개하지 아니함 때문에 슬퍼할까 두려워하노라

배우 윤여정 씨가 한국인 최초로 오스카 여우조연상을 수상했습니다. 한국 영화 100년사에 기념될 만한 일입니다. 그런데 그녀가 주연한 〈계춘 할망〉이라는 영화가 있습니다. 제주도를 배경으로 촬영을 한 영화입니다. 결혼한 아들이 죽고 손녀와 함께 사는데, 그만 손녀딸을 잃어버렸습니다. 세월이 흘러서 12년 후에 손녀딸을 찾았습니다. 방황하던 손녀딸이 할머니 집으로 돌아왔습니다. 그런데 그동안 비행 친구들과 지내며 막살았던 습관이 쉽게 고쳐지지 않습니다. 할머니 통장도 훔치고 담배도 피우고 그래서 동네 사람들도 수군거립니다. 손녀딸이 마음을 못 잡고 방황합니다.
그러자 할머니는 방황하며 비난 받는 손녀딸에게 이런 이야기를 합니다. "세상살이가 아무리 어렵고 힘들어도 누군가 내 편이 하나만 있으면 인생은 살 만한 것이다." 그리고 계춘 할망은 손녀딸을 바라보면서 이렇게 말을 합니다. "이 할망이 니 편이 되어 줄 테니까 니 마음대로 살아 보거라." 할머니는 모든 것을 다 알면서도 손녀딸을 사랑하고 손녀 편이 되어 줍니다. 이 사랑이 손녀딸을 변화시켜서 결국 손녀딸은 마음을 잡고 새사람이 됩니다.
사랑하는 성도 여러분, 이 세상 모든 사람들이 가장 갈망하는 것들이 있습니다. 가장 원하며 목말라하는 것들이 있습니다. 그리고 가장 자주 말하는 주제가 있습니다. 이것이 없으면 못 산다고 외치는 것이 있습니다. 그것이 무엇일까요? 바로 사랑입니다.
사람들은 태어나서 죽을 때까지 사랑을 말하고 사랑을 기대하고 사랑 때문에 울고 사랑 때문에 웃으면서 살아갑니다. 여러분, 사랑이

도대체 뭐길래 사람들이 그렇게 사랑을 절실하게 필요로 하는 것일까요? 여러분은 왜 그렇다고 생각을 하십니까? 하나님이 사람을 창조하신 이유 때문입니다.

하나님께서 사람을 사랑의 원본이신 하나님의 형상으로 창조하셨습니다. 개나 돼지의 형상이 아니라 사랑의 근원 되신 하나님의 형상으로 만드셨습니다. 사랑의 근원이신 하나님은 우리를 당신의 형상으로 만드시고 사랑의 대상으로 우리를 창조하셨습니다. 인간의 모든 관계는 사랑의 기초 위에 세워집니다. 그래서 사랑은 우리의 본성 깊이 내재되어 있는 것입니다. 사람은 사랑이 작동하지 않으면 살 수 없는 존재가 되었습니다.

여러분, 세상에 수많은 사연들이 다 무엇에 대한 이야기입니까? 바로 사랑에 관한 이야기입니다. 사랑에는 종류가 많습니다. 그러나 우리가 하는 사랑의 종류는 대표적으로 아가페와 에로스입니다. 이 사랑은 여러분도 잘하시는 사랑입니다. 아가페와 에로스는 다 사랑이라는 뜻입니다. 그런데 이 아가페와 에로스의 사랑은 출발과 목적이 전혀 다릅니다.

에로스 사랑은 자기에게 뿌리를 둔 사랑입니다. 내가 중심이 된 나의 만족을 위한 사랑입니다. 그래서 이 사랑은 나를 위해서 상대방을 사랑합니다. 나를 위해서 저 사람을 사랑합니다. 내가 사랑했으므로 당신은 내 사랑의 기대에 응해서 당신이 변해 달라고 요구하는 사랑입니다. 이 사랑은 뜨겁고 적극적이긴 하지만 남을 강요하는 사랑입니다. 말을 듣지 않으면 억압하고 조종하고 때로 가혹하게 다루기도 합니다. 그래서 사랑이라는 이름으로 상처도 주고 애증의 그림자 속에 갈등과 싸움도 많습니다. 피곤하고 실망을 많이 합니다. 이것이 바로 에로스 사랑입니다. 그런데 많은 사람들이 이 에로스 사랑이 전부인 줄 압니다.

그러나 여기 에로스와는 정반대의 사랑이 있습니다. 바로 아가페 사랑입니다. 아가페는 어떤 사랑입니까? '아모르 데이' 하나님께 뿌리를 둔 사랑, 이 사랑은 베푸는 사랑입니다. 이 사랑은 타인 중심적인 사랑입니다. 나를 버리는 희생적인 사랑이 바로 아가페 사랑입니다. 하나님이 이 땅에 오셔서 나를 위해 생명을 버리신 사랑이 바로 아가페 사랑의 모델입니다.

이 세상에서 아가페 사랑의 모델이 부모라고 했습니다. 아들의 얼굴 속에 아버지의 얼굴이 들어 있습니다. 자식의 모습 속에 부모의 모습이 들어 있습니다. 그래서 부모는 자식을 무조건적으로 사랑합니다. 그런데 요즘에는 그렇지 않습니다. 요즘에는 부모도 에로스적인 사랑이 많습니다. 그러나 여기서 중요한 것은 이런 인간의 사랑도 성장해야 한다는 것입니다. 인간의 사랑은 처음에는 에로스에서 시작을 합니다. 그러나 점점 아가페로 성장해 나가야 합니다.

김은국 씨가 쓴 《순교자》라는 소설은 우리나라 출신으로 최초로 노벨상 후보까지 올랐던 작품입니다. 6·25 전쟁 직후에 북한 지역의 14명의 목사가 북한군에 잡혔습니다. 그런데 12명이 죽고 젊은 목사인 한 목사(28세)는 정신 이상이 되어 돌아왔고 신 목사만 멀쩡하게 돌아왔는데 침묵으로 일관합니다. 아무 말을 안 합니다. 죽은 12명 모두들 대단한 순교자라고 생각을 했습니다. 죽은 자들은 모두 훌륭했고 성자 같았습니다. 그래서 죽은 12명 목사의 교회에서는 모두 다 우리 목사님께서 순교하셨다면서 교인들이 순교하신 목사님을 생각해서 더욱더 열심히 신앙생활을 합니다. 그리고 살아 돌아온 신 목사와 정신 이상이 된 한 목사는 역적이요 배신자요 비굴한 사람이라고 비난을 당했습니다. 배신자라고 손가락질 하면서 비난을 했습니다. 그럼에도 불구하고 신 목사는 그 죽은 12명에 대해서는 절대로 입을 열지 않았습니다. 누가 무슨 말을 해도 신 목사는 입을 열지 않았습니다. 신 목사는 배교자라는 온갖 비난 속에서 신앙의 회의를 가진 자들을 위해 믿음을 독려합니다.

그런데 그 12명의 목사에게 총살 명령을 내렸던 북한군 소좌인 장교가 국군 포로가 되어 그때 12명의 목사를 죽였던 사건을 증언합니다. 사실 14명의 목사가 잡혀 왔는데 12명은 비굴하게 살려 달라며 믿음을 저버리고 매달리더라는 것입니다. 그런데 평소 존경하는 선배 목사님들의 그런 모습을 보고 가장 젊은 한 목사가 충격을 받고 정신이 돌아 버린 것입니다. 그런데 신 목사는 끝까지 대항하며 굴복하지 않고 믿음을 지키더라는 것입니다. 그래서 신 목사와 머리가 돌아 버린 젊은 한 목사만 살리고 모두 총살했다는 것입니다. 이것이 사실입니다.

그렇다면 왜 신 목사는 이런 사실을 말하지 않았을까요? 그는 주님을 사랑했기 때문입니다. 교회를 사랑하기 때문입니다. 영혼들을 사랑하기 때문입니다. 그러므로 표면적인 사실보다 더 중요한 것이 내적인 사랑입니다. 아가페적인 사랑이 더욱더 중요합니다.

사랑하는 성도 여러분, 그렇다면 오늘 여러분은 어떻습니까? '사실이냐? 사랑이냐?' 살아 돌아온 그가 사실을 말하면 자신이 배신자라는 누명에서 벗어날 수도 있지만, 12명의 죽은 목사가 순교했다고 믿는 그들의 교회에서 교인들이 이 사실을 안다면 얼마나 상처가 클까, 교회가 무너질 수도 있다는 것을 알고 많은 성도들이 회의에 빠져서 주님을 떠날 수도 있다는 것입니다.

그렇다면 이렇게 참된 사랑을 하게 되면 어떤 사람이 될까요?

첫째, 참고 인내하게 됩니다.

"사도의 표가 된 것은 내가 너희 가운데서 모든 참음과 표적과 기사와 능력을 행한 것이라"(고후 12:12).

여러분, 많은 사람들은 사도의 표가 대단한 능력을 행하고 귀신을 쫓아내고 방언을 말하고 예언을 말하는 것이라고 생각을 합니다. 그런데 참된 사도의 표는 능력보다 더 중요한 것이 있습니다. 기사나 기적보다 더 중요한 것이 있습니다. 그것이 무엇입니까? 바로 참는 것입니다. 많이 참는 것입니다. 오래 참는 것입니다. 이것이 사도의 진정한 표라는 것입니다.

고린도 교회 일부가 바울을 지독하게 비난합니다. 바울에 대해서 부정적으로 말을 합니다. 사도가 아니라고 비난합니다. 외모가 영 아니라고 무시합니다. 사도 바울은 그들을 향하여 참고 또 참고 또 참고 참아 줍니다.

사랑하는 성도 여러분, 그렇다면 왜 참고 또 참는 것이 사도의 표일까요? 참고 또 참는 것이 믿음의 사람들의 표일까요? 여러분, 참으려면 무엇이 가장 필요합니까? 사랑이 필요합니다. 사랑하면 참아집니다. 사랑하면 오래 참게 됩니다. 사랑은 언제나 오래 참고 사랑은 참게 만드는 파워가 있습니다. 사랑은 힘이 있습니다. 그렇다면 바울이 참는다고 해서 힘과 능력이 없습니까? 아닙니다. 바울은 어떤 사람이었습니까? 12절 "모든 참음과 표적과 기사와 능력을 행한 것이라"에서 보면 바울은 엄청난 표적과 기사와 능력을 행했습니다. 바울에게는 능력과 기적이 일상이었습니다. 그런데 그것보다도 더 중요한 것이 무엇이라고 합니까? 사도의 표는 참아 주는 것이라고 합니다.

사랑하는 성도 여러분, 오늘 본문을 근거로 해서 교회 일꾼들의 최고의 자질이 무엇일까요? 교회 최고의 일꾼의 덕목이 무엇일까요? 어떤 사람은 영적인 능력이라고 말씀합니다. 네, 능력도 좋습니다. 어떤 사람은 섬김이라고 말씀합니다. 어떤 사람은 가르치는 은사라고 말을 합니다. 그런데 교회 최고의 일꾼 가운데 최고의 덕목은 오래 참는 것입니다. 왜 그렇습니까?

교회의 일을 하다 보면 어떤 때는 오해도 받고 비난도 받습니다. 그래서 화가 나는 일도 많습니다. 그럴 때마다 참지 못하는 사람이 있습니다. '에잇! 기분 나빠!' 그래서 모든 것을 그만둡니다. 이것이 가장 쉬운 일입니다. 여러분, 우리가 누군가를 섬길 때 그 사람들은 다 똑같은 사람이 아닙니다. 다 같은 뜻, 같은 생각, 같은 마음을 가진 것이 아닙니다. 사람 종류는 다양합니다. 1,000명이면 이들이 믿는 하나님의 이미지가 다 다릅니다. 이들이 생각하는 하나님의 이미지가 다 다릅니다. 그런가 하면 이들이 생각하는 교회에 대한 그림도 다 다릅니다. 그래서 사람을 신묘막측하게 지으셨습니다.

똑같은 부위에 암이 생겼어도 항암 치료하는 약이 다릅니다. A라는 사람에게는 듣는데 B라는 사람에게는 안 들을 수 있습니다. 그래서 우리가 섬기는 사람들 중에 다양한 사람이 있습니다. 정말 힘든 사람도 섞여 있습니다. 세상이 감당 못 할 사람이 섞여 있습니다. 그런데 그런 사람들을 이끌어 가기 위해서는 뭐가 필요합니까? 오래 참고 인내하는 것이 필요합니다. 그렇다면 인내의 근원이 무엇입니까? 하나님을 바라보는 것이 인내의 근원입니다. 어떤 상황 속에서도 하나님을 바라보는 것입니다. 어떤 환경 속에서도 하나님을 바라보는 것입니다.

성경에서는 '인내'의 원래 뜻을 무엇이라고 합니까? 흔들림 속에서 버티는 것입니다. 누가 나를 흔듭니다. 말로 흔들고 힘으로 흔듭니다. 또 바람이 불어서 나를 흔들거리게 합니다. 때로는 동풍이 불어옵니다. 비바람이 불어옵니다. 이런 바람을 맞으면서 버티는 게 바로 참는 것입니다. 그러므로 참는 것을 잘하는 사람이 교회 일꾼이요 믿음의 사람이라는 것입니다. 훌륭한 교회 지도자의 가장 큰 덕목은 참는 것입니다. 이것이 참된 지도자의 덕목입니다. 그러므로 모든 일에 참고 인내하시길 축원합니다.

참는 게 지도자 일꾼의 가장 큰 덕목입니다. "삶이 그대를 속일지라도 슬퍼하거나 노하지 마라. 환경이 그대를, 상황이 그대를 속일지라고 이런 날들을 참고 견디면 믿으라. 반드시 기쁨의 날이 오리라!" 그러므로 잘 참고 인내하시길 축원합니다.

참된 사랑을 하게 되면 또 어떻게 됩니까?

둘째, 나의 것을 주게 됩니다.

"내가 너희 영혼을 위하여 크게 기뻐하므로 재물을 사용하고 또 나 자신까지도 내어 주리니 너희를 더욱 사랑할수록 나는 사랑을 덜 받겠느냐"(고후 12:15).

여러분, 사랑하면 자신을 내어 주게 됩니다. 자신을 내어 주는 과정이 어떻습니까? 11절 "내가 어리석은 자가 되었으나"에서 보면 무슨 말씀입니까? 사랑을 하게 되면 어리석어진다는 것입니다. 똑똑하던 사람도 누군가를 진실로 사랑하면 맹해집니다. 그다음은 어떻게 됩니까? 사랑하는 사람 앞에 서면 자꾸자꾸 내가 작아집니다. 사랑하는 사람 앞에서는 약해집니다. 그래서 다 주게 됩니다.

자식 이기는 부모가 없습니다. 부모가 가진 것이 많고, 부모가 어린 자식보다 힘도 셉니다. 그런데 왜 어린 자식을 못 이깁니까? 부모가 자식을 더 사랑하기 때문입니다. 그래서 어리석어지고 그래서 내가 작아지고, 그래서 약해지고, 그래서 끌려가고 참게 되고 그래서 다 내어 줍니다. 이것이 사랑의 낭비성입니다. 사랑에는 낭비성이 있습니다. 남이 볼 때는 바보 같은 짓을 합니다. 남이 볼 때는 손해 보는 짓을 꼭 하게 되어 있습니다.

하나님은 우리를 위해서 바보가 되셨습니다. 엄청나게 많은 낭비를 하셨습니다. 나 같은 사람을 위해 너무 많은 사랑을 낭비하셨습니다. 내가 뭔데 하늘보좌 버리고 인간이 되어 이 땅에 오셨을까요? 사랑의 낭비성입니다. 그리고 나를 위해 죽으셨습니다. 여러분, 얼마나 큰 낭비입니까? 이것이 아가페 사랑의 본질입니다. 이 사랑은 계산하는 마음이 없습니다. 이 사랑은 주고 또 주고 또 주고 더 주고 더 주고 싶은 것입니다. 이것이 사랑의 속성입니다.

마치 뭐와 같습니까? 14절 하반절 "부모가 어린아이를 위하여 하느니라"에서 보면, 부모는 아이의 미래를 위해서 저축을 합니다. 아이가 하는 것이 아니라 부모는 아이를 위해서 저축을 합니다. 아이가 이것을 압니까? 모릅니다. 부모가 자기의 미래를 준비하는 것을 아이는 모릅니다. 아이는 자기 식으로 부모를 생각합니다. 그래서 때로는 오해를 합니다. 반항합니다. 거역합니다. 그러나 그런다고 부모는 중단하지 않습니다. 부모는 지속적으로 자식을 사랑합니다. 목숨이 끝나는 날까지 아이를 위해 지속적으로 준비를 합니다. 사랑은 바로 이런 것입니다.

낭비하는 것 같고 상대방의 반응에 의해서 왔다갔다하지 않습니다. 바울이 이 말을 하는 것은 지금 고린도 교회 많은 사람들이 바울을 공격해도, 너희들이 나를 사랑하지 않고 나를 몰라주고 나를 비난하고 오해한다고 해도 나는 그것 때문에 내 사랑을 포기하지 않고 중단하지 않겠다는 것입니다. 내가 상처 받았기 때문에 사랑을 조금만 주겠다는 것이 아닙니다. 내가 상처 받았기 때문에 앞으로 사랑하지 않겠다는 것이 아닙니다.

14절 "내가 구하는 것은 너희의 재물이 아니요 오직 너희니라"에서 보면 이런 말입니다. '여러분, 나는 여러분에게 나의 일부를 주지 않았습니다. 나는 여러분에게 나의 전부를 주었습니다. 여러분도 나에게 여러분의 전부를 주어야 합니다. 여러분, 사랑은 부분적인 것이 아닙니다. 전부의 문제입니다. 그러므로 여러분을 더욱 사랑할수록 내가 사랑을 덜 받겠습니까? 나를 다 주는 사랑을 할 때에 나도 진정한 사랑을 받을 수 있습니다.' 사랑은 전체를 다 주고 다 받는 것입니다. 내가 정말로 나를 다 내어 줄 때에 참된 사랑을 받을 수 있고 그럴 때에 진정한 기쁨이 있는 것입니다.

사랑하는 성도 여러분, 오늘 우리에게 이런 사랑을 하신 분이 계십니다. 누구십니까? 바로 십자가의 예수입니다. 그분은 우리를 사랑하시되 당신의 전부로 사랑하셨습니다. 그러므로 저와 여러분도 마음을 다하여 사랑하시길 축원합니다.

여러분, 부부가 되어 살면서도 상대방에게 자기를 전부 주지 못한 채 살아갑니다. 자기의 일부만 주고 상대방의 사랑도 일부만 받습니다. 그래서 같이 살지만 충만함이 없습니다. 다 주고 다 받는 것이 사랑입니다. 주님께서는 우리에게 당신의 사랑을 다 주셨습니다. 십자가에서 다 주셨습니다. 그러므로 이런 주님의 사랑을 알고 배우고 닮아가시길 축원합니다.

참된 사랑을 하게 되면 어떻게 됩니까?

셋째, 두려움이 생깁니다(고후 12:20-21).

두려워한다는 말이 몇 번 나옵니까? 네 번 나옵니다. 여러분, 사랑을 하면 왜 두려운 것이지요? 바울은 무엇을 두려워합니까? 왜 두려워하는 것일까요? 사랑을 하는데 무엇이 두려워지는 것일까요? 19절 끝에 단서가 나옵니다. "너희의 덕을 세우기 위함이니라"에서 보면 덕을 세우기 위해 두려워하는 것입니다.

여러분, 덕이란 무엇을 의미합니까? 상대방을 생각하는 큰 마음입니다. 상대방을 생각하는 커다란 마음입니다. 이 덕에서 뭐가 나옵니까? 두려움이 나옵니다. 상대방을 생각하기 때문에 두려운 것입니다. '이것이 저 사람에게 옳은 것일까? 맞는 것일까? 내가 하는 말이 혹시 상대방에게 상처를 주지는 않을까?' 상대방을 생각하기 때문에 염려하는 마음을 두려움이라고 말합니다. 상대가 상처받을까 봐 염려하는 마음을 두려움이라고 표현하고 있습니다.

이 덕이 없는 사람들은 두려움이 없습니다. 생각 없이 말하기 때문입니다. 그런데 왜 덕이 있는 사람은 두려워합니까? 그 속에 있는 사랑 때문에 그렇습니다. 여러분, 사랑은 무례히 행하지 않습니다(고전 13:5). 이것은 사랑의 속성입니다. 덕이 없는 사람은 상대방을 생각지 않고 막 치고 들어옵니다. 상대방의 기분이나 상황을 고려하지 않습니다. 막 치고 들어옵니다. 덕이 없기 때문입니다. 이런 사람들은 두려움이 없습니다. 그래서는 안 된다는 것입니다. 여러분, 제가 여러분들에게 어떤 한마디를 하고 싶어도 많은 생각을 합니다. '이 말을 듣고 마음이 상하지 않을까? 혹시 오해하지 않을까?' 이게 두려움입니다.

상대방을 배려해서 걱정하는 마음, 이것이 두려움입니다. 상대방의 입장과 처지와 상황을 배려하고 조심하고 두려워하는 마음이 있어야 한다는 것입니다. 하고 싶은 말을 아무 때나 막하는 것이 아닙니다. 바울이 편지를 보냈어도 그들이 아무런 변화도 없이 그 자리에 그냥 머물러 있다면 그들은 하나님 앞에 심판을 받을 것인데, 그러면 안 된다는 것입니다. 왜 그렇습니까? 바울이 그들을 사랑하고 있기 때문입니다.

여러분, 사람을 사랑하면 그 사람이 변화되든 말든 상관하지 않습니다. 그들을 너무 사랑하기에 그들이 하나님 앞에 변화되기를 바라는 것입니다. '저들이 하나님 앞에 칭찬 받는 성숙한 인간이 되어야 하는데'라는 마음을 두려움으로 표현한 것입니다. 이런 두려움이 반드시 진정한 사랑에는 따라옵니다. 그래서 사랑하게 되면 두려움이 생겨나는 것입니다.

덕은 남을 사랑하기 때문에 나오는 행동입니다. 자기만 사랑하는 에로스적인 사랑에서는 안 나옵니다. 여러분, 사람들은 모두 다 행복을 원합니다. 행복이 어디서 옵니까? 행복은 사랑에서 옵니다. 이것을 고백하면서 성숙해지는 것입니다. 사랑하면서 마음속에 빈 공간이 채워지기 때문입니다.

에로스에서 아가페로 바뀌지 않는 한 진정한 사랑은 없습니다. 사랑이 성장해야 한다는 것입니다. 사랑이 성장해야 합니다. 처음에는 에로스에서 시작할 수 있습니다. 그러나 하나님 앞에서 나이를 먹어 가면서 아가페 사랑으로 바꿔 가야 합니다. 그럴 때 우리 속에 하나님의 은혜가 임하고 사랑을 아는 성숙한, 행복한 삶이 이루어집니다.

그러려면 어떻게 해야 할까요? 여러분 안에 있는 사랑을 풀어 놓아야 합니다. 예수님이 이 땅에 계실 때 가지셨던 사랑의 자아가 거듭난 저와 여러분의 자아입니다. 그러므로 예수 믿는 사람은 옛사람은 죽고 새로운 자아로 살아갑니다. 이 새로운 자아가 사랑의 자아입니다. 이 사랑의 자아에게 통치권을 주십시오(고전 16:14).

이 사랑을 통제하지 마십시오. 이 사랑을 제한하지 마십시오. 이 사랑이 여러분을 지배하게 하시길 축원합니다.

가정의 관점을 디자인하라
Design your perspective

참된 사랑은 인내한다

첫째, 참고 인내하게 됩니다.
둘째, 나의 것을 주게 됩니다.
셋째, 두려움이 생깁니다(고후 12:20-21).

개척자가 되라 (시 126:1-6)
Design your perspective

여호와께서 시온의 포로를 돌려보내실 때에 우리는 꿈꾸는 것 같았도다 그때에 우리 입에는 웃음이 가득하고 우리 혀에는 찬양이 찼었도다 그때에 뭇 나라 가운데에서 말하기를 여호와께서 그들을 위하여 큰 일을 행하셨다 하였도다 여호와께서 우리를 위하여 큰 일을 행하셨으니 우리는 기쁘도다 여호와여 우리의 포로를 남방 시내들같이 돌려보내소서 눈물을 흘리며 씨를 뿌리는 자는 기쁨으로 거두리로다 울며 씨를 뿌리러 나가는 자는 반드시 기쁨으로 그 곡식 단을 가지고 돌아오리로다

오늘은 광복절입니다. 우리 민족이 일제로부터 해방된 날입니다. 8월에는 우리 민족이 기억해야 하는 두 절기가 있습니다. 광복절인 8월 15일과 1910년 8월 27일, 우리나라가 일본에 주권을 빼앗긴 국치일입니다. 나라의 주권을 일본에게 빼앗겨 버린 치욕적인 날이라고 해서 국치일이라고 합니다. 1910년 8월 27일에 나라를 완전히 빼앗긴 후에 36년이 지나서 1945년 8월 15일 해방을 맞이합니다. 다시 빛을 찾았다 해서 8월 15일을 광복절이라고 합니다. 우리 민족에게 해방을 주셨습니다. "하나님이여! 우리가 꿈꾸는 것 같았습니다." 역사의 주인 되신 하나님께서는 우리나라뿐만 아니라 이스라엘도 우리나라와 비슷한 고난을 경험하게 합니다.

우리 민족이 해방된 날은 이스라엘 입장에서 보면 유월절입니다.

유월절은 애굽에서 종살이하던 백성들이 종살이에서 해방된 날입니다. 그런가 하면 이스라엘은 성경에 BC 578년에 바벨론에 나라가 망하던 날을 국치일이라고 합니다. 또 그들은 AD 70년 로마에 의해서 나라가 망한 날, 5월 9일을 이스라엘의 국치일이라고 합니다.

AD 70년 5월 9일 로마의 디토 장군에 의해서 나라가 완전히 망하고 2,000년이라는 오랜 세월이 흐른 후에 1948년 8월 15일, 우리나라가 건국이 되기 3개월 전, 1948년 5월 14일에 이스라엘이 세워집니다. 그때 이스라엘 벤구리온 수상은 나라가 건국되는 역사적인 순간에 다음과 같은 성경 한 절을 읽었습니다.

> **"내가 내 백성 이스라엘이 사로잡힌 것들을 돌이키리니 그들이 황폐한 성읍을 건축하여 거주하며 포도원들을 가꾸고 그 포도주를 마시며 과원들을 만들고 그 열매를 먹으리라 내가 그들을 그들의 땅에 심으리니 그들이 내가 준 땅에서 다시 뽑히지 아니하리라 네 하나님 여호와의 말씀이라"(암 9:14-15).**

여러분, 이스라엘 나라는 AD 70년에 로마에 의해서 완전히 나라의 뿌리가 뽑힌 뒤에 긴긴 세월 전 세계를 떠돌아 다녔습니다. 그러다가 1948년 5월 14일에 나라를 세웠습니다(암 9:15). 벤구리온 수상은 "내가 그들을 그들의 땅에 심으리니 그들이 내가 준 땅에서 다시 뽑히지 아니하리라 네 하나님 여호와의 말씀이라"는 아모스 선지서 말씀을 읽고 이스라엘의 건국을 선포합니다.

같은 달 대한민국은 첫 국회를 열고 국회의장인 이승만 대통령께서 종로구 출신의 국회의원에 당선된 이윤영 목사를 나오게 해서 기도를 드리게 했습니다. 전 세계 많고 많은 나라 중에 대한민국처럼 나라를 세우는 첫 순서에 기도했던 나라는 없습니다. 그날 이윤영 목사님이 간절히 기도했던 기도 전문은 국회도서관에 가면 볼 수 있습니다.

1910년 일본에 나라가 합방이 되는 국치일을 당한 후에 우리 민족은 온갖 설움을 일제로부터 당했습니다. 나라 잃은 설움으로 만주로, 연해주로, 중국으로, 시베리아로 떠돌아다니면서 우리 선조들은 한 많은 세월을 보냈습니다. 사랑하는 성도 여러분, 나라 잃은 백성은 천덕꾸러기가 됩니다. 가는 곳마다 멸시와 무시를 당합니다. 힘있는 나라에 짓밟혀도 하소연할 데가 없습니다. 개간하면 일본인들이 와서 빼앗아 버립니다. 왕따를 당합니다.

이스라엘 백성들도 마찬가지였습니다. 나라를 잃고 바벨론에 멸망한 뒤에 한 많은 세월을 살면서 그들은 시편 137편을 노래했습니다. 잃어버린 나라에 대한 슬픔을 역사의 주관자 되시는 하나님 앞에 간절하게 기도하며 시편 137편을 노래했습니다.

1절
우리가 바벨론 여러 강가에 포로수용소에서
두고 온 고향 산천을 그리워하며 울었습니다.
잃어버린 고향을 생각하며 울었습니다.
두고 온 부모 형제를 생각하며 울었습니다.

2절
예루살렘에서 하나님 앞에 연주하던 수금을
버드나무에 걸어 놓고 탄식을 합니다.

3절
자기들을 위하여 시온의 노래 중 하나를 연주하라고 합니다.
포로로 끌려온 포로들을 노리개 삼아

어이 노래해 봐 우리를 즐겁게 해 보거라!
예루살렘 성전에서 하나님을 찬양할 때 부르던 노래를
불러 보라고 요청을 합니다.

이런 수난을 당하면서 70년 만에 해방이 됩니다. 오늘 본문은 이스라엘 백성들이 바벨론 포로 생활 70년 만에 돌아오면서 부른 노래입니다. 이들은 해방의 감격을 어떻다고 합니까?

첫째, 해방의 감격을 꿈꾸는 것 같았다고 한다.

오늘 본문 1절을 다 같이 보겠습니다(시 126:1). 꿈꾸는 것 같았다고 합니다. 얼마나 기쁘고 가슴이 벅찬 일이었으면 꿈꾸는 것 같았을까요? 여러분, 인생을 살면서 이렇게 꿈꾸는 것 같아 본 적이 있습니까? 현실에서 일어날 수 없는 일들을 경험할 때 사람들은 꿈꾸는 것 같다고 말씀을 합니다. 여러분은 어떤 때 이런 경험을 해 보셨습니까? 민족적으로 우리나라도 일본으로부터 독립이 되었을 때 온 국민들이 꿈꾸는 것 같았을 것입니다.

시편 126편 2절을 다 같이 봅시다. 그렇다면 이스라엘이 해방된 이유는 무엇입니까? 꿈꾸는 자가 있었기 때문입니다. 누가 꿈을 꾸었단 말입니까? 바로 하나님이 꿈을 꾸셨습니다. 그런가 하면 믿음의 사람들이 꿈을 꾸었습니다. 여러분, 꿈만 꾸면 실패합니다. 어떤 일을 이루기 위해서는 생각만 해서는 안 됩니다. 반드시 꿈같은 일들이 일어나기 위해서는 꿈꾸는 자가 있어야 합니다.

그렇다면 누가 이스라엘의 해방을 꿈꾸었습니까? 바로 깨어 있는 사람들이었습니다. 하나님의 약속을 믿는 믿음의 사람들이었습니다. 그런가 하면 하나님이 이스라엘의 해방을 꿈꾸고 계셨습니다. 여러분,

우리 민족도 마찬가지였습니다. 수많은 독립투사들이 우리 민족의 해방을 꿈꾸었습니다.

꿈같은 일이 일어나기 위해서는 어떻게 해야 합니까? 인생의 개척자가 되기 위해서는 어떻게 해야 합니까?

둘째, 꿈같은 일이 일어나기 위해서는 울며 씨를 뿌려야 한다.

많은 사람들이 장밋빛 꽃길을 원합니다. 다 되어진 길을 편하게 살기를 원합니다. 그러나 내 인생은 내가 개척해 나가야 합니다. 여러분, 내 인생도 내가 눈물로 씨를 뿌리며 개척해 나가야 합니다(시 126:5-6). 지금 코로나로 인하여 환경적으로 어렵고 힘이 듭니다. 이럴 때일수록 우리가 어떻게 해야 합니까? 눈물로 기도의 씨를 뿌려야 합니다.

왜 그렇습니까? 하나님은 우리의 기도를 들으시는 하나님이십니다. 우리의 부르짖음을 들으시는 하나님이십니다(출 2:23-25). 이스라엘 백성들이 애굽에서 바로의 압제 아래에서 신음합니다. 고된 노역으로 노예생활을 합니다. 이들이 고된 노동으로 탄식하며 부르짖으니 그 고된 노동으로 인하여 부르짖는 소리가 하나님께 상달됩니다. 하나님이 그들의 고통소리를 들으시고 하나님이 언약을 기억하사 이스라엘 백성들을 돌보시고 그들을 기억하셨습니다.

사랑하는 성도 여러분, 기도의 씨를 뿌리길 축원합니다. 울며 씨를 뿌리길 축원합니다. 우리나라가 해방된 것은 첫 번째는 하나님께서 베풀어 주신 큰 은혜였습니다. 그런가 하면 우리 선조들이 자나 깨나 독립을 위해 싸웠던 것입니다. 그들의 생각 속에는 오직 나라가 독립되는 것밖에 없었습니다. 그들은 나라를 위해 목숨을 초개처럼 여기며 독립을 위해 울며 씨를 뿌렸던 것입니다.

제가 몇 년 전에 DTS 훈련을 받고 해외 단기선교인 아웃리치를 갔습니다. 저는 중국 심양과 연변과 용정과 선구자 노래가 불리던 일송정과 해란강과 두만강 지역과 목단, 하얼빈으로 갔습니다. 저는 두만강으로 갈 때 참 가슴이 설레었습니다. 우리 민족이 1910년 8월 27일 일본에 국권이 빼앗긴 이래로 많은 선조들이 조선을 떠나 만주로 이주했습니다. 연해주로 떠났습니다. 가서 황무지를 일구어 놓으면 일본군이 와서 빼앗아 버립니다. 나라 잃은 설움에 선조들은 중국 땅과 시베리아 땅을 떠돌면서 소나무만 보아도 조국의 독립을 생각했습니다. 강물만 봐도 조국의 독립을 생각했습니다.

조국의 독립을 위하여 선조들의 가슴에 슬픔과 한과 눈물을 노래로 담았습니다. 1930년대 대중가요로 알고 있지만 대부분의 노래가 나라 잃은 민족에 대한 한과 슬픔과 희망을 애국심을 담았던 노래였습니다. 〈울 밑에 선 봉선화야〉, 〈타향 살이〉, 〈눈물 젖은 두만강〉, 〈목포의 눈물〉, 〈황성 옛터〉 모두 일제 강점기 때 민족의 혼을 담아 불렀던 노래들이었습니다.

그 가운데 대표적인 노래가 〈눈물 젖은 두만강〉입니다. 두만강은 제가 어릴 적 자장가처럼 듣고 자랐던 노래입니다. 우리 역사의 슬픈 가락이 들어 있는 노래입니다. 〈눈물 젖은 두만강〉이라는 노래가 만들어진 사연은 이렇습니다. 1930년대에 중국으로 만주로 피난살이 간 동포들이 용정에 많이 살고 있습니다. 그 용정에서 두만강 국경에 도문이라는 마을이 있습니다. 거기에 이시우라는 사람이 두만강 여관방에 들어가서 하룻밤을 지내는데 옆방에서 어떤 여인이 너무너무 슬프게 우는 것입니다. 여인이 너무너무 슬프게 흐느껴 우니까 이시우라는 사람이 여관방 주인에게 물었습니다. "주모! 저 여인은 어떤 사연으로 저렇게 밤이 새도록 슬피 웁니까?" 그러자 주모는 한숨을 쉬면서 그 여인에게 들은 사연을 이야기합니다. 그 여인이 슬피 우는 사연이 가슴이 아픕니다.

그 여인은 경상도에서 신혼생활을 하다가 6개월쯤 되었는데 남편이 "여보, 부탁이 있소! 내게 소원이 하나 있소!"라고 했습니다. "뭔데요?" "내가 만주 가서 독립군과 함께 3년간만 독립운동을 하다가 돌아올게요. 꼭 3년만 독립운동 하다가 내 돌아올 거요. 3년이요" 하며 3년만 독립운동을 하다가 꼭 돌아온다고 약속을 하고 부부는 그렇게 눈물로 헤어집니다.

그런데 3년이 지났는데도 남편이 돌아오지 않습니다. 부인은 품팔이를 해서 돈을 모아서 남편에게 왔던 편지 주소를 수소문해서 찾아왔습니다. 연변에 용정이라는 곳에 남편이 주둔했던 독립군 진지를 찾아갔습니다. 천신만고 끝에 찾아갔는데 도착하기 닷새 전에 일본군에게 잡혀서 총살을 당했다는 소식을 들었습니다. 그날이 남편의 생일이었는데, 일본군의 총살을 당한 제삿날이 된 것입니다.

부인은 도문의 두만강변 여관에서 생일잔칫상과 제사상을 차려 놓고 밤새 우는 것입니다. 새벽녘까지 울다가 날이 밝아오는 새벽에 그 여인은 두만강으로 나갑니다. "그리운 내 님이여! 그리운 내 님이여!" 여인은 치마를 뒤집어쓰고 두만강에 빠져 죽었습니다. 이것을 목도한 이시우라는 시인이 그 사연을 듣고 그다음 날 죽은 여인의 사체를 눈으로 보고 너무 슬퍼서 시를 썼습니다. 그 여인의 남편을 그리는 안타까운 마음을 조선 백성들이 조국을 그리워하는 마음에 견주어서 쓴 시인데, 거기에 곡을 붙여서 민족 가요로 부르게 되었습니다. 그 노래가 〈눈물 젖은 두만강〉입니다.

일제 강점기 우리 선조들이 나라 잃은 설움을 노랫가락에 실어서 그렇게 불렀던 노래입니다. "그리운 내 님이여! 그리운 내 님이여!" 그 여인의 슬픈 사연에다 나라 잃은 슬픔을 실어서 민족의 혼을 깨우기 위해서 불렀던 노래였습니다. 이렇게 노래가 유행이 되자 일본인들이 이 노래를 금지곡으로 지정하여 못 부르게 했습니다. 그래서 이 노래를 부르다가 걸리면 혀를 뽑아 죽였던 것입니다. 학생이 이 노래를 부르면 혀를 뽑아서 죽입니다. 이런 비참한 시대, 조국을 그리워하는 마음이 기독교 교회를 통해서 영적으로 승화가 됩니다.

그래서 1930년대, 40년대에 나라 잃은 설움으로 하나님을 찾으면서 울부짖어 기도합니다. "하나님! 우리 민족을 해방시켜 주시옵소서!" 하나님께서 우리의 기도를 들으시고 꿈같은 일들이 일어나게 하셨던 것입니다. 우리 민족에게 해방을 주셨을 뿐만 아니라, 교회가 부흥이 됩니다. 많은 민족운동가들이 기독교인이었습니다. 그들은 민족 해방을 위해 눈물로 씨를 뿌렸습니다. 서재필, 김구, 이승만, 김규식, 여운형, 남궁억 다 크리스천이었습니다. 그때는 민족지도자들이 모두 교회 지도자이기도 했습니다. 이제 우리는 그 전통을 이어 가야 합니다. 광복절을 맞으면서 이런 정신을 이어 가야 합니다.

그들은 조국 땅에 하나님의 나라를 건설하고자 했습니다. 민족적으로 대한민국 독립뿐만 아니라 하나님의 나라를 조선 땅에 세우고자 했습니다. 사랑하는 성도 여러분, 우리 민족이 지금 자유민주주의가 된 것은 하나님의 은혜로 우리 선조들이 눈물로 씨를 뿌린 결과입니다. 이제 우리나라가 세계경제 10대 강국이 되었습니다. 그렇다면 하나님께서 우리나라를 해방시켜 주시고 오늘날 이렇게 엄청난 경제성장을 시켜 주신 이유가 무엇입니까? 우리나라를 향한 계획은 무엇입니까? 여러분은 무엇이라고 생각을 하십니까? 먼저 우리 민족이 통일이 되길 원합니다. 남북한이 복음으로 통일되어 세계를 복음화하는 민족이 되길 원하십니다.

그렇다면 시대적으로, 민족적으로 우리 민족이 개척자가 되려면 어떻게 해야 합니까? 다시 일어나야 합니다.

셋째, 민족의 개척자가 되려면 다시 일어나야 한다.

"일어나라 빛을 발하라 여호와의 영광이 네 위에 임하였음이니라" (사 60:1).

오늘 광복절을 맞이해서 하나님께서 우리 민족에게 주시는 사명이 무엇일까요? 아니, 한국교회가 해야 할 사명이 무엇일까요? 오늘 광복절을 맞이해서 우리는 다시 한번 개척자가 되어야 합니다. 그러므로 일어나시길 축원합니다.

먼저 예수 믿는 사람들은 일어나야 합니다. 하나님의 영광의 빛이 우리 위에 임하였습니다. 하나님의 영광이 여러분의 가정에 임했습니다. 하나님의 영광이 여러분 자녀들 위에 임했습니다. 하나님의 영광이 여러분의 사업장에 임하였습니다.

"보라 어둠이 땅을 덮을 것이며 캄캄함이 만민을 가리려니와"(사 60:2).

여러분, 세상은 어둠에 싸여 있습니다. 죽음의 그림자에 싸여 있습니다. 이런 어둠이 땅을 덮을지라도 이제 저와 여러분은 이 영광스러운 복음을 가지고 다시 한번 일어나길 축원합니다. 우리가 일어나서 이 생명의 빛을 발해야 합니다.

왜 그렇습니까? 죄와 사망의 법에 얽매여 사는 수많은 영혼들이 지금도 죽음에 덫에 걸려 신음하고 있습니다. 우리는 일어나서 영혼들을 죄로부터, 죽음으로부터 해방시켜 주어야 합니다. "네 눈을 들어 사방을 보라"(사 60:4)는 말씀처럼 사방을 보십시오. 우리가 일어나서 복음을 전하면, 하나님 나라를 개척해 나가면 어떻게 됩니까? "네 눈을 들어 사방을 보라 무리가 다 모여 네게로 오느니라 네 아들들은 먼 곳에서 오겠고 네 딸들은 안기어 올 것이라"(사 60:4)는 말씀처럼 우리 민족은 이렇게 될 것입니다.

그런데 우리가 전에는 어떤 민족이었습니까? 전에는 우리가 어떤 존재였습니까? 우리 민족이 어떤 나라였습니까? "전에는 네가 버림을 당하며 미움을 당하였으므로"(사 60:15)라는 말씀을 보면, 전에는 우리 민족이 중국한테 무시당하고 일본에게 식민지로 짓밟히고 노예가 되어 나라를 잃고 만주 땅을 떠돌고 시베리아, 연해주로 떠돌며 얼어 죽고 굶어 죽고 버림을 당한 채 이리저리 열강들에게 치이고 왕따를 당했습니다. 그러나 이제는 다릅니다. "이제는 내가 너를 영원히 아름다움과 대대의 기쁨이 되게 하리니" 할렐루야!

하나님은 우리 민족을 그렇게 해주겠다고 하십니다. 오늘 이 약속의 말씀을 하나님께서 우리에게 주시는 약속으로 잡으시길 축원합니다. 개인적으로는 여러분에게 주시는 말씀이요, 민족적으로는 우리 민족에게 주시는 말씀으로 잡으시길 축원합니다.

오늘 광복절을 맞이해서 이제 우리 민족이 어떻게 해야 합니까? 개척자가 되어야 합니다. 전에는 우리 한국 사람들이 나라를 잃고 식민지 백성으로 전락해서 떠돌고 천대 받고 멸시 받고 소망 없이 살았지만, 이제는 하나님께서 우리 민족을 선택하셨기에 자유민주주의 국가로서 통일 한국을 이루고 복음의 깃발을 흔들며 세계를 정복해 나가는 한국이 될 줄 믿습니다. 이 민족을 향한 하나님의 비전이 우리의 비전이 되시길 축원합니다.

이렇게 개척자가 되면 하나님은 우리를 어떻게 축복을 하십니까?(사 60:20-22) 하나님께서 이런 약속을 하셨습니다. 다시는 해가 지지 않는 인생이 될 것입니다. 다시는 해가 지지 않는 나라가 될 것입니다. 다시는 해가 지지 않는 민족이 될 것입니다. 나라 없이 우울하고 슬프고 억울하고 가슴에 한을 품고 살았던 고통스런 시절은 끝났습니다. 이제 새로운 시대가 도래했으니 일어나 빛을 발하며 마음껏 개척을 해 나가시길 축원합니다.

이제 우리 민족과 교회와 저와 여러분에게 하나님은 어떻게 해주십니까? 우리 민족은 여호와의 영영한 빛이 될 것입니다. 우리 민족은 하나님이 우리의 영광의 빛이 될 것입니다(사 60:21-22). 여러분, 우리가 무엇으로 의롭게 됩니까? 바로 어린양 되신 예수 그리스도를 구주로 믿는 믿음으로 의롭게 됩니다. "영원히 땅을 차지하리니"라는 말씀처럼 영원히 땅을 차지하게 될 줄 믿습니다. 우리 민족이 세계의 중심이 될 줄 믿습니다. 우리 민족은 의로운 백성이 되어 땅을 영영히 차지할 것입니다.

하나님께서 이 일을 위해서 수많은 나라 가운데 계획하셨습니다. 한반도는 하나님께서 친히 꺾어 심으신 가지입니다. 하나님의 손으로 친히 만드신 나라입니다. 이 나라 한국교회인 우리는 하나님께서 직접 꺾어서 심은 가지요, 하나님께서 직접 손으로 만든 나라입니다. 그러므로 하나님 손으로 친히 세우신 나라로서 하나님의 영광을 나타낼 것입니다. 이것은 하나님께서 우리에게 주신 위대한 비전이요 미션입니다.

가정의 관점을 디자인하라
Design your perspective

개척자가 되라

첫째, 해방의 감격을 꿈꾸는 것 같았다고 한다.
둘째, 꿈같은 일이 일어나기 위해서는 울며 씨를 뿌려야 한다.
셋째, 민족의 개척자가 되려면 다시 일어나야 한다.

관점을 디자인하라 1   DESIGN YOUR PERSPECTIVE

5장

인생의 관점을 디자인하라

성도의 정체성(고전 1:1-9)

나를 찾는 자 하나님을 찾으리라(출 3:1-12)

포기하라(삼하 15:13-14)

권리 포기(출 3:1-12)

틀을 깨라(욥 8:1-10)

확실한 담보물(욥 17:3)

성도의 정체성(고전 1:1-9)
Design your perspective

하나님의 뜻을 따라 그리스도 예수의 사도로 부르심을 받은 바울과 형제 소스데네는 고린도에 있는 하나님의 교회 곧 그리스도 예수 안에서 거룩하여지고 성도라 부르심을 받은 자들과 또 각처에서 우리의 주 곧 그들과 우리의 주 되신 예수 그리스도의 이름을 부르는 모든 자들에게 하나님 우리 아버지와 주 예수 그리스도로부터 은혜와 평강이 있기를 원하노라 그리스도 예수 안에서 너희에게 주신 하나님의 은혜로 말미암아 내가 너희를 위하여 항상 하나님께 감사하노니 이는 너희가 그 안에서 모든 일 곧 모든 언변과 모든 지식에 풍족하므로 그리스도의 증거가 너희 중에 견고하게 되어 너희가 모든 은사에 부족함이 없이 우리 주 예수 그리스도의 나타나심을 기다림이라 주께서 너희를 우리 주 예수 그리스도의 날에 책망할 것이 없는 자로 끝까지 견고하게 하시리라 너희를 불러 그의 아들 예수 그리스도 우리 주와 더불어 교제하게 하시는 하나님은 미쁘시도다

인생을 살다 보면 원치 않는 바람이 불어옵니다. 그런데 바람이 불어올 때 인생의 진정한 목표가 없는 사람은 방황을 합니다. 그래서 몽테뉴는 인생의 목표가 없으면 어떤 바람이 불어도 순풍이 아니라고 말을 합니다. 왜 그렇습니까? 목표가 없는 인생은 마치 바람에 떠다니는 배와 같기 때문입니다. 그래서 목표가 없는 인생은 어떻게 살아도 방황을 하게 됩니다. 바람이 부는 대로 밀려가기 때문입니다. 바람이

이렇게 불면 이렇게 흘러가고 저렇게 바람이 불면 저렇게 흘러갑니다.

사랑하는 성도 여러분, 오늘 여러분은 어떻습니까? 여러분은 흔들리지 않는 인생의 목표가 있으신지요? 예수님을 만난 후 삶의 목표를 분명하게 정한 사람이 있었습니다. 바로 사도 바울입니다.

예수님을 만난 바울은 어디를 가나 삶의 목적이 분명했습니다. 그런 바울이 아테네에서 복음을 전하다 실패합니다. 왜 그렇습니까? 복음이 아니라 철학으로 승부를 걸었기 때문입니다. 그래서 바울이 고린도 지역으로 옵니다. 이때 마침 로마에서 쫓겨난 아굴라와 브리스길라 부부가 고린도에 왔습니다. 그들이 모두 천막을 만드는 직업을 갖고 있기에 함께 만나 일을 합니다. 어느 날 바울이 그 부부에게 복음을 전합니다. 그들은 예수를 믿게 되고 한평생 바울의 동역자가 되었습니다.

고린도 교회는 지금도 있습니다. 고린도 교회를 방문했을 때 교회 정문 옆에 역대 담임목사의 이름이 기록되어 있었습니다. 1대 바울, 2대 아볼로, 3대 실라, 그런데 그 교회 뒤편에 기둥이 4개가 서 있는데 기둥마다 사람의 그림이 그려져 있었습니다. 누구인가 보니 뵈뵈 집사와 아굴라, 브리스길라 부부도 있었습니다. '고린도 교회는 이런 평신도들이 헌신해서 세워졌구나!' 감동이 되었습니다.

사랑하는 성도 여러분, 아테네에서 전도하다가 실패한 바울은 어둠의 공격으로 인하여 두려워합니다. 그런 바울에게 하나님은 말씀을 주셨습니다. "바울아! 두려워하지 말고 침묵하지 말고 말하라! 아무도 너를 해할 자가 없다. 이 성에 내 백성이 많다." 주님의 말씀을 듣고 바울은 다시 힘을 내서 복음을 전합니다. 그 결과 오늘 고린도 교회가 세워지게 됩니다.

바울은 18개월 동안 고린도에 머물면서 열심히 복음을 전합니다. 그 결과 고린도 교회가 세워지고 바울은 다른 곳으로 떠나갑니다. 그리고 4년 후에 바울이 에베소에서 두란노 서원을 만들어 제자들을 가르치는 중에 고린도 교회 소식을 듣게 됩니다. 고린도 교회 소식에 마음 아파하면서 하나님 앞에 쓴 편지가 바로 고린도서입니다. 바울이 고린도 교회의 문제가 너무나 복잡하여 하나님께 기도하면서 인간의 상식이나 철학이 아닌 성령의 감동과 복음의 원리로 풀어 가는, 교회의 중요한 원리를 풀어 가는 중요한 책이 바로 고린도서입니다.

오늘 본문은 고린도전서 첫 부분으로써 고린도 교회 인사와 그들을 향한 하나님에 대한 찬양이 나옵니다. 다 같이 1절을 보면 "하나님의 뜻을 따라" 이렇게 나옵니다. 여러분, 편지이기 때문에 형식이 있습니다. 이 편지는 지금 누가 보내는 것입니까? 발신자가 누구입니까? 바로 바울입니다.

1절을 보면 하나님의 뜻을 따라 그리스도 예수의 사도로 부르심을 받은 바울은 자기를 어떻게 인식하고 있습니까? 사도로 인식하고 있습니다. 사도라는 말은 보냄을 받은 자란 뜻입니다. 무엇을 위해 보냄을 받았냐 하면 그리스도 예수입니다. 다시 말하면, 예수를 그리스도로 전하라고 보냄을 받은 사람이라는 말입니다. 그러면 바울을 그렇게 보낸 분이 누구라는 것입니까? 하나님이시라는 것입니다. 바울은 자기 자신에 대해 어떻게 이해를 합니까? 하나님이 바울을 불러서 "너는 예수를 그리스도로 전하는 자가 되라!" 하셨다는 것, 이것이 바울의 정체성입니다.

사랑하는 성도 여러분, 그렇다면 인생을 잘 사는 비결이 무엇일까요? 저와 여러분이 신앙생활을 잘하기 위해서는 반드시 가장 먼저 알아야 할 것이 있습니다. 그것이 무엇입니까?

첫째, 내가 누구인가? 정체성을 아는 것이다.

여러분, 왜 인생을 잘 살려면 나 자신의 정체성을 잘 알아야 합니까? 인생의 모든 문제는 내가 누구인지 정체성을 모르기 때문에 파생 됩니다. 내가 누군지 모르면 많은 문제들이 야기됩니다. 그러므로 오늘 바울은 자신의 정체성을 정확하게 선포합니다. "나는 사도다!" 이것이 바울의 정체성입니다.

여러분, 이 땅의 모든 성도들이 바울이 가졌던 자기 이해와 이런 자기 정체성을 분명히 가지면 절대로 흔들리지 않을 것입니다. 그러므로 세상에서 가장 어려운 문제가 무엇입니까? 바로 나 자신을 아는 정체성입니다.

많은 문제들이 내가 누구인지 몰라서 생겨납니다. 그렇다면 왜 사람들은 자기가 누군지를 잘 모릅니까? 사람이 하나님을 알지 못하고는 자기를 알 수 없기 때문입니다. 우리를 지으신 하나님의 의도를 알지 못하고는 그의 작품인 나를 알 수가 없습니다. 그래서 어떤 사람은 말을 합니다. 자기를 찾는 과정은 미로 찾기와 같다는 것입니다. 여러분, 미로에 들어가 본 적이 있으십니까? 미로는 위에서 보면 출구가 바로 보입니다. 그런데 그 안에 있으면, 옆에 있으면, 길이 보이지 않습니다.

인간도 마찬가지입니다. '내가 누구지?' 아무리 생각해도 알 수 없습니다. 나를 만드신 하나님을 알 때 그 안에서 내가 누군가를 정확하게 깨달을 수가 있는 것입니다. 그래서 사도 바울은 편지를 쓰면서 자신을 확실하게 밝힙니다.

그리고 또한 '너는 누구냐'입니다. 2절을 보면 바울의 편지를 받는 고린도 교회 성도들에게 뭐라고 부릅니까? 성도라고 부릅니다. '거룩할 성, 무리 도' 거룩한 무리라는 말입니다. 여러분, 여러분은 거룩합니까? 그런데 가만히 보면 나는 거룩한 게 없고, 세상 사람들과 다른 게 하나도 없습니다. 그런데 어찌 성도냐 이것입니다. 성도의 기준을 정확하게 이해해야 합니다. 성도가 되는 기준은 깨끗한 도덕성이나 거룩한 행위에서 오는 것이 아닙니다.

여러분, 성도라는 말은 소속의 문제입니다. 도덕성의 문제가 아니라 소속의 문제입니다. 어떤 소속입니까? 오늘 본문은 성도의 전제 조건을 말해 줍니다. 곧 그리스도 예수 안에서 거룩해지는데, 그런데 성도가 되는 조건이 뭡니까? '내가 예수 그리스도 안에 있느냐'입니다. 예수 그리스도 안에 있다는 것이 뭡니까? 예수님이 나를 위해 죽으셨다, 나는 예수님이 아니면 죽을 수밖에 없는 죄인이다, 이렇게 고백하고 십자가를 붙들고 그 안으로 들어가는 사람, 이런 사람을 성도라고 합니다.

세상에서 말하는 훌륭한 성인군자가 되는 것이 성도가 아닙니다. 성도의 전제 조건이 뭡니까? 내가 예수 그리스도 안에 있느냐의 여부입니다. 정말 내가 예수 그리스도 안에 있다면 어젯밤 싸웠어도, 지난주에 거짓말을 했어도, 부득이하게 술을 한 잔 마셨어도 성도인 것입니다. 성도의 전제 조건은 예수 그리스도 안에 내가 있느냐의 문제입니다. 그렇다면 우리가 어떻게 성도가 됩니까?

하나님의 뜻을 따라 됩니다. 여러분, 내가 성도가 되는 것은 내 뜻이 아닙니다. 성도는 내 뜻대로 되고 싶어서 되는 것이 아닙니다. 첫째, 나를 향한 성부 하나님의 뜻이 먼저 있어야 합니다. 성부 하나님의 뜻을 따라 성도가 됩니다. 나를 향한 성부 하나님의 예정과 경륜이 있어야 합니다. 둘째, 예수 안에서 거룩해지고 성자 하나님인 예수님이 나를 위해 십자가에 죽으시는 사건이 있어야 합니다. 셋째, 예수 그리스도의 이름을 부르게 하는, 예수 그리스도를 구주로 고백하게 하는 성령의 감동이 있어야 합니다. 그러니까 내가 성도가 되는 과정은 그냥 이루어지는 것이 아니라 성부와 성자와 성령의 합작품인 것입니다.

여러분, 제가 친구 따라 교회를 한번 왔는데 그 교회가 마음에 듭니다. 설교도 마음에 들고 교회 분위기도 마음에 듭니다. 그래서 내가 그 교회를 다닌다고 해서 성도가 되는 것이 아닙니다. 내가 성도가 되는 것은 만세 전부터 하나님의 뜻이 있어야 합니다. 만세 전이란 무엇을 말합니까? 내가 태어나기도 전, 내가 결코 생각하지도 못하는 그 이전 시간을 말합니다. 그전에 하나님이 계획을 세우셔야 합니다. 내가 아무개를 세상에 보낼 것이고 내 자녀로 삼겠다는 하나님의 뜻이 있어야 됩니다. 그리고 예수님이 우리를 거룩하게 하는 행위가 있어야 합니다. 또한 그 사건을 믿고 나의 것으로 받아들이게 하는 성령님의 교통과 감동이 있어야 성도가 됩니다. 여러분, 성도 하나가 이처럼 엄청난 것입니다.

> "찬송하리로다 하나님 곧 우리 주 예수 그리스도의 아버지께서 그리스도 안에서 하늘에 속한 모든 신령한 복을 우리에게 주시되 곧 창세 전에 그리스도 안에서 우리를 택하사 우리로 사랑 안에서 그 앞에 거룩하고 흠이 없게 하시려고 그 기쁘신 뜻대로 우리를 예정하사 예수 그리스도로 말미암아 자기의 아들들이 되게 하셨으니"(엡 1:3-5).

하나님은 창세전에 나를 아셨습니다. 그리고 그리스도 안에서 당신의 기쁘신 뜻대로 선택하셨습니다. 그리고 나를 위해 아들을 주시고 그것을 이해하고 받아들이도록 수없이 감동을 시켜서 그 결과 오늘 내가 이 자리에 하나님의 성도로 있는 것입니다.

그러므로 성도가 된 우리는 보통 사람이 아닙니다. 이것을 우리가 기억하고 이해한다면 성도가 된 것은 감격 그 자체입니다. 그런데 중요한 것은 하나님의 부르심 속에는 소망이 있고 부르신 분의 의지가 담겨 있다는 사실입니다. 그러므로 성도로 부르셨고 부르신 다음에는 반드시 성도로 만들어 갑니다. 여러분, 우리 인간은 변덕이 심해서 한다고 했다가도 안 하고, 안 한다고 했다가 하기도 합니다. 그리고 하려고 해도 무능해서 잘 되지도 않습니다. 그런데 하나님은 그렇지 않습니다. 하나님은 하신다고 하면 절대 변하지 않고 확실하게 하십니다. 그래서 반드시 성도로 만드시는 것입니다. 그 계획은 결코 변하지도 않고 실패하지도 않습니다.

여러분, 이것을 믿습니까? 하나님이 나를 기어코 성도로 만들어 가실 것입니다. 성도가 된 것도 감격스러운데, 지금 내 모습이 성도답지 못해도 하나님은 반드시 당신의 뜻을 따라 우리를 성도로 완성시켜 나갈 것입니다. 이것을 아는 자에게는 뭐가 있습니까?

둘째, 자기 정체성을 아는 자에게 은혜와 평강이 있다.

> "하나님 우리 아버지와 주 예수 그리스도로부터 은혜와 평강이 있기를 원하노라"(고전 1:3).

이 말씀처럼 자기 정체성을 아는 사람은 언제나 은혜와 평강이 있습니다. 여러분, 은혜가 뭡니까?

일반적인 의미에서 은혜는 윗사람이 나에게 베푸는 호의입니다. 평강은 아무런 일 없이 평안한 상태 "이만 하면 좋다"라는 상태가 평강입니다. 그러나 성경에서 말하는 은혜와 평강은 다릅니다. 어떤 의미가 있습니까? 성경이 말하는 은혜가 뭡니까? 하나님과 우리가 접촉점이 있습니까, 없습니까? 하나님과 내가 만나서 교제할 수 있습니까? 없습니다. 왜요? 수준이 맞지 않습니다. 하나님과 우리는 객관적으로는 접촉점이 없습니다. 그런데 하나님께서 우리와 교제하기 위해서 당신께서 뭔가를 하셨습니다. 그 뭔가를 은혜라고 합니다. 그 은혜 없이는 하나님과 우리가 관계를 맺을 수가 없습니다.

하나님이 나와 만나서 나와 교제하기 위해서 하신 모든 일을 은혜라고 합니다. 그러니까 하나님의 은혜가 아니면 인간은 하나님 앞에 설 수도 없고 만날 수도 없습니다. 아버지라 부를 수도 없습니다. 자녀가 될 수도 없습니다. 하나님 나라에 갈 수도 없습니다. 하나님이 나와 만나기 위해서 하신 그 뭔가가 은혜입니다. 그렇다면 평강은 뭡니까? 그 결과가 평강입니다. 하나님이 우리를 위해서 뭔가를 하신 일이 은혜입니다. 그 결과가 평강입니다. 하나님과의 관계가 회복된 상태를 평강이라고 합니다. 할렐루야!

그러므로 평강이라는 것은 내 환경과는 아무런 상관이 없습니다. 바람이 불어도 평강합니다. 고난이 닥쳐도 평강합니다. 코로나가 왔어도 평강합니다. 평강은 땅에서 나오는 것이 아닙니다. 평강은 세상에서 주는 것이 아닙니다. 평강은 사람이 주는 것이 아닙니다. 평강은 하늘에서 내려옵니다. 돈이 있고 건강하고 자식이 잘되고 모든 일이 일사천리로 마음먹은 대로 잘되어서 근심걱정이 없다고 해서 평강이 주어지는 것이 아닙니다. 세상이 줄 수도 없고 알 수도 없는 것이 평강의 본질입니다.

세상 모든 사람들이 갈망하는 것이 무엇입니까? 두 가지입니다. 은혜와 평강입니다. 세상 사람들이 가장 갈망하는 것이 무엇입니까? 은혜와 평강입니다. 그런데 세상 사람들에게는 이것이 없습니다. 돈이 많아도, 권세가 있어도, 자식이 잘돼도 이것이 없습니다. 이 은혜와 평강은 성도들에게만 주어지는 특권입니다. 은혜와 평강이 있기를 축원합니다. 여러분, 이것이 없는 세상의 축복은 별것이 아닙니다. 은혜와 평강이 복의 본질입니다. 은혜와 평강이 이 세상의 모든 축복을 다 합친 것보다 더 크고 귀합니다. 영원하고 진정한 복입니다. 이 복이 성도들에게 있다는 것입니다. 그러므로 우리는 보통 사람이 아닙니다. 성도들에게 은혜와 평강이 있기를 축원합니다. 더 풍성하게 누리시길 축원합니다.

이런 은혜와 평강을 아는 성도가 하나님을 향해 어떻게 반응합니까? 4절을 보면 감사입니다. 여러분, 감사하며 사시길 축원합니다. 그러므로 예수 안 믿는 사람보다 예수 믿는 성도는 감사가 훨씬 많습니다. 감사가 인격이 되어야 합니다. 왜 그렇습니까? 은혜를 받았고 평강을 누리기 때문입니다. 하나님께서 우리에게 은혜를 주셨고 평강을 누리게 하시니 감사할 수밖에 없습니다.

이것이 끝이냐? 아닙니다. 하나님께서 우리를 성도로 부르신 궁극적인 목적이 있습니다. 그렇다면 그것이 무엇입니까?

셋째, 책망할 것이 없는 자가 되기를 원하신다.

"주께서 너희를 우리 주 예수 그리스도의 날에 책망할 것이 없는 자로 끝까지 견고하게 하시리라"(고전 1:8).

예수 그리스도의 날에 책망할 것이 없는 자로 끝까지 견고하게 하신다는 것이 무슨 말씀입니까? 하나님께서 오늘 저와 여러분에게 가장 원하시는 것이 뭡니까? 헌금 많이 내는 것일까요? 부모에게 효도하라, 예배 출석 잘해라, 봉사해라, 전도해라, 기도해라, 다 좋습니다. 그런데 하나님이 정말 우리에게 원하시는 궁극적인 것이 이런 일일까요? 아닙니다. 그렇다면 그것이 뭡니까?

우리 주 예수 그리스도의 날에 주님이 오시는 그날에, 저와 여러분이 주님 만나는 그날에 어떻게 하라는 것입니까? 책망할 것이 없는 자가 되길 원한다는 것입니다. 이것이 우리가 신앙생활을 하는 목적이고 이 땅에서 사는 목적입니다.

여러분, 하나님은 우리를 목사 만드는 것이 목적이 아닙니다. 우리를 장로 만드는 것이 목적이 아닙니다. 우리를 권사 만드는 것이 목적이 아닙니다. 우리를 안수집사 만드는 것이 하나님의 목적이 아닙니다. 하나님이 우리를 선교사 만드는 것이 목적이 아닙니다. 하나님이 우리를 부르신 궁극적인 목적이 무엇입니까? 그날에 책망할 것이 없는 자가 되는 것이 목적입니다. 그렇다면 그날에 책망 받을 사람이 많다는 것입니다. 그러므로 저와 여러분은 책망 받지 말고 칭찬받는 자가 되길 축원합니다. 이것이 우리 인생의 목표가 되길 축원합니다.

사랑하는 성도 여러분, 우리를 향한 하나님의 진정한 기대가 무엇입니까? 그날에 하나님께 책망을 받을 것이 없는 견고한 자로 세워가시려는 것입니다. 그래서 그날에 우리에게 영원한 나라를 주고 면류관을 주시려는 것입니다. 이것은 엄청난 것입니다.

사랑하는 성도 여러분, 살다 보면 고난도 많고 원치 않은 일들이 많이 일어납니다. 이것이 하나님께서 나를 미워해서 주시는 것 같습니까? 하나님의 능력이 없어서 나를 구원 못 하시는 것이 아닙니다. 그날에 책망 받을 것이 없는 사람으로 만들기 위한 하나님의 은혜입니다. "그러므로 지금 잠시 받는 고난은 장차 나타날 영광과 족히 비교할 수 없도다."

여러분! 지금 고난 받는 것이 다인 것 같습니까? 절대 아닙니다. 그날을 기억하길 축원합니다. 은사라고 하는 것은 하나님이 내게 주신 재능만이 아닙니다. 하나님이 내게 주신 환경과 기회와 고난을 다 포함하는 용어입니다. 하나님은 나에게 많은 기회와 재능 그리고 사건을 주셔서 그날에 책망 받을 것이 없는 사람으로 변화되도록 충분히 기회를 주시는 분입니다.

"너희를 불러 그의 아들 예수 그리스도 우리 주와 더불어 교제하게 하시는 하나님은 미쁘시도다"(고전 1:9).

"내 마음 나도 몰라! 마음먹어 봤자 무너지네. 그래서 그날 그런 사람이 될 수 있는 확신이 나에게는 없어!" 그런데 하나님은 미쁘신 분이라는 것입니다. 그러므로 하나님은 나를 끝까지 붙드셔서 나를 그런 사람으로 만들어 가신다는 것입니다. 이것이 성도의 견인입니다. 이것이 하나님의 은혜입니다. 때로는 우리가 말을 잘 안 들으면 하나님은 힘들게도 하시겠지요. 그것도 은혜입니다.

여러분, 하나님이 우리를 그냥 두시면 우리는 망합니다. 때로 잔소리도 하고 간섭도 하시고 혼내기도 하시고 그래서 정신 차리고 주님 오시는 그날에 책망 받지 않고 반듯하게 서는 사람으로 만들기 위함입니다. 지금도 하나님은 일하고 계십니다.

이것을 기억하셔야 합니다. 그래서 오늘 본문은 중요한 명제가 있습니다. 내가 누구입니까? 나는 성도입니다. 보통 사람이 아닙니다. 거저 성도가 된 것이 아닙니다. 하나님의 합작품입니다. 만세 전부터 계획하신 일입니다. 그리고 나를 향한 하나님의 최종 목표는 그날에, 주님 만나는 그날에 책망 받을 것이 없는 칭찬 받는 사람이 되게 하는 것입니다. 하나님은 오늘도 많은 사건도 주고 은사도 주시고 고난도 주고 복도 주십니다. 그것 다 활용해서 그날에 칭찬 받는 저와 여러분이 되길 축원합니다. 이것이 저와 여러분의 참된 인생의 목표가 되길 축원합니다. 그날에 책망 받지 않고 모두가 칭찬받고 면류관을 받으길 축원합니다.

인생의 관점을 디자인하라
Design your perspective

성도의 정체성

첫째, 내가 누구인가? 정체성을 아는 것이다.
둘째, 자기 정체성을 아는 자에게 은혜와 평강이 있다.
셋째, 책망할 것이 없는 자가 되기를 원하신다.

나를 찾는 자 하나님을 찾으리라 (출 3:1-12)

Design your perspective

모세가 그의 장인

미디안 제사장 이드로의 양 떼를 치더니 그 떼를 광야 서쪽으로 인도하여 하나님의 산 호렙에 이르매 여호와의 사자가 떨기나무 가운데로부터 나오는 불꽃 안에서 그에게 나타나시니라 그가 보니 떨기나무에 불이 붙었으나 그 떨기나무가 사라지지 아니하는지라 이에 모세가 이르되 내가 돌이켜 가서 이 큰 광경을 보리라 떨기나무가 어찌하여 타지 아니하는고 하니 그때에 여호와께서 그가 보려고 돌이켜 오는 것을 보신지라 하나님이 떨기나무 가운데서 그를 불러 이르시되 모세야 모세야 하시매 그가 이르되 내가 여기 있나이다 하나님이 이르시되 이리로 가까이 오지 말라 네가 선 곳은 거룩한 땅이니 네 발에서 신을 벗으라 또 이르시되 나는 네 조상의 하나님이니 아브라함의 하나님, 이삭의 하나님, 야곱의 하나님이니라 모세가 하나님 뵈옵기를 두려워하여 얼굴을 가리매 여호와께서 이르시되 내가 애굽에 있는 내 백성의 고통을 분명히 보고 그들이 그들의 감독자로 말미암아 부르짖음을 듣고 그 근심을 알고 내가 내려가서 그들을 애굽인의 손에서 건져 내고 그들을 그 땅에서 인도하여 아름답고 광대한 땅, 젖과 꿀이 흐르는 땅 곧 가나안 족속, 헷 족속, 아모리 족속, 브리스 족속, 히위 족속, 여부스 족속의 지방에 데려가려 하노라 이제 가라 이스라엘 자손의 부르짖음이 내게 달하고 애굽 사람이 그들을 괴롭히는 학대도 내가 보았으니 이제 내가 너를 바로에게 보내어 너에게 내 백성 이스라엘 자손을 애굽에서 인도하여 내게 하리라 모세가 하나님께 아뢰되 내가 누구이기에 바로에게 가며 이스라엘 자손을 애굽에서 인도하여 내리이까 하나님이 이르시되 내가 반드시 너와 함께 있으리라 네가 그 백성을 애굽에서 인도하여 낸 후에

너희가 이 산에서 하나님을 섬기리니 이것이 내가 너를 보낸 증거니라

아프가니스탄 사태를 잘 아실 것입니다. 미군이 철수하자 탈레반이 완전히 정권을 장악해 버렸습니다. 수많은 사람들이 숙청을 당하고 난민들이 생겼습니다. 전쟁은 어느 시대나 인간을 비참하게 만듭니다.

2차 세계대전이 끝나고 프랑스 군인들이 파리에 돌아왔습니다. 그런데 그 군인들 중에는 일본군에게 너무 많은 고문을 받아서 기억상실증에 걸린 사람들이 많았습니다. 아무리 기억상실증에 걸려도 가족들이 그를 알기 때문에, 친구가 있기 때문에, 서류가 있기 때문에 대부분의 사람들은 가족들 품에 돌아갔습니다. 문제는 아무도 찾아오지 않는 환자들입니다. 기억상실증에 걸린 사람들은 가족을 찾아줄 방법이 없었습니다.

그래서 프랑스 정부에서는 고민을 하다가 묘안을 짜냅니다. 파리에 유명한 오페라 하우스에다가 기억상실증에 걸린 군인들을 모아 놓고 아들이 돌아오지 않는 부모님들이나 전사 통지를 받지 않은 부모님들을 초청합니다. 부모들은 관중석에 앉아 있고 무대 위로 기억상실증에 걸린 군인 한 명이 뚜벅뚜벅 걸어 올라갑니다. 스포트라이트가 그를 비추어 줍니다. 그 군인은 관중을 향해서 자기 몸을 보여 줍니다. 자기 신체의 특성을 보여 줍니다. 그리고 한 바퀴 돌면서 자기를 설명합니다.

그리고 이렇게 묻습니다. "저를 아는 분, 계십니까? 저를 아는 분은 제가 누군지 말씀해 주십시오." 한 사람이 내려가면 또 한 사람이 올라가서 같은 행동을 반복하고 같은 질문을 반복합니다. 이 기회가 지나면 다시는 가족을 찾을 수 없기 때문에, 이 기회가 지나면 내가 누군지

찾을 수 없기에 그 군인들은 절박한 마음으로 군중들에게 호소했습니다. 시간이 가면서 관중 속 여기저기에서 통곡 소리가 들려옵니다. '전쟁이란 얼마나 비참한 것인가? 저 젊은이들은 얼마나 많은 고문과 고난을 받았는가? 그리고 앞으로 저들이 당할 고통이 얼마나 많을까?' 돌아오지 않는 아들들을 생각하면서 관중들은 울기 시작했습니다.

사랑하는 성도 여러분, 많은 사람들이 나는 멀쩡하다고 생각합니다. 사람들은 내가 누군지 잘 안다고 생각을 합니다. 그러나 사실은 내가 누군지 모르고 살아가는 사람들이 많습니다. 하나님 앞에서 내가 누구인지 잘 모른 채 살아갑니다. 그리고 인생이라는 주어진 무대 위에서 연기를 하다가 사라집니다. 참으로 슬픈 일입니다. 죄와 무지와 잘못된 가르침 때문에 자기가 누군지 모르고 절규하며 살아가는 인생이 이 땅에는 부지기수입니다. 왜 그렇습니까?

하나님을 떠난 인생은 어둠 가운데 살기 때문입니다. 하나님을 떠난 인생은 죄와 허물로 죽어 있기 때문입니다. 하나님께서 나를 부르시기 전에는 나는 어둠이었습니다. 나는 죄와 허물로 죽었던 자였습니다. 그래서 나는 내가 누군지 모른 채 기억상실증에 걸린 사람처럼 인생을 그렇게 살았습니다. 하나님께서 내 이름을 불러 주시기 전까지는 나는 내가 누군지 모른 채 살아왔습니다. 마치 기억상실증 환자처럼 살았습니다. 하나님을 만나기 전까지 나는 숨겨진 존재였습니다. 그냥 잊힌 존재였습니다.

미국의 유명한 사회학자 조지 허버트 미드라는 사람은, 사람에게는 2개의 나, 곧 주격인 아이(I)와 목적격인 미(ME)가 있는데, 아이는 내가 생각하는 나이고 미는 남들이 생각하는 나라고 합니다. 어떤 사람은 나(I)에 집착해서 고집스러운 사람이 되고 어떤 사람은 미(ME) 곧 남들이 나를 어떻게 생각하느냐에 집착해서 주체의식이 없는 사람이 된다고 합니다. 그러므로 모든 사람은 아이(I)로부터 시작해서 미(ME)에 의하여 조종되는 것입니다. 그러므로 내가 생각하는 나 아이(I)와 남들이 생각하는 나 미(ME)가 서로 갈등하고 조화를 이루면서 내가 되어가는 것, 이렇게 나는 누구인가를 사회학적으로 규명을 했습니다.

그런가 하면 정신분석학의 창시자요 심리학자인 프로이트는 나를 셋으로 나누었습니다. 이드(Id)와 에고(Ego)와 슈퍼에고(Superego)로 나누었습니다. 충동적 자아 즉 내 속에서 뭔가가 끓어오르는 욕망에 붙들린 나, 이것을 이드라고 합니다. 겉으로 표현되는 현실적인 자아, 이것이 바로 에고입니다. '나는 이러면 안 되는데 나는 이런 사람이 되어야 하는데' 높은 이상을 세워놓고 거기에 도달하려고 하는 이상적 자아를 슈퍼에고라고 했습니다. 사람은 이 세 가지가 항상 갈등하면서 나를 괴롭힌다는 그런 말입니다.

그런가 하면 칼 융이라는 사람은 "인생이란 자기를 찾는 과정이다" 이렇게 말을 했습니다. 그는 나를 자아, 즉 에고와 자기(셀프)로 구분했습니다. 자아는 내가 의식하고 있는 나를 말합니다. 그러나 자기라고 하는 셀프는 겉으로인 내가 의식하지 못하는 자신의 잠재성이며 궁극적인 실재를 말합니다. 자아가 나 자신에 대한 이미지라면 자기는 자신 안에 잠재되어 있는 신성의 이미지입니다. 이것을 불교에서는 참된 나라고 말을 합니다. 셀프라고 하는 자기는 나도 잘 모르는 나의 본성이기 때문에 자아가 의식적으로 탐구할 때만 발견됩니다. 이렇게 자기를 발견하고 받아들이는 것이야말로 인간의 과제이며 이것이 진실한 자기실현이라고 말을 했습니다.

사랑하는 성도 여러분, 내가 누구일까요? 왜 인간은 나에 대해서 이렇게 복잡하게 이야기를 합니까? 우리 인간이 아는 것이 대단히 많은 것 같아도 사실 학문적으로 '내가 누구인가?' 나의 정의에 대해 아직도 확실하게 내리지 못했다는 것입니다. 그렇다면 왜 내가 누구인가라는 물음에 대한 대답이 왜 그렇게 복잡하고 그렇게 어렵습니까?

첫째, 하나님을 떠난 인간은 자신의 정체성을 잃어버린 것이다.

하나님을 떠난 인생은 내가 누군지를 알지 못한 채 인생을 살아갑니다. 미국 하버드 대학에서 있었던 일입니다. 대학에서는 낡은 철학관 건물을 헐어 버리고 새로운 철학관 건물을 건축했습니다. 다 짓고 나서 교수들은 철학관 입구에 철학과를 상징하는 문구를 새겨 넣기로 결정을 했습니다. 많은 사람들이 모여서 어떤 말을 새겨 넣을까 논의하다가 "인간은 만물의 척도다"라는 프로타고라스의 말을 새겨 넣기로 결정을 했습니다. 교수회의 결정은 특별한 이유가 없는 한 그대로 받아주는 것이 대학의 관례였기 때문에 교수들은 그 의견을 가지고 총장을 만나러 갔습니다.

총장은 그것을 보고 이렇게 말을 했습니다. "이것이 인간을 이해하는 가장 좋은 이해입니까?" "네 그렇게 생각합니다." 그 말을 듣고 총장은 이렇게 말을 합니다. "나는 그렇게 생각하지 않습니다. 이것보다 더 좋은 인간에 대한 이해가 있다고 생각을 합니다." "그것이 무엇입니까?"

"**사람이 무엇이기에 주께서 그를 생각하시며 인자가 무엇이기에 주께서 그를 돌보시나이까**"(시 8:4).

바로 이 말씀입니다. 그래서 다시 많은 논의를 거친 후에 결국 시편 8편 4절 말씀을 철학관 건물 기둥에 새겨 넣었다고 합니다.

여러분, 인간 이해는 두 가지 상반된 견해가 있습니다. '나는 누구인가? 나는 만물의 척도다. 내가 모든 것의 기준이다. 내가 노력하고 수고하고 몸부림쳐서 오늘의 내가 있는 것이다.' 이렇게 인간을 이해하는 방향이 있고 그 반대로 '나는 누구인가? 나는 하나님이 사랑하는 사람이다. 그분이 나를 기억하신다. 그 은혜로 오늘 내가 여기 있는 것이다' 이렇게 생각하는 방향이 있습니다.

이 두 가지 인간을 이해하는 방향 중에서 여러분은 어느 것이 더 옳다고 생각을 하십니까? 우리 자신을 포함해서 세상 모든 사람들이 가장 자주 가장 절실하게 묻는 질문이 있습니다. 그 질문이 뭘까요? '나는 누구인가?' 이 질문은 고대로부터 모든 철학의 주제였습니다. 여러분, 철학자 하면 누가 생각이 납니까? 소크라테스가 생각이 납니다. 왜 철학자 하면 소크라테스가 생각이 납니까? 소크라테스 이전에는 철학의 대상이 인간이 아니라 우주였습니다. 그것을 자연 철학이라고 합니다. 소크라테스에 와서 인간이 중요하다고 해서 모든 연구의 주제를 인간에게로 모아 갑니다. 그래서 소크라테스를 철학의 시조라고 합니다. 여러분은 소크라테스가 한 유명한 말을 기억하실 것입니다. "너 자신을 알라!" 문제는 철학적으로 내가 누구냐에 대한 답을 내리지 못했다는 것입니다.

나는 누구인가, 내가 누구인가, 이것은 종교의 주제이기도 합니다. 그래서 무신론적 진화론에 의하면 '내가 누구냐? 나는 누구냐? 나는 우연히 세상에 생겨난 존재다. 나는 우연히 세상에 던져진 존재다. 존재의 이유와 목적과 가치도 없이 어쩌다 이 땅에 던져진 존재다' 이렇게 자신을 이해합니다. 그렇다면 범신론에서는 자신을 어떻게 이해를 합니까? 범신론에서는 '나는 신이다. 내가 신이다. 모든 것은 내가 생각하는 대로 된다' 이렇게 이해를 합니다. 그럼 유신론에서는 나는 누구인가를 어떻게 이해를 합니까? '나는 신의 창조물이다.' 그러니까 여러분, 종교도 나는 누군가의 이해에 따라 갈라지는 것입니다. 종교개혁자 칼빈은 《기독교 강요》에서 이렇게 말을 했습니다.

"자신을 알지 못하고는 하나님을 알지 못한다. 하나님을 알지 못하고는 자신을 알지 못한다. 인간은 자신을 아는 것만큼만 하나님을 아는 것이다."

왜 그렇습니까? 하나님이 나를 창조하셨기 때문입니다. 그러므로 하나님을 떠난 모든 인간은 내가 누군지 모르는 사람들입니다. 여러분 모두는 하나님 안에서 진정한 나를 발견하시길 축원합니다.

그렇다면 우리 인생이 진정한 나 자신을 발견하기 위해서는 어떻게 해야 합니까?

둘째, 진정한 나를 발견하기 위해 하나님을 만나야 한다.

하나님은 인생의 광야를 통해서 만나게 됩니다. 하나님께서 우리를 만나 주시려고 우리 인생 여정 속에 때로는 광야를 허락하십니다. 많은 믿음의 사람들이 인생의 광야에서 하나님을 경험하며 자기 자신을 발견하게 됩니다. 왜 그렇습니까?

광야는 자신이 부서지는 곳입니다. 광야는 자기를 포기하는 장소이기 때문입니다. 오늘 모세가 광야 40년 어간에 철저하게 자기를 포기합니다. 모세가 철저하게 부서집니다. 이제 그는 자신을 의지하는 것이 아니라 하늘을 바라보는 사람이 됩니다. 하나님의 소리에 민감한 사람으로 변해 갑니다.

모세가 어떻게 변해 갑니까? 본문 출애굽기 3장 1절을 보겠습니다. 어느 날 그가 호렙 산에 도착합니다. 그 호렙 산은 광야 서쪽에 있는 산인데 그가 거기까지 왔다는 것은 무엇을 의미합니까? 성실한 목자가 되어서 멀리까지 가서 자기 양 떼에게 풀을 뜯겼다는 것입니다. 다시 말하면 자기 운명에 대한 원망과 분노를 그치고 지금 주어진 자기의 삶을 받아들이고 자기의 맡은 일에 최선을 다하는 사람이 되었다는 것입니다. 사람이 과거를 내려놓고 오늘에 충실한 사람이 되는 것은 쉬운 일이 아닙니다. 그런데 오늘 모세는 그런 사람이 된 것입니다.

광야 서쪽까지 가서 양 떼를 돌보는데 거기서 그가 떨기나무를 보게 됩니다. 떨기나무는 일종의 가시덤불 같은 나무라고 생각하면 됩니다. 그 미디안 광야에 얼마든지 널려 있는 것이 떨기나무입니다. 사막의 뜨거운 햇빛이 내리쬐면 너무 뜨거워서 자연 발화가 되기도 합니다. 그러면 훅 하고 불이 나서 금방 후루룩 타서 재가 되어 없어지는 나무입니다. 모세는 그 모습을 이미 수없이 보아 왔던 것입니다. 그런데 오늘은 뭔가 다릅니다. 불이 붙었는데 금방 타서 그 나무가 사그러질 텐데… 계속해서 불길이 올라오고 있는 것입니다. 그것을 보고 모세가 한 일이 뭡니까?

3절 "내가 가서 이 큰 광경을 보리라"는 말씀을 보면, 모세는 '저 나무가 타서 금방 재가 되어 사라질 텐데, 어찌하여 꺼지지 않는가? 참 신기한 일이다' 그렇게 생각을 한 것입니다. 그러나 여러분, 사실 잘 생각해 보면 대단한 일이 아닙니다. 보통 사람 같으면 눈치를 못 챌 수도 있습니다. 또 눈치를 챘다고 해도 그런가 보다 하고 가면 됩니다. 그런데 모세는 그냥 넘기지 않았습니다. '큰 광경이다. 대단히 비상한 일이다.' 그리고 직접 가 보려고 시도했다는 것은 하나님께서 모세를 부르시는 사인에 대하여 모세가 주목할 수 있는 사람이 되었다는 것입니다. 아주 사소해 보이지만 모세는 영적인 민감성을 가지게 되었다는 것입니다. 그래서 그는 나무로 다가간 것입니다.

그때 하나님의 음성이 들려옵니다. "모세야, 모세야." 그러자 모세가 대답합니다. "내가 여기 있나이다." 그러자 하나님이 하시는 말씀입니다. 5절 "네 발에서 신을 벗으라"에서 신을 벗는다는 말이 무슨 뜻입니까? 세 가지 의미가 있습니다.

첫 번째는 경건한 마음을 가지라는 것입니다. 이스라엘 사람들은 아주 경건한 장소에 가면 신발을 벗습니다. 신발을 벗어야 무릎을 꿇을 수 있습니다. 무릎 꿇는 마음, 경건한 마음을 가지라는 것입니다.

두 번째는 복종을 의미합니다. 종에게는 신발이 없습니다. 그러므로 신발을 벗는다는 것은 '오늘부터 너는 하나님의 종이다. 그러니까 하나님에 대한 생각, 너의 생각을 내려놓고 하나님의 생각에 너를 맞추어라' 그런 소리입니다. 세 번째는 과거와의 단절을 의미합니다. 지금까지 이곳저곳을 신고 다녔던 그 신발을 벗는다는 것은 내가 거쳐 온 과거를 정리한다는 뜻입니다. 애굽에서의 40년, 광야에서의 40년, 거기서 묻은 모든 때, 상처, 그 모든 것을 이제는 벗어 버리고 새출발하라는 뜻입니다.

사랑하는 성도 여러분, 여러분은 신발을 벗어 본 적이 있으십니까? 아직도 신발을 벗지 못한 채 10년 전에 예수 믿기 전 그 신발을 그대로 신고 다니는 사람이 있습니다. 20년 전, 30년 전 그 신발을 그대로 신고 다니는 분이 있습니다. 여전히 옛날 그 모습 그대로 살아갑니다. 이런 질문이 생길 수 있습니다.

'왜 하필이면 하나님은 떨기나무를 통해서 모세를 부르셨을까? 모세는 그 불타는 떨기나무를 보면서 무슨 생각을 했을까? 뭔가 강력하게 어필이 되었을 텐데, 그것이 뭘까?' 여러분, 떨기나무는 나무 중에서도 가장 쓸모없는 나무입니다. 이것은 열매도 없습니다. 재목으로도 쓸 수 없습니다. 관상용도 못 됩니다. 버려진 나무입니다. 광야에 버려진 나무가 떨기나무입니다. 아무짝에도 쓸 수 없는 떨기나무는 연약하고 무가치한 것의 상징입니다. 모세는 그 떨기나무를 바라보며 무엇을 보았을까요?

셋째, 사람은 누구를 막론하고 하나님의 은혜로 사는 존재이다.

모세는 타지 않는 떨기나무를 바라보면서 세상으로부터 멸시받고 버려진, 아무 쓸모 없는 자기 자신을 보는 것 같았을 것입니다. 또한 애굽으로부터 말할 수 없이 고난 당하며 짓밟히는 자기 민족 이스라엘의 비참한 상황을 보았을 것입니다. '그런데 이상한 것은 버려진 나도 짓밟히고 있는 이스라엘도 이 시련과 고난 속에서 다 죽고 없어져야 되는데 왜 타서 없어지지 않는 것일까? 왜 타서 사라지지 않을까?' 이 불꽃은 하나님의 임재의 상징입니다. '가시나무에 하나님이 함께하심으로 그 나무가 타지 않고 존속되듯이 나같이 초라한 인생, 우리 민족까지 짓밟히면서도 멸망하지 않고 살아 있다는 것은 바로 하나님이 우리와 함께 계시기 때문이구나!' 모세는 이것을 깨달았던 것입니다.

'지금까지 내가 살아온 것이 바로 하나님의 은혜였구나! 우리 민족이 지금까지 생존해 온 것이 하나님의 은혜였구나! 하나님이 함께하셔서 나와 내 민족이 보존되고 있는 것이었구나!' 이런 깊은 깨달음을 느끼고 있는 모세에게 하나님이 말씀을 하십니다. "내가 이스라엘 백성의 고통을 안다."

그렇다면 하나님이 이스라엘 백성들의 고통만 아실까요? 아닙니다. 하나님은 오늘 저와 여러분의 고통도 아십니다. 코로나 속에 신음하는 당신의 백성들의 고통도 아십니다. 눈물도 아십니다. 예배를 드리지 못해서 메마른 마음도 신음하는 소리도 아십니다. "그러므로 내가 그들을 구원할 것이다. 그래서 나는 너를 보낸다." 그런 말입니다. "그러니 가라! 모세야 가라!"

이 말을 듣고 모세가 하는 말이 11절 "내가 누구이기에 바로에게 가며…"입니다. "내가 누구이기에 바로에게 가서 이스라엘을 구원한단 말입니까? 내가 누굽니까?" 여러분, 지금 모세가 자기 이름을 몰라서 하나님께 자기 이름을 묻는 것입니까? 자기는 그럴 만한 사람이 못 된다는 것입니다. 이 고백은 드디어 모세가 하나님께 사용될 준비가 되었다는 것입니다. 어떻게 알 수 있습니까? 여러분, 출애굽의 위대한 역사를 누가 감당할 수 있겠습니까? 아마 40년 전 같았으면 모세가 이렇게 말했을 것입니다. "하나님 저요. 제가 아니면 이 일을 누가 할 수 있겠습니까?" 이렇게 나왔을 것입니다. 그러나 모세가 자신을 좀 알고 나니까 "하나님, 저는 그런 사람이 못 됩니다"라고 합니다.

여러분, 하나님의 일은 스스로 영웅이 되어 내 힘으로 이루어 가는 것이 아닙니다. 하나님이 주관자가 되시고 모세는 하나님의 통로가 되어 사용될 뿐입니다. 그러므로 그 통로는 자기의 부족함을 통감하고 보내신 하나님을 철저히 의지해야만 하는 것입니다. 이것을 가르쳐서 수동적 영성이라고 말합니다.

여러분, 세상에 있는 영적인 지도자들이 수동적 영성의 비밀을 알기만 한다면 교회가 이렇게 혼란스럽지 않을 것입니다. "나는 누구입니까?" 이 질문에 대해서 하나님은 '너는 누구다!'라고 대답해 주시지 않습니다. 다만 이렇게 말씀하십니다. 12절 "내가 반드시 너와 함께하겠다"가 끝입니다. 여러분, 생각해 보세요. 나는 누굽니까? 내가 너와 함께하겠다, 이것만 알라, 그런 말입니다. 왜냐하면 하나님을 알아야만 정말 자기가 누구인지 알기 때문입니다.

여러분, 모세가 하나님을 만나기 전에는, 하나님의 말씀을 듣기 전에는 자기가 누군지를 몰랐습니다. 살인자요, 실패자요, 꿈을 잃어버린 초로의 늙은이요, 처갓집 양을 치는 목동에 불과한 것입니다. 그러다 하나님의 음성을 듣고 자기가 할 일을 깨닫고 나서야 비로소 모세가 되는 것입니다. 하나님이 나를 얼마나 사랑하시는지, 그것을 알면 자기 존재의 목적과 가치를 깨닫고 새로운 진정한 모세가 됩니다.

그러고 보니, 이제와 생각하니 지나간 80년이 잃어버린 시간이 아니었던 것입니다. 내가 누군지 모를 때는 왜 그런 80년을 살아와야 하는지를 결코 알 수 없었습니다. 그러나 하나님을 만나고 자기가 누구인지 알게 되자 그의 과거는 우연한 것이 아니었다는 것을 깨닫게 됩니다. 그의 태어남도, 갈대상자에 의해서 구원받은 것도, 궁중에 들어

가서 공부한 것도, 광야에서 이렇게 깨진 것도 하나님의 오묘한 섭리 속에 미래를 위한 준비였다는 것을 깨닫게 된 것입니다.

사랑하는 성도 여러분, 오늘 여러분은 어떻습니까? 자기를 발견한 사람에게는 자기의 과거, 현재 그리고 미래가 다 하나님의 경륜 속에 있음을 깨닫게 됩니다. 사랑하는 성도 여러분, 그렇다면 예수 믿고 거듭난 우리는 내가 누구인가를 어떻게 발견하고 살아가야 합니까? 하나님이 말씀하시는 바가 바로 나의 정체성입니다.

나는 누구입니까? 하나님의 자녀입니다. 내가 누구입니까? 하나님의 자녀입니다. 우리가 누구입니까? 하나님의 자녀입니다. 내가 하나님의 자녀라는 이것 한 가지면 충분합니다. 그러면 하나님의 자녀로서 어떻게 살아야 합니까? 하나님의 말씀에 순종하며 기도하며 사는 것은 바로 우리의 몫입니다.

인생의 관점을 디자인하라
Design your perspective

나를 찾는 자 하나님을 찾으리라

첫째, 하나님을 떠난 인간은 자신의 정체성을 잃어버린 것이다.
둘째, 진정한 나를 발견하기 위해 하나님을 만나야 한다.
셋째, 사람은 누구를 막론하고 하나님의 은혜로 사는 존재이다.

포기하라(삼하 15:13-14)

Design your perspective

전령이 다윗에게 전령이 다윗에게 와서 말하되 이스라엘의 인심이 다 압살롬에게로 돌아갔나이다 한지라 다윗이 예루살렘에 함께 있는 그의 모든 신하들에게 이르되 일어나 도망하자 그렇지 아니하면 우리 중 한 사람도 압살롬에게서 피하지 못하리라 빨리 가자 두렵건대 그가 우리를 급히 따라와 우리를 해하고 칼날로 성읍을 칠까 하노라

    여러분, 우리는 모두 괜찮은 사람으로서 인생을 살고 싶어 합니다. 남들에게 나의 존재가 인정받기를 원합니다. 그래서 인정과 칭찬 받는 사람이 되기를 갈망합니다. 존경받는 사람이 되길 원합니다. 사랑하는 성도 여러분, 우리 속에 왜 이런 갈망이 있을까요? 왜 사람들의 마음속에 이런 갈망들이 있을까요? 우리 자신이 존귀한 자이기 때문입니다. 이 세상에 태어나서 아무런 의미도 없이 살다가 그냥 사라져 버리는 사람이 되기를 원하는 사람은 아무도 없을 것입니다.

    19세기 영국의 유명한 역사학자 토머스 칼라일이라고 하는 사람은 《영웅의 역사》라고 하는 책을 썼습니다. 그는 이렇게 질문을 합니다. "여러분, 영웅 하면 어떤 생각이 납니까? 나폴레옹, 시저, 진시황, 맥아더, 이순신 장군, 이런 사람들이 생각나지 않습니까? 대개는 정치가나 군인 등 인류역사에 엄청난 업적을 남긴 사람들을 우리는 영웅이라고 생각을 합니다. 그런데 그런 사람들은 숫자적으로 너무나 소수

입니다. 그리고 우리와는 별로 상관없는 과거 시대의 인물들이었습니다. 그런 사람들만이 영웅이라면 우리 같은 소시민들은 쓸모없는 인간인가요?"

그는 진정한 영웅에게는 세 가지 특징이 있다고 말을 합니다. 첫 번째는 소명의식입니다. '하나님이 나를 이곳에 보내셨다. 그래서 이 사명을 주셨다. 나는 그래서 이 일을 한다'라는 사명감입니다. 두 번째는 이 사명감에 성실하게 응답을 해서 어떤 분야에 있든지 그 분야에서 아름다운 열매를 맺는 것이라고 합니다. 세 번째는 그 결과 다른 사람에게 감동을 전해 줍니다. '나도 저렇게 살고 싶다. 저분을 본받고 싶다'라는 감동을 주는 것이라고 합니다. 이것이 영웅의 세 가지 요소라는 것입니다.

여러분, 그 사람의 직업이 무엇이든 상관없습니다. 농부면 농부로서, 선생님이면 선생님으로서, 사업가면 사업가로서 그 사람의 직업은 무엇이든지 상관이 없습니다. 그 사람이 많이 가졌든 적게 가졌든, 권세가 있든 없든 상관없습니다. 그 사람이 스펙이 있든 없든 상관이 없습니다. 삶의 현장에서 사명감을 가지고 성실하게 주어진 일을 하며 열매를 맺고 '나도 저렇게 살고 싶다. 본받고 싶다' 이런 사람들이 오늘날 우리에게 진정한 영웅이라는 것입니다.

그렇다면 예수 믿는 저와 여러분이 하나님 나라의 진정한 영웅이 되길 원한다면 오늘 우리는 어떤 사람이 되어야 할까요? 철저하게 자기 권리를 포기해야 합니다. 왜 그렇습니까? 세상 사람들은 자기 자신을 실현하는 것을 성공이라고 하고 그런 사람을 영웅이라고 합니다. 그러나 하나님 나라의 믿음의 영웅은 어떤 사람입니까?

모두 다 자기를 버린 자들이 영웅이 되었습니다. 자기 권리를 포기한 사람들이 영웅이 되었습니다.

오늘 본문의 다윗은 어떻게 믿음의 영웅이 됩니까? 철저하게 자기를 포기합니다. 다윗은 사울 왕으로부터 엄청난 핍박을 받은 사람입니다. 다윗은 사울의 충성스러운 신하였고 사위였습니다. 사위면 자식입니다. 그럼에도 불구하고 사울 왕은 다윗을 죽이려고 했습니다. 다윗의 일생 중에 젊은 시절 상당한 시간 동안 사울 왕으로부터 도피하며 지냈습니다. 얼마 동안입니까? 무려 10년입니다.

아마 상사로부터, 윗사람으로부터 상처를 가장 많이 받은 사람을 꼽으라면 다윗일 것입니다. 이런 의미에서 다윗은 권위와 복종 이 문제에 대해서 가장 많이 고민을 한 사람이었습니다. 보통 사람이라면 엄청난 보복을 했을 것입니다. 자신도 힘이 있고 인기도 있습니다. 칼도 잘 씁니다. 물맷돌도 잘 던집니다. 그리고 사람들도 다윗을 따르며 지지합니다. 무엇보다도 하나님께서 다윗에게도 기름을 부으셨습니다. 그러니 명분도 있습니다. 10년 동안 처절하게 사울에게 쫓겨 광야에서 짓밟히면서 무슨 생각을 안 했겠습니까? 그런데 왜 다윗은 무기력하게 당하고만 있었을까요? 여러분은 왜 그렇다고 생각을 하십니까?

첫째, 다윗은 하나님의 질서를 알았다.

여러분! 하나님께서 다윗을 합법적인 왕으로 세우기 전까지는, 다윗은 누구 밑에 있는 것입니까? 사울 밑에 있는 것이 하나님의 질서입니다. 당장 그 왕을 몰아내는 것이 효과적일 것 같지만 효과적인 것보다 더 중요한 것은 바로 순종하는 것입니다. 그래서 다윗은 칼을 빼들지 않고 하나님의 질서에 순종합니다. 다윗이 사울을 얼마든지 죽일 수 있었습니다. 그런데 사람이 사람을 죽인다는 것은 생명의 주인 되신 하나님께 대한 가장 큰 도전입니다. 사울을 죽이는 것은 하나님이 세우신 질서에 대한 도전입니다.

사랑하는 성도 여러분! 현대인들은 눈에 보이는 대로 생각하며 삽니다. 이런 다윗에게 복수의 기회가 찾아옵니다. 지금 다윗이 동굴에 숨어 있는데 사울이 수천 명의 군사를 데리고 다윗을 잡으러 왔습니다. 그런데 사울이 혼자서 용변을 보려고 굴속을 들어옵니다. 사울은 밝은 데서 동굴 속으로 들어오니까 아무것도 안 보이지만 다윗과 부하들은 숨어 있으니까 환하게 보입니다. 왕 혼자 볼일을 보니 찌르면 그만입니다. 그때 부하들이 다윗의 귀에 속삭입니다. "다윗! 끝내 버립시다. 한칼이면 됩니다. 쥐도 새도 모르게 사울을 죽이면 당신의 고생도 끝나고 왕도 바로 될 수 있습니다. 지금 죽이지 않으면 이 고생이 언제 끝날지 모릅니다. 인생 다 종칠 수도 있습니다. 이런 기회는 다시 오지 않습니다. 끝냅시다!"

그러자 다윗이 이렇게 말합니다. "여호와의 기름 부음 받은 자에게 대항하는 것 여호와께서 금하신 것이다." '사울 왕의 잘못은 하나님이 알아서 평가하실 것이다. 나는 지금 나 스스로 나가서 사울을 폐위시키는 죄를 짓지 않겠다'는 것입니다.

그는 사울의 옷자락을 살짝 벱니다. 복수하고 죽여서 왕이 되는 것을 포기합니다. 그리고 사울 왕이 나간 다음에 저만큼 간 다음에 다윗이 소리칩니다. "왕이여! 내 아버지여, 제가 왕의 옷자락을 베었습니다. 내가 왕을 해치지 않는 것을 증명하기 위해서 부득이 그렇게 했습니다." 사울이 듣고 감동을 합니다. 자신은 다윗을 핍박하고 죽이기 위해서 쫓아다니는데 다윗은 자기 생명을 보존하면서 거역하지 않습니다. 그래서 사울이 유명한 말을 합니다.

"너는 나보다 의롭도다"(삼상 24:17).

하나님 앞에서 행하는 다윗을 보고 칭찬을 해줍니다. 윗사람이 칭찬을 해줍니다. 인정해 줍니다. 그래서 다윗은 순종에 대해 합격증을 받습니다. 여러분, 순종에 대한 합격증은 누구에게 받습니까? 자기 윗사람에게 받는 것입니다. 이 합격증을 받아야 사람은 그다음 길이 열리게 되어 있습니다. 사울같이 악한 사람으로부터도 합격증을 받아야 합니다.

여러분, 성품을 연구하는 사람들은 이런 말을 합니다. 왜 다윗에게 이런 힘든 시기가 있었을까, 그것은 아마 하나님이 다윗을 훈련시키고자 했기 때문이라는 것입니다. 왕으로부터 엄청난 핍박을 받자 갈 곳이 없습니다. 그래서 하나님을 간절히 찾아서 만나는 사람이 됩니다. 하나님을 의지하는 인간이 됩니다. 하나님을 찾는 인간이 됩니다. 잘못된 왕을 통해서 고통을 받으면서 그는 '정말 진정한 왕이란 어떤 존재가 되어야 하는가?' 깊이 깨닫습니다.

다윗은 사울 왕을 보면서 진정으로 어진 왕, 좋은 왕은 어떤 왕이어야 하는지를 아주 뼈저리게 느끼게 됩니다. 만약에 이런 과정을 참지 못하고 칼을 빼들었다면 다윗은 반역을 하는 것입니다. 그러므로 대가를 치르게 될 것입니다. 결국은 사울 왕과 같은 수준이 되어 버립니다. 사울 왕은 어떤 수준입니까? 힘이 생기면 교만해지고 힘들면 언제든지 하나님의 뜻을 거역하는 자인데, 다윗도 그런 자가 되고 말 것입니다. 그러나 참고 참는 가운데 그가 어떻게 됩니까?

둘째, 다윗 속에 있는 거역의 영이 떠나간다.

믿음의 영웅들은 자기라는 권리가 포기되자 언제라도 철저하게 순종하는 사람이 됩니다. 사랑하는 성도 여러분, 그렇다면 이것이 왜 이렇게 중요합니까? 절대 권력자가 되었을 때 그 사람의 본색이 드러나기 때문입니다. 나중에 다윗이 통일왕국의 왕으로 40년을 통치할 때 그의 군대가 130만이었습니다. 우리나라 군대가 60만이라면 두 배가 넘습니다. 그 당시로 말하면 세계를 제패할 수 있습니다. 그런데도 다윗은 하나님 앞에 어떤 사람으로 서 있습니까? 겸손함을 잃지 않습니다. 왜 그렇습니까? 포기할 줄 알았기 때문입니다. 지금 다윗은 사울왕에게 시달리고 있지만 영적인 실제는 뭡니까? 지금 다윗은 무엇을 하고 있습니까? 하나님 앞에서 과외 공부를 하고 있는 것입니다.

'너는 이런 왕이 되면 안 된다. 왜? 사실 너도 그럴 수 있는 사람이거든.' 그래서 모진 훈련을 통하여 하나님을 만나고 하나님이 원하시는 좋은 왕의 재목으로 그렇게 변해 갔던 것입니다.

사랑하는 성도 여러분, 하나님은 어제나 오늘이나 동일하십니다. 그렇다면 하나님은 오늘 다윗만 그런 훈련을 시키실까요? 아닙니다. 오늘 당신의 자녀들인 우리에게도 마찬가지입니다. 하나님은 모든 사건을 통해서 '너는 이런 상사가 되면 안 된다. 너는 이런 사람이 되면 안 된다'를 가르치고 있는 것입니다. 그러는 중에 만 백성은 다윗의 진심을 알아 가면서 그를 왕으로 모실 준비가 되어 갔습니다.

그러나 다윗의 관심은 언제나 하나님께 있었습니다. 하나님이 나에게 기름을 부으셨습니다. 때가 되면 선한 방법으로 이루실 것입니다. 그러니 내가 서둘러서 불법으로 행하다가 하나님 앞에 죄를 지으면 안 된다는 것입니다. 그래서 다윗은 내가 서둘러서 사울을 죽이고 왕이 될 권리를 하나님 앞에 내려놓습니다. 포기하는 것입니다. 또 한 번의 기회가 옵니다. 사울을 죽일 기회가 또 한 번 옵니다. 이번에도 그를 죽이지 않고 물통만 가져옵니다. 하나님이 이처럼 철저하게 테스트를 했습니다. 이때도 다윗은 합격을 했습니다.

이제 그가 하나님의 도우심 가운데서 블레셋과 전쟁이 일어나서 사울과 그의 아들들이 죽었습니다. 이스라엘 지도력에 공백이 생기자 유다 지파와 베냐민 지파가 다윗을 왕으로 옹립합니다. 그래서 다윗이 통일왕국의 왕이 되었습니다.

그런데 그가 큰 실수를 합니다. 밧세바와 불륜을 저지른 것입니다. 그때 다윗은 하나님 앞에 철저하게 회개합니다. 하나님께서 그를 용서하셨지만 '칼이 너희 집에서 떠나지 않을 것이다' 하셨고, 그 말씀대로 아들 압살롬이 반역을 합니다. 다윗이 아들 압살롬이 헤브론에서 반역했다는 말을 듣습니다. 이제 압살롬이 아버지를 향해 칼을 겨누고 예루살렘 성을 공격해 옵니다. 그 소식을 듣고 다윗이 고민을 합니다.

이것이 오늘 본문 배경입니다. 아들의 군대와 한판 붙게 되었는데 다윗이 어떤 결정을 합니까? 예루살렘 성을 두고 다윗과 측근들이 피난 가는 것으로 결정을 합니다. 아주 무기력한 방법입니다. 지금 다윗은 힘이 없는 것이 아닙니다. 지금 모든 신하들이 다윗을 지지하고 있습니다. 다윗의 충성스런 용사들이 군사를 거느리고 있습니다. 백성들도 다윗을 존경하고 있습니다. 그리고 오늘 본문을 보면 제사장들이 전부 다 다윗을 지지하고 따릅니다.

여러분, 군부가 지지하고 종교계가 지지합니다. 심지어 제사장들이 법궤를 메고 왕을 따라가겠다고 합니다. 이게 무슨 말입니까? 그 당시는 신정 정치이기 때문에 법궤는 왕의 정통성을 주장하는 것입니다. 그러므로 법궤는 옥새와 같은 것입니다. 법궤를 주관하는 자들이 왕을 따라가겠다는 것입니다. 그런데 왜 다윗이 피난을 가겠다고 합니까? 내전이 벌어지면 죄 없는 백성들이 많이 죽습니다. 예루살렘 성이 훼파가 됩니다. 하나님께 영광이 돌아가지 않습니다.

더 중요한 것이 있습니다. 하나님의 뜻이 어디에 있느냐는 것입니다. 자기가 용서를 받았지만 하나님 앞에서 죄의 대가를 받아야 한다는 것을 알았기 때문입니다. 그래서 법궤가 따라오겠다는 것을 물리칩니다. 내가 하나님을 끌고 가는 것이 아니라는 것입니다. 하나님 가시는 곳에 내가 가야지, 하나님이 특별히 허락한 것도 아닌데, 하나님의 뜻도 모르면서 나를 보호하기 위해서 하나님을 끌고 가는 것은 바람직하지 않다는 것입니다. 그러므로 하나님의 뜻이 어디 있는가, 다윗은 하나님의 뜻을 확실하게 알기 전까지는 법궤를 그 장소에 그냥 두어라 하면서 돌려보냅니다.

사랑하는 성도 여러분, 이것이 무엇입니까? 이것은 굉장한 사건입니다. 엄청난 사건입니다. 다윗은 하나님의 뜻이 어디에 있는지 알고 싶은 것입니다. 하나님이 나를 왕으로 그냥 두길 원하시는지, 아니면 내가 부족하니까 다른 사람을 왕으로 세우겠다는 것인지, 하나님의 뜻이 어디에 있는지 다윗은 그것을 하나님 손에 맡기겠다는 것입니다.

'내가 지금 피난을 가는데, 나를 불쌍히 여기셔서 왕권을 맡기고 나를 예루살렘으로 다시 돌아오게 하신다면 와서 하나님을 섬기겠습니다. 그러나 하나님이 보실 때 내가 합당치 않으시면 피난 중에 죽이고 폐위를 시키실 것입니다. 나는 하나님의 어떤 뜻이라도 받아들이겠습니다.' 즉, 그는 '하나님 앞에서 왕이라는 자리가 뭐라는 말인가? 하나님 앞에서 이 자리가 뭐라는 말인가?' 하며 얼마든지 내려놓을 수 있다 그런 이야기입니다.

원래 목동이었는데 이제까지 왕으로 있었던 것만 해도 과분한 은혜였습니다. 이제 내가 나를 위해서 하나님의 뜻도 모른 채 왕권을 사수하기 위해서 전쟁을 택하기보다 하나님의 뜻이 어디 있는가를 깨끗하게 묻고 세우시면 다시 세움을 받을 것이고 버리시면 그것조차도 달게 받겠다는 것입니다. 이처럼 다윗은 하나님 앞에 철저하게 자기 권리를 포기합니다. 30절을 보면 머리를 가리고 맨발로 울며 피신을 갑니다. 아들의 반란 앞에 가슴이 무너져 울며 갑니다. 맨발로 울며 갑니다.

여러분, 이것이 죄인의 모습입니다. "하나님! 하나님! 내가 죄인입니다." 다윗의 이 모습은 먼 훗날에 이 땅에 오셔서 우리를 대신해서 십자가를 지시기 위해 철저하게 자신을 버리시고 우리 한 사람 한 사람의 죄를 담당하시기 위해 십자가를 지시고 갈보리 산에 오르셨던 예수님의 모습이 겹쳐집니다.

만약 다윗이 자기 권리가 포기되지 않았다면 압살롬의 반역에 어떻게 반응했을까요? "압살롬! 이놈, 이 죽일 놈! 배은망덕한 놈! 감히 이 애비를 반역해?" 그러나 그러지 않습니다. 그리고 분노하기보다는 하나님 앞에서 하나님이 나에게 주신 사건으로 보고 하나님 앞에서 내가 어떻게 해야 하는가를 고민했던 것입니다. 그리고 후새라는 전쟁의 전력가가 따라오자 다윗이 이렇게 말을 합니다. "너는 가서 압살롬에게 거짓 항복을 해서 잘못된 결정을 유도하거라! 왕국을 위해서 최선을 다해라!" 왕국의 손실을 줄이고 백성들의 피해를 줄이기 위해서 최선을 다하면서 왕권에 대한 결정권을 정확하게 하나님께 맡깁니다.

그런데 하나님이 이런 다윗의 모습을 불쌍히 보시고 어떻게 하십니까? 압살롬의 반란을 끝내 버리십니다. 사랑하는 성도 여러분, 그런데 오늘 다윗은 왜 그 아들 압살롬을 즉시로 처단할 수 있는 시간에도 하나님 앞에 왕국을 내려놓았을까요? 그는 힘이 있었습니다. 능력도 있었습니다. 군사력도 있었습니다. 용맹스러운 장수도 있었습니다. 다윗은 능히 압살롬을 즉결로 처단할 수 있는데도 그는 왜 왕국을 내려놓았을까요? 믿음의 사람들에게 가장 소중한 것이 있습니다. 믿음의 영웅들에게 가장 소중한 것이 있습니다. 그것이 무엇입니까?

셋째, 하나님의 뜻이었기 때문이다.

다윗에게 가장 소중한 것은 왕권이 아니라 바로 하나님의 뜻이었습니다. 그러므로 다윗은 하나님의 뜻을 기다렸습니다. 나에게 모든 것을 해결할 수 있는 능력이 있음에도 불구하고 내가 먼저 손을 쓰는 것이 아니라 하나님께서 당신의 뜻을 보이시길 기다리며 명령을 기다렸던 것입니다.

여러분, 왜 다윗이 하나님의 마음에 합한 자였습니까? 왜 하나님은 다윗을 그리워하십니까? 그는 역시 믿음의 사람이었습니다. 다윗은 항상 하나님의 뜻을 물었던 것입니다. 그래서 다윗은 하나님 앞에 왕국을 두 번 내려놓은 사람입니다. 여러분, 내려놓고 다시 받을 때 제대로 사용할 수 있습니다.

왕권이 아무리 크다 할지라도 다윗이 그것 때문에 흔들렸겠습니까? 권리를 포기할 수 있는 사람은 그 권리 때문에 흔들리지 않습니다. 하나님 앞에 반듯하고 사람 눈치 보지 않게 됩니다. 이처럼 다윗은 포기할 수 있는 자였기 때문에 자기에게 대항하는 자에게 보복하지 않을 수 있었습니다. 도전자를 두려워하지도 않았고, 지나치게 방어하지도 않았고, 물러간다 할지라도 개의치 않았습니다. 주신다 할지라도 교만하지 않았습니다. 왜 그렇습니까? 그는 왕의 자리를 하나님 앞에 포기할 줄 아는 사람이었기 때문입니다.

여러분, 이것이 위대함입니다. 이것이 믿음으로 사는 사람입니다. 이것이 믿음의 영웅입니다. 내가 가진 것을 하나님 앞에 포기할 수 없는 인간은 결국 그 가진 것에 매몰이 됩니다. 그러나 하나님 앞에 이 모든 것을 내려놓을 수 있는 사람은 그것을 가지고 하나님 앞에 바로 설 수 있습니다. 그것이 재물이든 자식이든 명예든 왕권이든 내려놓을 수 있습니다. 하나님이 그런 사람을 통해서 일하시는 것입니다.

사랑하는 성도 여러분, 요즘 많은 현대인들이 하나님의 뜻을 묻고 그 앞에서 권리를 포기하려고 하지 않습니다. 자기 욕심을 따라 되지도 않을 권리를 요구하고 하나님의 뜻을 거역하는 시대입니다. 그러나 오늘 다윗은 이렇게 생각했습니다. 어려운 일을 만나고 힘든 일을 만났을 때, 상대방을 욕하고 악착같이 자기 권리를 추구한 것이 아니라 하나님이 이것을 통해서 나에게 무슨 말씀을 하시는 것이지를 생각했습니다. 하나님이 나를 한 단계 낮추신다는 생각이 들면 믿음의 사람들은 두 단계를 낮추어 버립니다. 믿음의 사람들은 인간적인 머리를 쓰지 않았습니다. 그러므로 복잡하게 인생을 살지 않았습니다.

어떤 개척 교회 목사님께서 몇 번이나 월세를 못 내고 약속을 못 지켰답니다. 그러자 집주인이 목사님을 부르더니 호통을 치면서 "이 목사가 순 거짓말쟁이구먼!" 그랬습니다. 그 말을 듣는 순간 얼마나 모욕감을 느끼겠어요? 그 소리를 듣고 화를 내려던 순간에 '하나님이 나를 낮추시는구나!' 그렇게 생각을 하고 '그래, 월세 미루고 못 낸 것이 사실이 아니냐?' 그런 생각이 들면서 "죄송합니다. 본의는 아니지만 제가 거짓말쟁이입니다. 그렇게 되었습니다. 미안합니다. 용서하십시오" 하고 답답한 마음을 하나님 앞에 가서 내려놓고 실컷 울었답니다. "하나님! 목사 그만 하라고 하시면 그만 하겠습니다." 모든 것을 내려놓으셨다고 합니다.

사랑하는 성도 여러분, 다윗은 왕권도 내려놓았습니다. 왕국도 내려놓았습니다. 그런데 많은 사람들이 예수를 오랫동안 믿어도 권리 포기가 뭔지 모릅니다. 그래서 많은 사람들이 내 자존심 하나 내려놓지 못합니다. 내 감정 하나 내려놓지 못합니다. 내 생각 하나 내려놓지 못합니다. 권리 하나 내려놓지 못합니다. 말씀 앞에 자기 권리를 포기하지 못합니다. 그러나 오늘 우리도 다윗처럼 하나님 앞에서 하나님의 뜻을 물으면서 하나님 앞에 내 권리를 내려놓는 믿음의 사람이 되시길 축원합니다.

마지막으로 진 에드워드라는 사람이 쓴 《세 왕 이야기》를 말하고자 합니다. 세 왕이 누굽니까? 사울과 다윗과 압살롬입니다. 중요한 것은 이 세 왕이 역사적으로 존재했지만 우리 마음속에도 존재한다는 것입니다. 우리 마음에는 사울도 있고 다윗도 있고 압살롬도 있습니다. 사람은 누구를 막론하고 우리 자신의 권리를 위해서 때로는 자식도 죽일 수 있고 충성스러운 신하도 죽일 수 있고 그리고 아버지도 죽일 수 있다는 것입니다. 그렇다면 사울과 압살롬의 공통점이 무엇입니까? 어떻게 해서라도 자기 권리를 지키려고 충성하는 신하든 부하든 막 죽이는 사람이 사울입니다. 압살롬은 아버지를 죽이면서까지 자기에게 없는 권리를 빼앗으려고 하는 사람입니다. 그러나 다윗은 자기 권리를 하나님 앞에 내려놓을 줄 아는 사람입니다.

사랑하는 성도 여러분, 다윗은 왕국을 두 번 내려놓습니다. 오늘 여러분은 어떻습니까? 왕국을 내려놓아 본 적이 있으십니까? 여러분 자신의 왕국 말입니다.

인생의 관점을 디자인하라
Design your perspective

포기하라

첫째, 다윗은 하나님의 질서를 알았다.
둘째, 다윗 속에 있는 거역의 영이 떠나간다.
셋째, 하나님의 뜻이었기 때문이다.

권리 포기(출 3:1-12)

Design your perspective

모세가 그의 장인

미디안 제사장 이드로의 양 떼를 치더니 그 떼를 광야 서쪽으로 인도하여 하나님의 산 호렙에 이르매 여호와의 사자가 떨기나무 가운데로부터 나오는 불꽃 안에서 그에게 나타나시니라 그가 보니 떨기나무에 불이 붙었으나 그 떨기나무가 사라지지 아니하는지라 이에 모세가 이르되 내가 돌이켜 가서 이 큰 광경을 보리라 떨기나무가 어찌하여 타지 아니하는고 하니 그때에 여호와께서 그가 보려고 돌이켜 오는 것을 보신지라 하나님이 떨기나무 가운데서 그를 불러 이르시되 모세야 모세야 하시매 그가 이르되 내가 여기 있나이다 하나님이 이르시되 이리로 가까이 오지 말라 네가 선 곳은 거룩한 땅이니 네 발에서 신을 벗으라 또 이르시되 나는 네 조상의 하나님이니 아브라함의 하나님, 이삭의 하나님, 야곱의 하나님이니라 모세가 하나님 뵈옵기를 두려워하여 얼굴을 가리매 여호와께서 이르시되 내가 애굽에 있는 내 백성의 고통을 분명히 보고 그들이 그들의 감독자로 말미암아 부르짖음을 듣고 그 근심을 알고 내가 내려가서 그들을 애굽인의 손에서 건져 내고 그들을 그 땅에서 인도하여 아름답고 광대한 땅, 젖과 꿀이 흐르는 땅 곧 가나안 족속, 헷 족속, 아모리 족속, 브리스 족속, 히위 족속, 여부스 족속의 지방에 데려가려 하노라 이제 가라 이스라엘 자손의 부르짖음이 내게 달하고 애굽 사람이 그들을 괴롭히는 학대도 내가 보았으니 이제 내가 너를 바로에게 보내어 너에게 내 백성 이스라엘 자손을 애굽에서 인도하여 내게 하리라 모세가 하나님께 아뢰되 내가 누구이기에 바로에게 가며 이스라엘 자손을 애굽에서 인도하여 내리이까 하나님이 이르시되 내가 반드시 너와 함께 있으리라 네가 그 백성을 애굽에서 인도하여 낸 후에

너희가 이 산에서 하나님을 섬기리니 이것이 내가 너를 보낸 증거니라

예수를 믿으면 많은 것들을 포기하면서 살게 됩니다. 왜 그렇습니까? 우리에게 주신 영생은 엄청난 가치요, 영원한 생명이기 때문입니다. 이제 예수 믿고 거듭나면 우리는 하나님 나라의 백성으로 살게 됩니다. 하나님이 우리 아버지가 됩니다. 그런데 때로 하나님은 우리가 가진 기본적인 권리를 포기하라고 합니다. 왜 그럴까요? 우리 믿음의 조상 아브라함이 그렇게 살았기 때문입니다.

아브라함은 하나님을 따르는 일에 먼저 본토 친척 아버지 집을 포기합니다. 그리고 하나님께서 지시한 땅으로 갑니다. 그런가 하면 100세에 낳은 아들 이삭을 포기합니다. 그래서 그는 믿음의 조상이 됩니다.

사랑하는 성도 여러분, 하나님은 왜 우리에게 권리 포기를 요구하실까요? 우리를 위해 당신의 생명까지 주신 하나님께서 왜 우리에게 권리 포기를 요구하실까요? 여러분은 왜 그렇다고 생각을 하십니까? 세 가지 이유 때문입니다.

첫 번째는 사실을 알게 하기 위해서입니다. 우리 인간들은 오해를 잘합니다. 지금 내가 누리고 있는 것이 다 자기 것이라고 생각합니다. 그래서 그것이 없어질 때 무척 당황하고 때로는 분노합니다. 건강, 재산, 명예, 지금 내가 가지고 있는 어떤 것이 사라질 때 분노하고 원망합니다. 그러나 우리가 가지고 있는 모든 것 중에 내 것은 없습니다. 아무리 내가 사랑하는 사람도 내 것이 아닙니다. 내 생명도 내 것이 아닙니다. 인정을 하십니까? 다 하나님께로부터 온 것입니다. 여러분은 어떻게 생각하십니까?

믿음이 좋았던 어떤 권사님이 외아들을 잃어 버렸습니다. 너무너무 상심이 커서 위로할 길이 없었습니다. 아무도 위로하지 못했습니

다. 그런데 어느 날 밤 꿈에 하나님이 나타나셔서 이렇게 빛 가운데서 소리가 들렸습니다. "강 권사, 너는 누구를 믿고 사느냐? 하나님이냐, 네 아들이냐?" 이 청천벽력 같은 소리를 들었습니다. 깜짝 놀라 꿈에서 깨어난 그 권사님은 회개를 했습니다. '내 아들, 사실은 내 것이 아니었는데 내 것을 잃어버린 것처럼 원망하고 하나님께 분노했구나!' 하나님께 잘못했다고 회개하면서 슬픔을 극복했다고 합니다.

여러분, 입술로는 모든 것이 하나님의 것이라고 말을 하지만 정말 그렇게 믿고 있습니까? 아닙니다. 내 삶의 참된 기초와 소망은 세상의 것이 아닙니다. 하나님 그분께 있는 것임을 확인하고자 때로는 하나님께서 그분 것에 손을 대기도 하시고 거두기도 하십니다. 욥기 1장에서 욥이 그렇게 고백합니다.

두 번째는 뭡니까? 자신을 알리고 영광을 받기 위해서 권리 포기를 요구하기도 합니다. 모든 것이 사라지는 참담한 현실 속에서도 하나님만 붙들고 의지하는 사람을 통해서 어느 경우에도 오직 하나님만이 진정한 소망이며 기대해야 할 분이라는 것을 만민에게 선포케 합니다. 그래서 하나님께서 영광을 받으시는 것입니다.

세 번째는 권리를 포기하는 자에게 진정한 복을 주시기 위해서 권리 포기를 요구하십니다. 깨끗한 신앙을 통해서 믿음이 무엇인지를 보여 주고 그에게 하나님을 새롭게 만나는 놀라운 축복을 허락하십니다. 그래서 신앙이 점프하는 축복의 문 앞에서 하나님은 우리에게 권리 포기를 요구하십니다. 또 엄청난 사명을 주실 때도 권리 포기를 요구하십니다. 여기에 바로 반응하셔야 합니다.

왜 신앙생활을 하다가 튕겨져 나갑니까? 왜 신앙생활을 하다가 시험에 듭니까? 이 권리 포기가 안 되어서 그럽니다. 100%입니다. 어느 부분에서 권리 포기가 아직 안 되었기 때문입니다. 그들의 신앙은 이성의 한계 내에서의 종교일 뿐입니다. 내 생각을 넘어서면 못 견뎌 합니다. 그래서 신앙이 결국 상식 수준에 머물고 맙니다. 상식적인 신앙이 아닌 초월적인 신앙으로 점프하려면 반드시 권리 포기가 있어야 합니다. 그런데 대부분의 사람들은 그러지 못합니다.

권리 포기라고 하는 것은 하나님을 진정으로 알게 하는 것입니다. 나 자신이 주인 되었던 자리에서 내려와서 하나님이 진정한 주인인 것을 선포하고 고백하는 것입니다. 그것이 바로 권리 포기입니다. 예수님을 따르는 제자가 되고 하나님께 영광을 돌리며 깊은 신앙으로 가려면 반드시 권리 포기를 해야 합니다. 그렇다면 권리를 포기하기 위해서는 어떻게 해야 합니까?

첫째, 신발을 벗어야 한다.

오늘 본문은 모세가 하나님을 만나는 장면입니다. 하나님이 부르십니다. 모세가 떨기나무로 오는 것을 보고 하나님이 "모세야, 모세야" 부르십니다. 모세는 "내가 여기 있나이다" 대답을 합니다. 그런데 하나님이 말씀하십니다.

"네 발에서 신발을 벗으라"(출 3:5).

신발을 벗으라는 말이 무슨 뜻입니까? 여러 가지 의미가 있습니다. 종은 신발이 없습니다. 그러므로 여기서 신을 벗는다는 말은 누구의 종이 되겠다는 의미입니다. 이스라엘 사람들은 금방 압니다. 그 의미를 바로 압니다.

"옛적 이스라엘 중에는…신을 벗어…전례가 된지라"(룻 4:7)는 말씀을 보면, 나오미에게는 보아스보다 더 가까운 친척이 있고 그가 기업을 무를 자입니다. 보아스가 그 가문의 기업 무를 자가 되기 전에 먼저 그에게 가서 물어 보니 나는 안 하겠다 하고 자기 신발을 벗어서 보아스에게 줍니다. 이처럼 이스라엘 사람들에게는 관습적으로 신발을 벗는 것은 권리를 포기하는 행위라는 것입니다.

그러므로 신발을 벗는다는 의미는 '나는 종입니다. 순종하겠습니다. 아무 권리가 없습니다' 이런 뜻입니다. 모세는 하나님께서 '신발을 벗으라' 할 때 척 하고 알았습니다. 하나님이 신발을 벗으라고 하시면서 무슨 말씀을 하시려고 하는지 알았습니다. "이제 너는 종이다. 아무 권리가 없다. 이제부터는 네 생각을 내려놓고 내 생각에 맞추라!" 내가 가라면 가고 서라면 서고 뛰라면 뛰고, 그런 뜻이라는 것입니다. 그래서 모세는 생각했습니다. '그래, 나는 이제 신발을 벗는다. 나는 종이 되었다. 나에게는 아무런 권리가 없다. 순종할 뿐이다.' 이렇게 신발을 벗게 하여 포기가 이루어진 다음에 사명을 주는 것입니다.

하나님께서 모세에게 엄청난 임무를 부여합니다. 어떤 임무입니까? 이 백성을 구원해 내라는 것입니다. 노예들을 데리고 세계 최강인 이집트와 싸워서 이 백성을 가나안 땅으로 인도하라는 것입니다. 여러분, 이게 지금 가당키나 한 이야기입니까? 상상할 수 있는 일입니까? 누가 이 일을 수행할 수 있겠습니까? 자기 판단이 있고 생각이 많은 사람이 할 수 있는 것이 아닙니다. 이것은 자기주장이 많은 사람이 할 수 있는 것이 아닙니다. 자기 생각이 많고 자기주장이 강한 사람이 할 수 있는 것이 아닙니다. 생각이 복잡스럽고 자기주장이 많은 사람이 할 수 있겠습니까. 자기 생각을 깨끗이 비운 사람, 자기주장을 깨끗이 비운 사람, 하나님이 하라는 대로 자기 생각을 초월해서 하나님이 하라는 그대로 따르는 사람이 아니면 절대로 이 일을 감당할 수가 없습니다. 그래서 하나님은 권리 포기를 시키는 것입니다.

여러분, 가정도 마찬가지입니다. 왜 가정이 하나가 안 됩니까? 부부가 살면서 왜 마음과 뜻이 안 맞습니까? 권리 포기가 안 되었기 때문입니다. 그래서 주장이 너무 강한 것입니다. 고집스러운 것입니다. 권리 포기를 시켜 놓고 나서 이제 가라고 합니다. "모세야 가라!" 그러자 모세가 너무 어이가 없어 못 갑니다. "하나님, 저는 못합니다." 여러분 몇 번이나 하나님과 모세가 밀당을 합니까? 여덟 번이나 밀당을 합니다.

여러분, 권리 포기를 한 번 하고 마는 것이 아닙니다. 권리를 포기해도 현실적인 삶 속에서는 순종하기가 참 어렵습니다. 우리 속에 있는 자아가 자꾸만 자기주장대로 하려고 합니다. 그때마다 하나님이 모세를 설득하고 꺾어서 마침내 모세가 완전히 굴복을 합니다.

여러분, 모세는 이미 주님을 위해서 많은 것을 버린 사람입니다. 그런데 무슨 권리가 남아 있습니까? 자기 판단에 옳은 대로 하고자 하는 고집이 남아 있는 것입니다. 그 권리가 남아 있었습니다. 이성과 판단을 넘어서는 것에 자기 생각을 가지고 거부하고 판단하려는 마지막 자아의 권리를 가지고 있었습니다. 하나님은 그것마저 깨끗하게 무너뜨립니다. 그렇다면 권리가 포기되면 하나님 앞에 무엇을 포기하게 됩니까?

둘째, 거역할 권리를 포기한다.

내 이성과 내 판단의 옳고 그름 속에서 행동하고자 하는 고집을 포기합니다. 그래서 때로는 내 생각을 가지고 거부하고 판단하려는 내 자아를 내려놓습니다. 거역할 권리를 포기합니다. 거역의 영은 죄인의 특성입니다. 이 거역의 영을 포기합니다. "순종의 영이 임할지어다." 이 순간부터 인간 모세는 없는 것입니다. 오직 모세를 통하여 역사하는 하나님만 남는 것입니다. 이렇게 깨끗하게 포기한 모세에게 하나님은 지팡이를 들라 합니다.

여러분, 여러분이 모세라면 그럴 수 있습니까? 모세를 생각하면서 '내가 모세라면 나는 정말 저렇게 할 수 있을까? 모든 사람이 바라보고 있는데 만약에 이루어지지 않으면 민족이 멸망하는데 어떻게 하나님만 믿고 저 일을 할 수가 있을까? 어떻게 저런 명령을 내릴 수가 있을까?' 상상이 됩니까? 그런 생각을 하면서 내가 얼마나 믿음이 없고 내 속에 얼마나 거역의 영이 많은지 참 처절하게 깨닫게 됩니다.

여러분, 하나님의 음성을 들으면 순종하겠다고 그렇게 생각합니까? 음성을 들어도, 수없이 말씀을 주고 감동을 받아도 끝없이 눈치 보고, 계산하고, 핑계대고, 미루고, 이것이 이게 우리 인간의 모습입니다. 이미 십자가에 못 박혀서 우리는 죽었는데 무슨 권리가 있습니까? 주님이라고 부르면 주님의 종입니다. 주님만 주권을 가지고 있습니다. 그래서 내가 죽을수록 주님이 사십니다. 내가 완전히 죽으면 내 속에서 주님이 완전하게 사십니다.

내가 죽기 전에는 주님에 내 속에서 살아서 역사할 수가 없습니다. 왜 그렇습니까? 내가 계속해서 방해를 하기 때문입니다. 우리는 다 내려놓은 것 같지만 실제로 뭘 내려놓았습니까. "이건 내 시간입니다. 내 물질입니다. 내 몸이구요. 내 새끼입니다. 내 생각이거든요. 내 것입니다." 그래서 예수를 믿어도 포기하지 않는 것들이 엄청 많습니다. 내려놓으려고 하지 않습니다. 아마 여러분이 하나님 앞에 갈등하고 미적거리고 근심하고 있는 것이 있다면 거의 다 그런 문제일 것입니다. 권리 포기가 안 되어서 그럽니다.

제 친구 목사님이 훈련을 받는 중에 갑자기 마음속에 하나님의 음성이 들려왔습니다. '지금 이 자리에서 엎드려서 나를 경배하라!' 늘 듣던 음성인데, 갑자기 '지금 이 자리에서 엎드려서 나를 경배하라!' 하시니 너무너무 당황한 것입니다. 옛날에 종로5가는 학원가요, 주말이 되면 엄청나게 사람들이 많아서 떠밀려 가는 곳입니다. 그런데 이 자리에서 엎드려서 나를 경배하라는 것입니다.

그래서 '아니지, 무슨 소리야! 그러실 리 없지' 하고 아니라고 생각했습니다. 그런데 '그 자리에 엎드려라' 또 들려오는 것입니다. 바닥을 보니 자리가 너무 지저분했습니다. 그래서 깨끗한 자리를 찾았습니다. 그리고 '정말이십니까? 사람들이 너무 많고 이렇게 지저분한데 정말 엎드려야 합니까?' '그 자리에 엎드려라!' 그래서 바로 '하나님, 제가 지금 양복을 입고 있는데요?' 10분 이상 그 자리에 서서 '무릎을 꿇어야 하나, 어째야 하나?' 생각을 하는데 진땀이 흐릅니다. 그래서 그 자리에 엎드렸습니다.

무릎을 꿇고 땅에다 얼굴을 묻고 하나님께 물었습니다. '주님, 도대체 왜 이런 명령을 내리십니까?' 그러자 음성이 들려왔습니다. '네 속에 있는 거역의 영을 깨뜨리고 순종하게 하려고 그런다.' 그 순간에 확신이 생겼습니다. '내가 하나님 앞에서 나를 내려놓았다. 이제 어떤 것이라도 나는 순종할 수 있다.' 확신이 들어옵니다. 그것은 테스트였는데 땅바닥에 얼굴을 대기 전에는 그 의미를 몰랐다는 것입니다. 하나님이 정말 무의미하고 황당한 명령을 내린다고 생각했습니다. 땅에다 얼굴을 딱 대고 순종하는 순간에 하나님께서 자기 속에 있는 거역의 영을 빼내고 어떤 명령에도 순종하는 사람을 만들었다는 것을 알게 됩니다. 엎드리기 전과 엎드린 후에 하나님을 향한 자기의 자세가 완전히 달라졌습니다. 이런 고백을 합니다.

그렇다면 이렇게 신발을 벗은 사람과 벗지 않은 사람은 무엇이 다릅니까?

셋째, 하나님의 축복의 통로가 된다.

모세는 신발을 벗었기 때문에 하나님의 엄청난 명령에 순종하는 사람이 되었습니다. 그래서 열 가지 재앙을 예언하고, 홍해를 건너게 하고, 광야에서 반석에서 물이 나게 하는 등 사람이 할 수 없는 일, 자기 생각이 있는 사람이라면 할 수 없는 그 엄청난 기적의 통로가 될 수 있었던 것입니다. 모세가 하나님 앞에서 자기의 권리를 완전히 포기했기 때문에 가능했던 일입니다. 정말 충성되게 하나님의 명령에 완전히 복종했던 것입니다. 그래서 하나님께서 그를 통해서 마음껏 일을 하실 수가 있었습니다.

오늘도 하나님의 능력이 없는 것이 아닙니다. 모세같이 자기 권리를 깨끗하게 포기하고 하나님의 명령에 전적으로 순종하는 사람이 없는 것이지, 하나님의 기적이 없는 것이 아닙니다. 오늘도 그런 마음을 가지고 순종하는 사람에게는 언제나 기적은 일어납니다. 그리고 간증은 끝없이 일상이 됩니다. 하나님이 그것을 원하십니다.

하나님은 여호수아에게도 신발을 벗으라고 하십니다. 가나안 정복 전쟁 전에 여호수아가 너무너무 두려워합니다. 하나님의 군대장관이 여호수아를 만납니다. 그때 "네 발에서 신발을 벗으라!"는 음성이 들렸고, 여호수아도 그 말이 무슨 말인지 알았습니다. '이제부터 수많은 전쟁을 치를 터인데 여호수아야 너의 작전과 전략을 가지고 절대로 승리를 할 수가 없다.' 하나님이 가르쳐 주시는 그대로 해야만이 가나안 정복을 이룰 수 있다는 것입니다. 그러므로 그 일을 수행하기 전에 자기 전략과 방법을 사용하려는 마음을 하나님 앞에 완전히 내려놓지 못하면 100% 집니다. 그래서 하나님 앞에 모든 권리를 자기를 내려놓는 순복하는 사람으로 만드는 것입니다. 그리고 저 가나안의 저 엄청난 전쟁을 하도록 그를 사용하시는 것입니다.

오늘 여러분은 어떻습니까? 하나님은 신발을 벗으라고 말씀하십니다. 로렌 커닝햄 목사님은 국제예수전도단을 만든 분입니다. 그분의 책 중에 《네 신을 벗으라》가 있습니다. 그 책의 부제가 뭡니까? '포기와 함께 주어지는 승리의 삶'입니다. 권리 포기라고 하는 것이 굉장히 어렵고 힘든 삶입니다. 그런데 그 권리 포기를 했을 때 승리의 삶이 주어진다는 것입니다. 자기 포기가 어렵지만 포기하면 궁극적으로 하나님이 역사하셔서 진정한 승리의 삶을 살게 하신다는 이야기입니다.

거기에 보면 이런 말이 나옵니다. 사모님과 고속도로를 달려가다가 사고를 당합니다. 몇 바퀴 굴러서 정신을 차려 보니 머리가 깨져 있고, 사모님을 찾아보니 저쪽에 있어서 기어서 갔더니 아내가 죽어 있었습니다. 그래서 낙담하고 있는데 음성이 들립니다. '로렌!' 주님의 음성이 들립니다. '로렌, 이래도 넌 나를 섬기겠느냐?' 아내의 죽음 앞에서 로렌 커닝햄이 대답을 합니다. '예! 주님 섬기겠습니다. 이제 남은 것이라고는 제 목숨밖에는 없네요. 그러나 이것도 원하신다면 취하실 수 있습니다.' 그러자 주님이 '아내를 위해 기도하라' 하셨고, 이 말씀을 듣고 아내를 위해 뜨겁게 기도합니다. 2분 후 아내가 숨을 쉬기 시작합니다. 지나가던 화물트럭이 우연히 보고 연락을 해서 목사님은 당일에 치료를 받고 나오고 3일 후에 사모님도 퇴원을 합니다. 그리고 간증을 합니다.

이 사건을 통해서 절실하게 깨닫게 된 것은 우리가 우리의 권리를 포기할 때 하나님께서는 당신의 능력을 나타내신다는 것입니다. 지금까지 나는 내 것, 내 아내, 내 가족, 내 사역 등 항상 나를 주장했습니다. 그런데 사고가 나는 순간부터 나는 이 모든 것이 내 것이 아니며 이 모든 것이 순식간에 없어질 수 있다는 것을 알게 되었습니다. 우리가 가진 모든 것은 하나님이 잠시 맡겨 주신 것입니다.

우리의 권리들을 주님과 복음을 위해 포기할 때 우리는 온 세상을 유업으로 받게 되는 비밀을 발견할 것입니다. 왜 우리가 실패합니까? 왜 우리가 실망합니까? 왜 우리 속에 하나님의 역사가 없습니까? 내 권리를 주장하면서 복종하지 않기 때문입니다. 여러분, 스스로에게 질문을 해 보세요. 내가 정말로 하나님의 뜻에 맡기고 철저하게 순종했는데 그것 때문에 실패한 적이 있나요? 없을 것입니다. 하나님의 뜻을 외면하고 내 뜻대로 행했을 때 실패했던 것입니다.

정말로 말이 안 되는 것 같지만, 정말로 하나님의 말씀대로 해서 실패한 사람은 없습니다. 그러므로 권리 포기를 두려워하지 마십시오. 이것이 진정한 승리의 비결입니다. "저는 아무것도 아닙니다. 주님께 맡깁니다." 내려놓을 때 하나님의 은혜가 임하고 새로운 역사가 일어납니다. '네 발에서 신을 벗으라!' 우리는 여전히 신을 신고 우리 권리를 주장하고 있습니다. 그래서 이런 말이 있습니다. "당신이 하나님 앞에서 무엇인가 되고자 하면 그것이 되기 전에 먼저 할 일이 있다. 네 것을 내려놓아야 한다."

그런데 하나님이 내려놓으라고 하는 것이 하나님께 필요한 것입니까? 아닙니다. 필요 없습니다. 아니, 하나님이 모든 것을 가지고 계신데 그것 가지고 뭐 하시겠어요? 은도 금도 하나님 것이고, 세상을 창조하신 하나님께서 뭐가 필요해서 내 것을 내려놓으라고 하시겠습니까? 내가 내 권리를 포기할 때 하나님이 나를 사용하십니다. 그래서 내 권리를 내려놓으라는 것이지 내 것이 필요해서 내려놓으라고 하시는 것이 아닙니다.

'나는 주님의 것입니다'라고 고백하면서도 신발을 벗지 않는 사람들이 많습니다. 그런 사람을 통해서 하나님이 일하시기는 매우 어렵습니다. 하나님이 필요로 하는 사람은 오늘도 신발을 벗은 사람입니다. 스스로에게 질문을 해 보십시오. "나는 신발을 벗은 사람인가? 내가 하나님 앞에 권리를 포기하지 않은 것은 무엇인가?"

인생의 관점을 디자인하라
Design your perspective

권리 포기

첫째, 신발을 벗어야 한다.
둘째, 거역할 권리를 포기한다.
셋째, 하나님의 축복의 통로가 된다.

틀을 깨라(욥 8:1-10)
Design your perspective

수아 사람 빌닷이 대답하여 이르되 네가 어느 때까지 이런 말을 하겠으며 어느 때까지 네 입의 말이 거센 바람과 같겠는가 하나님이 어찌 정의를 굽게 하시겠으며 전능하신 이가 어찌 공의를 굽게 하시겠는가 네 자녀들이 주께 죄를 지었으므로 주께서 그들을 그 죄에 버려두셨나니 네가 만일 하나님을 찾으며 전능하신 이에게 간구하고 또 청결하고 정직하면 반드시 너를 돌보시고 네 의로운 처소를 평안하게 하실 것이라 네 시작은 미약하였으나 네 나중은 심히 창대하리라 청하건대 너는 옛 시대 사람에게 물으며 조상들이 터득한 일을 배울지어다 (우리는 어제부터 있었을 뿐이라 우리는 아는 것이 없으며 세상에 있는 날이 그림자와 같으니라) 그들이 네게 가르쳐 이르지 아니하겠느냐 그 마음에서 나오는 말을 하지 아니하겠느냐

    종교개혁 504주년입니다. 중세 교회가 타락을 하자 몇몇 깨어 있는 사람들이 종교개혁을 일으켰습니다. 그래서 1517년에 천주교에서 개신교가 분리되었습니다. 그리고 500년이 흘렀습니다. 많은 사람들은 우리가 지금 입고 있는 기독교라는 옷으로 세상을 변화시킬 수 없다고 합니다. 다시 한번 새로워지시길 축원합니다.

    저에게 참 좋은 친구가 있었습니다. 그 친구는 참 괜찮은 친구였습니다. 그런데 어느 날 그 친구가 주님을 뜨겁게 만나고 신학을 하면서 사람이 망가져 버렸습니다. 순수했던 생각이 비판적으로 변했고, 사

람을 사랑했던 친구가 자꾸만 사람을 판단하며 정죄하는 사람이 되었습니다. 신학이라는 최고의 지식을 공부하면서 자신도 모르게 율법의 틀이 생겨 버린 것입니다. 그래서 많은 친구들이 그 친구를 떠났습니다. 사사건건 따지기를 좋아하고 비난하고 부정적인 사람이 되어 버렸기 때문입니다.

종교개혁자 칼빈 선생님은 이런 말을 했습니다. "사탄은 예리한 신학자이다." 여러분, 이게 무슨 말입니까? 기도하던 사람이 신학을 하면 더 기도 생활을 많이 해야 합니다. 왜 그렇습니까? 우리의 이성이 하나님께 붙들린바 되어야 하기 때문입니다. 그런데 기도 생활을 더 안 합니다. 전도하던 사람이 신학을 하면 더 열심히 전도해야 합니다. 그런데 전도를 안 합니다. 은혜로운 사람이 신학을 하면 더 은혜로운 사람이 되어야 합니다. 그런데 사람이 냉랭해져 갑니다. 은혜 생활을 더 못 하게 됩니다. 여러분, 왜 그럴까요? 지식이 사람을 교만하게 하기 때문입니다.

"지식은 교만하게 하며 사랑은 덕을 세우나니"(고전 8:1).

신학을 한다고 해서 사탄을 이길 수 있는 것이 아닙니다. 신학을 한다고 해서 믿음이 좋아지지 않습니다. 신학을 한다고 믿음이 성장하는 것도 아닙니다. 신학을 한다고 해서 하나님을 더 사랑하는 것도 아닙니다. 신학을 하면서 우리의 이성이 기도와 말씀에 잡힌바 되지 않으면 신학이 오히려 교만하게 하여 사탄의 더 큰 도구가 되게 합니다. 하나님을 아는 진리 지식도 말씀에 대한 지식도 사랑이 바탕이 되지 않으면 우리를 교만하게 합니다.

그렇다면 이것을 극복하는 방법이 무엇일까요? 기도하는 것입니다. 내가 이성적으로 아는 지식이 높아져서 하나님의 말씀을 대적하지 않도록 기도하는 것입니다. 내 이성적인 생각이 교만해져서 하나님께 불순종하지 않도록 하나님 앞에 무릎을 꿇는 것입니다. 하나님의 말씀을 사랑하는 것입니다. 그 말씀에 내 이성을 복종시켜서 순종하는 것입니다. 살아 계신 하나님과 그 말씀을 굳게 의지하는 것입니다. 그러므로 신앙생활도 이성적으로만 하는 사람과 온몸으로 하는 사람은 다릅니다. 오늘 이런 은혜가 있기를 축원합니다.

사랑하는 성도 여러분, 예수님께서 40일 금식기도 후에 사탄으로부터 시험을 받으셨습니다. 그런데 이 사탄이 무엇을 가지고 예수님을 공격합니까? 바로 하나님의 말씀이었습니다. 그렇다면 예수님은 무엇을 가지고 그 공격을 막아 내셨습니까? 하나님의 말씀이었습니다. 똑같은 하나님의 말씀을 가지고 사탄은 공격하고 예수님은 그 공격을 막아 냈습니다. 하나님의 말씀에 대한 공격을 하나님의 말씀으로 이기셨습니다. 여러분, 예수님께서 이기신 이유가 무엇일까요?

'예수님은 하나님의 아들이니까 당연히 이기시지!' 여러분, 이것은 아주 식상한 생각입니다. 똑같은 말씀이지만, 사탄이 알고 있는 하나님의 말씀은 머리로만 알고 있는 지식에 불과했습니다. 이론에 불과했습니다. 예수님은 뭐가 다릅니까? 예수님은 하나님의 말씀을 사랑했습니다. 하나님의 말씀에 순종했습니다. 그런가 하면 예수님은 말씀에 헌신했습니다. 하나님의 말씀은 사랑하는 자에게 능력이 있습니다. 순종하는 자에게 능력이 있습니다. 헌신하는 자에게 역사가 일어납니다.

그러므로 하나님의 말씀을 머리로만 알지 말고 사랑하고, 순종하고, 헌신하시길 축원합니다.

오늘 본문은 욥의 말을 듣고 욥의 두 번째 친구가 욥에게 하는 말입니다. 욥과 엘리바스가 논쟁한 뒤에 이제 두 번째 친구 빌닷이 등장합니다. 빌닷은 욥과 엘리바스의 대화를 들으면서 마음속에 화가

났습니다. 왜냐하면 지금 엘리바스의 말이 맞는데 욥이 그 말에 수긍을 안 하는 것입니다. 죄 때문에 고난이 왔는데, 그러면 빨리 회개를 해야지 왜 하나님 탓을 하냐는 것입니다. 그래서 빌닷이 더 이상 참지 못하고 끼어들게 됩니다. 이 빌닷이라는 친구는 성격적으로 굉장히 직선적이고 거친 사람입니다.

> "네가 어느 때까지 이런 말을 하겠으며 어느 때까지 네 입의 말이 거센 바람과 같겠는가"(욥 8:2).

"어느 때까지 네 입의 말이 거센 바람과 같겠는가?" 이게 무슨 말입니까? "욥아, 우리가 너를 사랑하는 마음으로 와서 고난 중에 있는 너에게 지금 해결책을 제시하는데 너는 자꾸 우리 권면을 인정하지 않고 나는 죄가 없다고 하니, 그러면 우리가 지금 헛소리를 하는 것이냐? 너는 왜 우리 말을 왜 그렇게 못 알아듣느냐?" 그런 뜻입니다. 여러분, 거센 바람이 뭡니까? 광풍입니다. 은유적으로 '욥아! 너 정말 미쳤구나! 제 정신이냐? 너 진짜 제 정신이 아니구나!'라는 뜻입니다. 그러면서 빌닷은 욥이 죄가 있다는 것을 어떻게든 증명하려고 노력을 합니다. 세 가지로 욥이 죄인인 것을 증명을 합니다.

첫째, 하나님의 성품인 공의와 정의를 보라.

하나님의 성품을 생각해 보면 네가 죄인이라는 사실을 알게 될 것이라고 합니다.

> "하나님이 어찌 정의를 굽게 하시겠으며"(욥 8:3).

여러분, 정의와 공의가 나옵니다. 정의와 공의를 한마디로 말한다면 무엇입니까? 올바른 것입니다. 공정한 것입니다. 하나님의 공의와 정의가 뭡니까? 죄를 지은 사람에게 벌을 주고 좋은 일을 하는 사람에게 상을 주시는 하나님을 말합니다. 그렇다면 하나님께서 이런 공의와 정의를 굽게 하시겠느냐, 하나님은 정의로우시고 공의로우신 분이라고 합니다.

사랑하는 성도 여러분, 지금 친구 빌닷이 하는 말이 어떻습니까? 맞는 말입니다. 100% 맞는 말입니다. 틀림없이 맞는 말입니다. 하나님은 공의와 정의의 하나님이십니다. 그래서 이 공식에 의하면 '욥아, 네가 지금 고난 받은 이유는 바로 죄 때문이다. 100% 죄 때문이야!' 하며, 욥의 고난이 심한 것을 보니 욥이 큰 죄를 지었다고 생각할 수밖에 없는 것입니다. 그리고 빌닷은 이런 자기의 생각을 가지고 욥의 불행을 해석합니다.

특별히 열 자녀들의 죽음을 해석합니다(욥 8:4).

"욥아, 네 자녀가 죽었지. 그것도 열 명이나. 거기에 대해서 솔직하게 말해 보자. 한 명도 아니고 열 명이 함께 죽었는데 그 이유가 뭐냐? 그들이 죄인이었기 때문이다. 네가 알지 못하고 밖으로 드러나지 않아서 그렇지, 그들은 그렇게 죽을 만한 죄가 있었던 것이다. 더군다나 열 명이 함께 죽었으니 그만큼 죄가 큰 것이다. 열 자식을 한 번에 잃어버린 죄인이 무슨 면목이 있어서 입을 열고 죄가 없다고 떠드는 것이냐? 너는 죄가 없는데 하나님이 고난을 주셨다면, 그러면 하나님이 불의한 하나님이란 말이냐? 말해 봐라. 하나님은 절대로 공의와 정의를 굽게 하시는 분이 아니지."

여러분, 친구라지만 이렇게 무서운 공격을 잔인하게 합니다. 그렇다면 왜 빌닷이 이렇게 무섭게 공격을 합니까? 하나님을 자기 틀로 바라보고 다른 사람의 고난을 자기의 틀로 바라보면 이처럼 엄청난 생각과 무서운 결과가 나오게 됩니다.

　사랑하는 성도 여러분, 오늘 여러분은 어떠십니까? 여러분이 알고 계시는 하나님은 어떤 하나님이십니까? 여기에 1,000명이 있으면 1,000명이 생각하는 하나님이 다 다릅니다. 왜 그렇습니까? 하나님에 대한 자신들만의 이미지가 다 다르기 때문입니다. 하나님을 자신이 생각하는 이미지와 틀로 믿고 생각합니다. 그래서 많은 사람들이 하나님에 대한 편견을 가지고 살아갑니다.

　마치 부모는 부모의 틀을 가지고 자녀들의 말을 듣고, 자녀는 자녀의 틀을 가지고 부모의 말을 듣는 것과 같습니다. 여러분, 인생을 살다 보면 나의 틀과 나의 생각이 전부가 아닌 것을 알게 됩니다. 우리가 가진 틀은 언제나 불완전할 수도 있습니다. 왜 그렇습니까? 상황에 따라 관점에 따라 틀이 만들어졌기 때문입니다. 이것을 인정해야만 상대방의 말이 들리고 경청할 수 있게 됩니다.

　여러분, 지금 욥의 친구 빌닷이 자기의 틀로 욥의 고난을 바라보면서 욥에게 아주 가혹한 말을 합니다. 정말 무서운 말을 합니다. 그러면서 자신은 진리를 말하노라며 고난 가운데 있는 욥에게 큰 상처를 줍니다. 그리고 아주 유명한 말을 합니다.

"네 시작은 미약하였으나 네 나중은 심히 창대하리라"(욥 8:7).

　예수 믿는 사람들 가운데 창업할 때 가장 많이 벽에 걸어 놓는 말씀입니다. 처음에는 이렇게 시작했지만 나중에는 심히 창대해질 거라는 말씀입니다. 그런데 사실은 그런 뜻은 아닙니다. '죄 가운데 있다면 망하는 것이다. 그런데 회개하고 돌아오면 하나님께서 회복을 시킨다.' 그런 말씀입니다.

　빌닷이 하나님의 성품인 공의와 정의를 들이대면서 욥이 죄인이라는 것을 증명해도 욥이 수긍을 하지 않자, 그는 두 번째 증명을 합니다.

둘째, 전통적인 지혜를 생각해 보라.

무슨 말씀입니까? '과거를 돌이켜 봐라. 옛날 사람들의 지혜를 돌이켜 보라. 우리가 배웠던 옛사람들의 가르침들이 뭐냐?'라고 하는 것입니다(욥 8:8-10).

여러분, 옛사람들이 우리에게 가르쳤던 지혜가 뭡니까? 전통적으로 우리에게 가르치는 지혜가 뭡니까? 세상의 윤리와 도덕이 뭡니까? 인과응보입니다. 권선징악입니다. 네가 잘하면 상 받고 네가 못하면 벌을 받는다는 것입니다.

이것이 모든 인류의 축적된 지혜와 도덕적 지혜입니다. 이것은 동양이나 서양이나 사람 사는 곳의 전통적인 지혜입니다. 《명심보감》에 계선편이 있습니다. 저희가 어릴 때 참 많이 외우고 다녔습니다. "자왈 위선자는 천보지이복 하고 위불선자는 천보지이화 한다", '공자가 가로되 선을 행하는 자는 하늘이 복으로써 갚고, 선를 행치 않는 자에게는 하늘이 화로써 갚느니라'라는 말입니다. 이런 인과응보 사상이 모든 인간의 삶에 축적된 전통적인 지혜요, 도덕적인 지혜의 결집입니다.

전도를 하다 보면 사람들의 생각 속에 이런 인과응보 사상이 나타납니다. "예수님이 십자가에서 당신의 죄를 다 갚아 주셨지요" 그러면 "내가 죄를 지었으면 마땅히 내가 벌을 받아야지요"라고 하며 예수님의 대속을 받아들이지 않는 사람이 있습니다. 오늘 여러분은 어떠십니까? 십자가에서 우리 주님이 우리의 모든 죄를 담당해 주심을 믿으시길 축원합니다.

8절, 우리는 옛사람들 곧 우리 조상들보다 지혜롭지 못하다는 것입니다. 9절, 우리의 일생은 너무 짧아서 아무도 지식의 깊이를 깨닫지 못하니, 축적된 인류의 지혜가 우리 개인의 지혜보다 뛰어나다는 것입니다. 그런데 10절을 보면 결국 인류의 축적된 지혜가 뭡니까? 죄의 결과는 벌이라는 것입니다. 인과응보라는 것입니다. 그러므로 "욥아, 옛사람의 지혜를 살펴보아도 너는 죄인임에 틀림이 없다. 너는 하나님의 성품을 보아도 죄인이고, 옛사람들의 전통적인 지혜에 비추어 보아도 너는 죄인이다"라고 말합니다. 그런데 욥은 "그래, 난 죄인은 맞는데 이 고난이 죄 때문은 아니야!" 욥이 수긍을 하지 않자 그 친구 빌닷은 세 번째 증명을 합니다.

셋째, 하나님이 창조하신 자연을 보라.

여러분, 무슨 말씀입니까? 왕골과 갈대가 자라는 환경이 어떻습니까? 왕골과 갈대는 물이 있는 곳에서 자라는 식물입니다. 그래서 물이 있는 곳이 왕골과 갈대는 자라기에 최적화된 환경이라는 것입니다. 그런데 이런 왕골이나 갈대가 물 없는 데서 크게 자라겠느냐(욥 8:11)며 그럴 수는 없다는 것입니다. 왕골과 갈대는 그런 장소에서는 크게 자랄 수가 없다는 것입니다. 그런 식물도 다른 장소에서 처음에는 제대로 자랍니다. 그런데 한참 자라다 보면 뿌리를 내리지 못하고 시들어 말라 버리고 뽑히고 죽고 만다는 것입니다. 이것이 대자연의 이치라는 것입니다. 그래서 빌닷이 말합니다.

"욥아, 너도 이것을 알아야 해. 너도 처음에는 잘나갔지. 왕골과 갈대처럼 왕성하게 자랐지. 동방의 의인으로 사람들의 칭찬을 받고 존경을 받았잖아. 부자가 되었잖아! 지금 어떻게 되었느냐? 처음에 잘나가다가 지금은 이 모양 이 꼴이 되었잖아! 열 자식이 모조리 죽어 버렸잖아! 너희 집, 가문이 망해 버렸잖아! 왜? 죄가 많아서야. 어떤 죄인 줄 아니? 네가 하나님을 잊었기 때문이다. 저속한 길, 잘못된 길로 갔기 때문이다. 욥아, 하나님의 성품을 살펴보아도 너는 죄인이다. 옛 사람들의 전통적인 지혜로 판단해 봐도 너는 죄인이고, 자연의 원칙을 살펴보아도 너는 죄인임이 분명하다. 너의 고난은 죄 때문이다. 그러니 제발 변명 좀 하지 말라! 너는 왜 그렇게 깨닫지 못하느냐?"

여러분, 고난 가운데 있는 욥이 친구들의 이런 말을 들었을 때 기분이 어떠했을까요? 진리라는 이름으로 이렇게 말하는 빌닷이 결론적으로 욥의 가슴에 못을 박아 버립니다(욥 8:22).

사랑하는 성도 여러분, 하나님이 공의의 하나님이라면 우리의 문제를 해결할 수가 없는 것입니다. 왜요? 하나님이 공의의 하나님이시라면 고난 중에 있는 사람은 낙담하게 되고 하나님에게서 멀어지게 됩니다. 두려워서 피할 수밖에 없습니다. 그러므로 욥의 친구들은 하나님의 개념을 지금 왜곡하고 있는 것입니다. 고난 당하는 자에게 하나님의 이미지가 왜곡되면 고난 당하는 자는 하나님께로 가까지 가지 못하고 하나님께로부터 멀어져서 떠나가게 됩니다.

한 어린 초등학생이 집 앞에서 강아지와 놀다가 달려오는 자동차에 강아지가 치어서 죽어 버렸습니다. 마음이 몹시 슬픈데 그다음 날이 주일이라 교회에 갔습니다. 교회 선생님에게 "선생님, 내 사랑하는 강아지가 죽었어요"라고 하자 "강아지가 괜히 죽었겠니? 하나님이 죽이신 것이다"라고 했습니다. 이 아이가 그 말을 듣고 그다음부터 교회 가지 않기로 결심을 합니다. '하나님은 왜 내가 사랑하는 예쁜 강아지를 잔인하게 죽이는가? 난 그런 잔인한 하나님이 싫다.' 내적으로 결심을 합니다. 여러분, 무엇이 잘못되었습니까? 위대한 신앙인이 어릴 때 경험한 이야기입니다. 그래서 그는 교회를 떠납니다. 그리고 오랜 세월이 지난 후에 돌아옵니다.

이처럼 부지중에 상처를 받고 교회를 떠난 사람들이 세상 가운데 너무너무 많습니다. 그렇다면 어떻게 말을 해야 합니까? 강아지가 죽어서 마음이 슬픈 아이에게 어떻게 말해 주어야 합니까? "영철아! 네 마음이 많이 아프겠구나! 하나님도 너의 마음을 아신단다. 하나님이 너를 사랑하시거든. 선생님이 너를 위해 기도해 줄게."

여러분, 우리가 복음으로 살지 않으면 인과응보의 논리로 살게 됩니다. 말은 복음 복음 하면서 율법주의로 삽니다. 인과응보의 교리를 뒤집으면 뭐가 됩니까? 율법주의가 됩니다. 원래 고난 중에 있고 어려운 일을 만나면 죄가 생각이 나고 잘못한 일이 생각납니다. 그러면 회개하면 됩니다. 스스로 뉘우치고 회개하는 것은 아주 좋은 일입니다. 그러나 다른 사람의 고난을 바라보면서 '저 사람이 저렇게 고생하는 것을 보니 죄가 많은가 보다' 이렇게 판단하고 정죄해서는 절대로 안 됩니다.

사랑하는 성도 여러분, 내가 죄 때문에 고난을 받고 있다면 내가 형통할 때는 의로웠습니까? 내가 죄 때문에 고난 당하고 저주를 받고 가난케 되었다면 내가 사업이 잘되고 돈 잘 벌고 건강할 때는 의로웠습니까? 여러분, 아니지 않습니까? 우리의 죄와 저주는 십자가의 예수가 모두 담당하셨습니다. 그러므로 고난이나 고통을 바라보면서 자기의 틀로 해석하고 판단하지 마시길 축원합니다. 이런 우리의 틀이 부서지길 축원합니다. 인생을 잘 살기 위해 이런 율법적인 프레임이 철저하게 무너지시길 축원합니다.

왜 그렇습니까? 여러분, 하나님은 공의의 하나님이십니다. 그러나 하나님은 공의의 하나님을 넘어서는 좋으신 아버지입니다. 하나님은 어떤 분이십니까? 사랑의 하나님이십니다. 그러므로 고난 가운데 기억해야 할 것은 공의의 하나님이 아니라 사랑의 하나님입니다. 하나님은 당신의 자녀들에게 공의의 하나님을 넘어서 자비로우신 아버지이신 것을 기억하시길 축원합니다.

사랑하는 성도 여러분, 우리 인생이 아무리 강건해도 세월을 이길 수는 없습니다. 그런데 인생을 살다 보면 만만치가 않습니다. 인생에 고난의 바람이 불어옵니다. 그러나 인생의 고난의 바람을 헤쳐 나갈 때 하나님에 대한 올바른 이해가 있어야 어떤 고난도 헤쳐 나갈 수 있습니다. 고난의 때에 하나님 개념이 잘못되면 우리는 못 견디게 됩니다. 오늘 인생을 잘 사는 비결은 욥의 친구 빌닷처럼 하나님의 대한 우리의 잘못된 틀들이 무너지는 것입니다. 인생의 고난 속에서도 하나님은 사랑의 하나님이시라는 것을 잊지 마시길 축원합니다. 내가 비록 고난 중에 있지만 이것 또한 하나님의 사랑 가운데 있는 것이고, 그리고 이 고난도 하나님의 깊은 섭리 가운데 있다는 것을 믿고 승리하시길 축원합니다.

성경은 말씀합니다. 하나님의 사랑에서 우리를 끊을 것이 아무도 없습니다(롬 8:35, 38-39). 그러므로 하나님을 더 많이 알아가시길 축원합니다. 하나님을 아는 것만큼 사람의 폭이 넓어집니다. 하나님을 아는 것만큼 인생의 깊이가 달라집니다. 하나님을 아는 것만큼 마음의 그릇이 달라집니다.

그렇다면 지금 욥의 친구들은 하나님을 얼마나, 어떻게 압니까? 이들은 하나님을 이론적으로 알고 있는 자들입니다. 그러나 지금 하나님을 인격적으로 만난 경험이 없습니다. 그토록 오랫동안 신앙생활을 했을지라도 이들은 틀이 깨지지 않았습니다.

사랑하는 성도 여러분, 오늘 여러분은 어떠십니까? 오늘 욥의 친구인 엘리바스나 빌닷은 하나님을 수학 공식처럼 생각을 합니다. '하나님은 공의의 하나님이다.' 자기에 신학에 맞추어서 하나님을 이론적으로만 알았습니다. 크고 위대하고 사랑이 많고 자비로우신 하나님을 알지 못했습니다.

오늘 혹시 우리가 그러지는 않습니까? 지금 코로나라는 고난의 바람 가운데서도 절대 잊어서는 안 됩니다. 우리가 지금 저주를 받고 있고 벌을 받고 있다고 생각을 하십니까? 여러분, 그렇게만 생각해서는 안 됩니다. 이 고난도, 이 바람도, 이 코로나도 하나님의 큰 사랑 안에 있는 작은 고통이라는 사실을 믿으시길 축원합니다. 그리고 이 고난을 통하여 하나님은 더 많은 아름다운 만남의 역사를 이루어 가실 것을 믿으시길 축원합니다.

인생의 관점을 디자인하라
Design your perspective

틀을 깨라

첫째, 하나님의 성품인 공의와 정의를 보라.
둘째, 전통적인 지혜를 생각해 보라.
셋째, 하나님이 창조하신 자연을 보라.

확실한 담보물(욥 17:3)

Design your perspective

청하건대
나에게

담보물을 주소서
나의 손을 잡아 줄 자가 누구리이까

〈담보〉라는 영화가 있습니다. 조선족 어머니가 빚을 갚지 못해서 어린 딸아이가 담보물이 되어 채권자에게 잡히게 됩니다. 일곱 살 어린 딸아이가 담보물이 되어서 여기저기 팔려 가는 이야기입니다. 어린아이로서 상상할 수 없는 학대와 위험에 노출이 되어 삽니다. 그런데 그 아이를 담보물로 갖다 팔았던 뚜쟁이 아저씨가 자꾸 어린아이가 마음에 걸려, 수소문 끝에 그 여자아이를 데려다가 딸처럼 키웁니다. 어린 여자아이는 담보물로 잡혔다고 해서 이름이 담보입니다. 담보는 조선족 출신으로 공부를 잘해서 대학을 나와 중국어를 통역하는 통역관이 됩니다.

담보를 뒷바라지하던 아저씨는 갑작스럽게 교통사고를 당한 후 담보와 소식이 끊깁니다. 담보는 그런 아저씨를 수소문해서 찾지만 찾을 길이 없습니다. 그러다 어느 요양병원에서 기억이 상실된 채로 하루하루를 겨우 살아가는 아저씨를 발견합니다. 그 아저씨가 기억 상실증에 걸렸는데도 불구하고 절대로 잊지 않고 꼬옥 기억을 간직하며 끝까지 간수하는 것이 있었습니다. 그것은 바로 딸처럼 여기며 키운 담보를 위해서 저축해 놓은 통장이었습니다. 담보 용돈, 담보 생일선물비, 담보 생활비, 담보 대학 등록금, 담보 유학비, 담보 결혼 자금을 돈이 생기는 대로 저축해 놓은 통장입니다. 이것이 이 영화의 내용입니다.

우리는 수많은 관계 속에서 살아갑니다. 세상이 어두워서 원치 않게 진실이 왜곡되며, 많은 갈등이 생겨납니다. 나의 진실을 알아주지 않습니다. 욥은 친구들의 공격을 받으면서 "너희들은 재난을 주는 위로자들이구나. 나를 위로한다고 하지만 정말 나를 괴롭게 하는구나. 그래, 입장을 바꾸어 생각해 보자. 내가 만약 너희들이라면 나는 너희들처럼 이렇게 공박하지 않을 것이다. 나는 기도할 것이며 새 힘을 주려고 할 것이다"라고 말한 후에 위대한 고백을 합니다.

"나의 증인은 하늘에 계신다." 여러분, 성도가 이런 고백이 확실하면 어떤 시험도 이기게 될 줄 믿습니다. 하나님이 나의 증인이십니다. 남편과 아내 사이에도 하나님이 증인이십니다. 부모와 자식 사이에도 하나님이 증인이십니다. 성도와 성도 사이에도 하나님이 증인이십니다. 직장에서도 하나님이 증인이십니다. 그렇다면 하나님이 확실한 우리의 증인인 것을 믿고 사는 성도들은 어떻게 살아야 합니까?

육신적인 말을 마음에 두지 말아야 합니다. 우리는 육신적인 수많은 말들 때문에 상처를 받고 시험에 듭니다. 때로는 낙심합니다. 절망하기도 합니다. 그러므로 육신적인 말을 마음에 두지 마시길 축원합니다. 하나님 앞에서 행하라고 말씀드렸습니다. 세상 사람들은 하나님 없이 삽니다. 너는 너, 나는 나라는 관계 속에 살아갑니다. 그러나 예수 믿는 사람들은 이제 모든 인간관계를 하나님 앞에서 행하는 것입니다. "너와 나 사이에 하나님이 계신다." 오늘 욥의 이런 고백이 저와 여러분의 고백이 되길 축원합니다.

오늘 본문 욥기 17장은 욥이 하나님께 기도하는 내용입니다. 그런데 욥은 처음에는 탄식합니다. 너무 힘이 들어서 시름하고 탄식하고 울부짖는 내용이 나옵니다. 그러다가 욥은 하나님께 울부짖으며 기도합니다. 눈물로 울부짖어 기도하다가 욥은 하나님께 신앙고백을 합니다(욥 17:1-2). 기운이 다 빠졌습니다. 이제는 곧 죽을 수밖에 없는 상황입니다. 금쪽같은 열 자식이 죽어 나갔습니다. 눈에 자식들이 밟히기도 합니다. 모든 재산과 부동산이 날아갔습니다. 몸도 탈진했습니다. 그런데도 욥의 친구들은 어떻게 합니까? '너의 고난은 죄 때문'이라고 계속해서 욥을 충동하고 정죄하며 판단하며 괴롭힙니다.

사랑하는 성도 여러분, 왜 욥의 친구들은 집요하게 욥을 계속해서 괴롭힐까요? 그 이유가 5절에 나옵니다. "보상을 얻으려고 친구를 비난하는 자"가 무슨 말씀입니까? '고난은 죄의 결과다' 친구들은 이런 신념을 가지고 있습니다. 그러나 욥은 친구들의 이런 신념을 받아들이지 않고 있습니다. 동의하지 않습니다. 욥의 친구들은 자기들이 믿고 있는 바를 확증하기 위해서 계속해서 괴롭히는 것입니다.

여러분! 성경을 보면 고난은 목적이 하나가 아닙니다. 죄 때문에 당하는 고난도 있습니다. 하나님의 특별하신 뜻을 이루기 위한 고난도 있습니다. 우리를 영적으로 성장시키기 위한 고난도 있습니다. 그런가 하면 하나님의 사랑의 손길인 고난도 있습니다. 하나님은 예수님의 고난을 통해서 위대한 일을 이루십니다.

> "징계는 다 받는 것이거늘 너희에게 없으면 사생자요 친아들이 아니니라"(히 12:8).

무슨 말씀입니까? 아이가 태어나서 금방 인격적으로 완전해지지 않습니다. 그런데 친구들은 고난을 복합적으로 생각하지 못합니다.

고난은 죄 때문이라는 것을 확인받기 위해 계속해서 욥을 괴롭히고 있습니다. 이제 욥은 친구들의 이런 공격을 신앙적으로 해석합니다.

"하나님이 나를 백성의 속담거리가 되게 하시니 그들이 내 얼굴에 침을 뱉는구나"(욥 17:6).

여러분, 이것이 무슨 말씀입니까? 내가 지금 사람들의 입에 오르내리고 친구들에게 무시와 공격을 당하는 것, 이것은 너희들이 나한테 그러는 것이지만 나는 하나님이 나에게 주시는 것으로 수용하겠다는 말입니다.

여러분, 믿음의 사람 욥이 태도를 보십시오. 욥은 역시 사건을 바라보는 관점이 다릅니다. '너희들이 나를 공격하고 무시하고 내 얼굴에 침을 뱉고 하는 것이 사람으로부터 온 일이라고 해도 나는 사람의 일로 여기지 않고 하나님께서 내게 주신 것으로 여기겠다.' 여러분, 대단한 신앙고백입니다. 하나님을 내 인생의 참된 증인으로 여기며 하나님 앞에 살았던 믿음의 사람들은 모두가 이런 고백들을 합니다.

사무엘하 16장을 보면 다윗과 시므이가 나옵니다. "왕이여 큰일 났습니다!" "무슨 일이냐?" "압살롬이 지금 거사를 일으켜서 많은 군사들을 거느리고 지금 예루살렘 성으로 진격했다는 전갈이 왔습니다." 다윗이 아들 압살롬의 난을 피해서 왕궁을 급히 떠나서 피난을 갑니다. 그때 시므이라고 하는 사람이 쫓아와서 다윗 왕을 저주합니다. 돌을 던지며 "가거라, 꺼져 버려라! 사울 왕을 죽이고 왕이 되었으니 그 죄 값으로 저주를 받아서 너도 아들에게 그런 꼴을 당하는 것이다! 다윗 왕은 물러가라! 다윗, 너 도망치는 신세 꼴 좋다. 꺼져 버려라" 온갖 저주를 다 퍼붓습니다.

이것을 보고 다윗의 부하들이 다윗에게 말합니다. "왕이여, 저 미친 개 같은 자를 죽여 버릴까요?" "내버려두어라. 하나님이 저를 통해서 나를 저주하게 하시니 하나님의 긍휼을 얻기 원한다. 하나님이 나를 불쌍히 여겨 주시길 바랄 뿐이다." 다윗이 오히려 하나님을 바라며 도움을 요청하는 내용이 나옵니다.

여러분, 다윗을 보십시오. 아무런 힘이 없는 인간에게 비난을 받으면서 사람에게 보복하고 원망하지 않았습니다. 오히려 하나님을 바라보면서 불쌍히 여겨 주시기를 기도할 때 하나님은 그것을 불쌍히 보시고 그를 다시 높이십니다. 오늘 이런 은혜가 있기를 축원합니다. 우리가 인생을 살다 보면 무시당할 때도 있고 욕을 먹을 때도 있습니다. 그럴 때 화를 내면서 저 인간이 저럴 수가 없다고, 은혜를 모르는 사람이라고 소리소리 지르고 분노하게 됩니다. 그러면 어떻게 됩니까? 내가 다칩니다. 그런 사건이 주어졌을 때 '하나님이 나를 낮추시나 보다' 생각하고 겸손하게 승리하시길 축원합니다.

사람을 원망하거나 미워하지 마십시오! 그 사람에 대해서 추호도 섭섭한 마음을 품지 마십시오! 왜 그렇습니까? 사람을 통해서 주어진 일이라도 사람의 일이 아니라 하나님께서 허락하신 일이기 때문입니다. "하나님, 내 처지가 이렇게 되었으니 불쌍히 여겨 주세요. 선하게 해결해 주세요" 이것이 성숙한 반응입니다. 이렇게 할 때 하나님께서 그를 불쌍히 여기고 그를 높여 주실 줄 믿습니다.

그렇다면 오늘 욥은 이제 어떻게 기도합니까? 하나님께 무엇을 기도하며 간구합니까?

첫째, 하나님께 담보물을 구한다.

"청하건대 나에게 담보물을 주소서. 나의 손을 잡아 줄 자 누구리이까"(욥 17:3).

여러분, 담보물이 무엇일까요? 보증해 주는 물건입니다. 돈을 빌려 주는데 돈을 못 갚으면 돈 대신 잡히는 물건이 담보물입니다. 오늘 본문에 나오는 담보물과 손을 잡아 준다는 말은 사실은 법정용어입니다. 나는 죄가 없는데 친구들이 너는 죄인이라고 한다는 것입니다. "아니다. 나는 죄가 없다"라고 말을 하는데 친구들이 나를 믿지 않습니다. 그때 내가 죄인이 아니라는 것을 증명하기 위해서는 담보물이 필요하다는 것입니다. 그럴 때 내놓는 것이 담보물입니다. 법정에서도 "이 사람은 내가 볼 때 죄가 없습니다. 이 사람의 의로움을 위해서 내 집을 담보물을 내놓겠습니다. 이 사람의 의로움을 위해서 내 생명을 걸겠습니다. 이 사람의 의로움을 위해서 내 재산의 전부를 걸겠습니다. 만약 이 사람이 죄인이라는 것이 확증되면 이 재산을 가져가십시오! 나는 이 사람이 의인이라고 주장하는 바입니다" 하며 자기의 모든 것을 내어 놓고 사람을 변호하는 것이 바로 담보물이라는 것입니다.

여러분, 담보물은 결코 작은 것이 아닙니다. 때로는 생명을 담보로 잡히는 경우도 있습니다. 3절 후반절에 '나의 손을 잡아 줄 자가 누구입니까?'라고 하는데, 무슨 뜻입니까? "하나님, 당신 외에는 누가 있습니까? 나의 손을 잡아 줄 분이 하나님 외에는 아무도 없습니다. 하나님, 나의 손을 잡아 주옵소서. 하나님, 나에게는 당신뿐입니다. 내가 의롭다는 것을 증명해 줄 사람이 아무도 없습니다. 하나님, 오직 당신뿐입니다. 나는 나를 담보해 줄 자가 아무도 없습니다. 하나님, 모두가 나를 죄인이라고 정죄하고 판단하고 공격하는 이 자리에서 내 손을 잡아 줄 분은 하나님 당신뿐입니다."

여러분, 이것이 바로 오늘 욥의 고백입니다. 전도 대상자 중에 어떤 분이 자신이 지옥으로 떨어지는 꿈을 너무 생생하게 꾸었습니다. 심연 깊은 데로 내 영혼이 끝없이 끝없이 떨어지는데, 누가 나의 손을 잡아 주었으면 하는데 아무도 붙잡아 줄 자가 없더라는 것입니다. 누가 내 이름이라도 불러 주었으면 하는데 내 이름도 불러 줄 자가 없더라는 것입니다. 끝없이 심연 깊은 데로 떨어졌던 꿈을 말해주었습니다.

사랑하는 성도 여러분, 그러나 오늘 우리에게는 우리를 붙잡아 주실 손이 있습니다. 오늘 우리에게는 우리의 이름을 불러 줄 사람이 있습니다. 누구입니까? 바로 예수님입니다. 십자가에서 나를 위해 못 박히신 예수님의 손이 우리를 붙잡아 주실 것입니다. 십자가에서 나를 위해 대신 죽으셨던 예수님께서 우리의 이름을 불러 주실 것입니다.

할렐루야! 여러분, 욥의 마음은 지금 하나님께서 오셔서 욥의 친구들에게 "너희 말이 틀렸다. 욥이 옳다" 이렇게 말해 주길 원한다는 것입니다. 그러나 욥의 바람은, 지금 당장은 아닐지라도 하나님께서 언젠가는 반드시 내가 죄 없이 고난 당했다는 그 확증을 주신다면 '하나님! 난 죽음도 이길 수 있습니다. 지금 모든 것이 다 해결되지 않더라도 잘 해결되리라는 보장만 주신다면 주님, 지금 난 이 고난을 견딜 수 있겠습니다' 이렇게 할 수 있는 것입니다.

"그러므로 의인은 그 길을 꾸준히 가고"(욥 17:9).

여러분, 이것이 욥의 고백입니다. 그렇다면 오늘 저와 여러분은 어떻습니까? 인생을 사는 것이 만만치가 않습니다. 원치 않는 수많은 일들이 우리 앞에 파도처럼 다가옵니다. 그럼에도 불구하고 우리가 오늘도 넘어지지 않고 믿음의 길을 갈 수 있는 이유가 있다면 무엇 때문입니까? 우리에게도 확실하게 보장된 담보물이 있기 때문입니다. 그것이 무엇입니까?

둘째, 담보물은 십자가의 예수님이다.

사랑하는 성도 여러분, 욥은 담보물을 받았을까요? 내게 의롭다는 것을 증명할 수 있는 확실한 담보물을 달라고 몸부림치는 욥에게 하나님은 담보물을 주십니다. "욥아 그렇게 해주마!" 10절을 보면 욥이 말합니다. "너희들이 나를 아무리 정죄하고 비난해도 소용없다. 나는 눈 깜짝도 안 한다. 너희들, 집에 갔다가 더 배워 가지고 다시 오라. 얼마든지 상대해 줄게." 여러분, 욥이 어떻게 이렇게 담대합니까? 하나님께서 욥의 마음에 담보물을 주셨기 때문입니다.

사람이 기도하다가 주님의 음성을 듣거나 기도의 응답을 받으면 이렇게 담대해지는 것입니다. 욥도 처음에는 두려웠습니다. 그러나 이제는 확실히 알게 되었습니다. 사랑하는 성도 여러분, 왜 수많은 사람들이 예수를 믿으면서도 늘 불안해하고 두려움 가운데 잡혀 살까요? 담보물이 없다고 생각해서일까요? 그러나 십자가의 예수보다 확실한 담보물이 어디에 있습니까? 십자가 예수는 하나님께서 우리에게 주신 가장 확실한 담보물입니다.

이 담보물은 우리가 볼 수 있습니다. 우리가 만질 수 있습니다. 그런데 왜 사람들은 고난 앞에서 무너질까요? 왜 사람들은 별스럽지 않은 일에 힘들어할까요? 십자가가 진정한 담보인 것을 모르기 때문입니다. 세상의 무엇이 여러분을 의롭다고 증명해 주며, 세상의 무엇이 여러분을 영원히 보장해 주는 담보물이 되겠습니까? 세상의 어떤 담보물이 여러분을 죽음과 저주에서 보장해 주겠습니까? 힘 있고 돈 있는 부모가 아닙니다. 여러분의 친구가 아닙니다. 능력 있는 남편과 아내가 아닙니다. 우리의 확실한 담보물은 바로 십자가 예수님입니다. 예수님은 우리의 의가 되셨습니다. 예수님이 우리의 죄와 허물을 모두 담당하셨습니다. 이런 분명한 담보물이 여기에 있습니다. 그러므로 승리하시길 축원합니다.

사랑하는 성도 여러분, 많은 사람들이 믿음 생활을 하다가 낙심합니다. 봉사하다가 때로 낙심을 합니다. 왜 그럴까요? 내가 봉사하는 일에, 내가 믿음의 수고를 하는 일에 확신이 없기 때문입니다. 그래서 갈등이 생깁니다. 하나님 앞에 기도하며 수고했던 모든 것들이 확실하게 보장된다는 확신이 없기 때문입니다. 그러나 여기 십자가의 예수가 우리의 확실한 담보물인 것을 아는 사람들은 확실하게 헌신을 했습니다. 지금 내가 섬기는 이 일이 하나님 앞에 갔을 때 확실한 상급과 면류관이 보장되기 때문입니다. 그래서 많은 사람들이 십자가의 예수를 담보물로 삼고 목숨을 걸고 신앙생활을 했습니다. 주님께 드리는 것을 아끼지 않았습니다. 확실하게 보장해 주시기 때문이었습니다.

"하나님! 저에게 담보물을 주세요! 그러면 주님을 섬기는 이 일에 우리의 남은 인생을 다 던지겠습니다. 담보물 주세요!" 여러분은 이런 기도를 해 본 적이 있으십니까? 이렇게 담보물을 구한 욥에게 주님은 오늘 담보물을 주셨습니다. 그렇다면 하나님은 오늘 우리에게 어떤 담보물을 주셨습니까?

셋째, 확실한 담보물 3가지가 있다.

가장 확실한 첫 번째 담보물은 성경입니다. 성경은 불변하는 담보물이라고 합니다.

"천지는 없어질지언정 내 말은 없어지지 아니하리라"(마 24:35).

이렇게 영원하신 하나님의 말씀을 우리에게 확실한 담보물로 주셨습니다. "난 주리라, 충성하는 자에게 생명의 면류관을 주리라! 그러므로 네가 죽도록 충성하라. 내가 생명의 면류관으로 너희에게 주리라." 주님이 확실하게 수고하는 자에게 충성스러운 자에게, 약속해 주십니다. 그러므로 맡겨 주신 일에 충성을 다하시길 축원합니다. 둘째는 성령님입니다. 성령님은 주관적 담보물입니다. 우리에게 확신과 확증을 주사 말씀을 읽을 때 믿어지게 합니다. 성령이 담보물입니다. 성경과 성령께서 무엇을 증거하며 말씀하십니까? 똑같이 예수 그리스도를 증언합니다. 셋째는 예수 그리스도가 우리의 최고의 담보물입니다. 성경은 이렇게 말씀하십니다.

"이와 같이 예수는 더 좋은 언약의 보증이 되셨느니라"(히 7:22).

여기서 보증이라는 말씀이 담보물을 말하는 것입니다. 그런데 여기서 이 더 좋은 언약의 보증이 누구라는 것입니까? 바로 예수 그리스도! 예수 그리스도가 바로 더 좋은 언약의 보증으로 우리의 최고의 담보물이 되셨다는 것입니다.

사랑하는 성도 여러분, 하나님의 언약은 확실합니다. 하나님께서 언약을 보증으로 주신 예수 그리스도는 어제나 오늘이나 영원토록 동일하십니다. 그러므로 예수님은 우리의 최고의 담보물이 되셨습니다. 그런데 수많은 사람들이 아직도 예수를 믿으면서 "나는 예수님을 못 만나서, 하나님을 만나지 못해서 믿어지지가 않는다"라고 말을 합니다. 또 어떤 사람은 "나에게 확실한 담보물을 줘 봐. 내 손으로 직접 만지고 느낄 수 있는 그런 담보물을 줘 봐. 그럼 나도 믿을게"라고 말합니다. 혹시 그런 분이 계신다면 오늘 십자가를 직접 눈으로 보고, 손으로 만져 볼 수 있기를 축원합니다.

십자가의 예수는 우리를 죄와 죽음에서 확실하게 보장해 주시는 가장 최고의 담보물임을 믿으시길 축원합니다. 그러므로 이런 확실한 담보물을 가진 저와 여러분은 인생을 행복하게 살아가길 축원합니다.

인생의 관점을 디자인하라
Design your perspective

확실한 담보물

첫째, 하나님께 담보물을 구한다.
둘째, 담보물은 십자가의 예수님이다.
셋째, 확실한 담보물 3가지가 있다.